JÄDE

Verwaltungsverfahren
Widerspruchsverfahren, Verwaltungsprozeß

REIHE
»Referendarausbildung Recht«

Herausgegeben von
Jupp Joachimski
Richter/Abteilungsleiter am Amtsgericht

Verwaltungsverfahren
Widerspruchsverfahren
Verwaltungsprozeß

Problemschwerpunkte
zur Vorbereitung auf die Zweite Juristische Staatsprüfung

von

Henning Jäde
Oberregierungsrat

RICHARD BOORBERG VERLAG STUTTGART · MÜNCHEN · HANNOVER

CIP-Titelaufnahme der Deutschen Bibliothek

Jäde, Henning:
Verwaltungsverfahren, Widerspruchsverfahren, Verwaltungsprozeß: Problemschwerpunkte zur Vorbereitung auf die Zweite Juristische Staatsprüfung / von Henning Jäde. –

Stuttgart; München; Hannover: Boorberg, 1989.
(Reihe Referendarausbildung Recht)
ISBN 3-415-01456-8

Satz und Druck: Mittelbadischer Zeitungsverlag GmbH, Bühl/Baden
Einband: Dollinger, Metzingen
© Richard Boorberg Verlag GmbH & Co, Stuttgart, München, Hannover 1989

Vorwort

Solide Kenntnisse im Verwaltungsverfahrens- und Verwaltungsprozeßrecht sind unerläßliche Voraussetzung dafür, die öffentlich-rechtlichen Klausuren des Zweiten Juristischen Staatsexamens brauchbar zu bewältigen. Wer schon in diesem — gleichsam — „allgemeinen Teil" des öffentlichen Rechts in ernsthafte Schwierigkeiten gerät, wird zumindest große Mühe haben, noch zu den materiell-rechtlichen Problemen des Falles vorzudringen und sie verwertbar zu lösen. Dies um so mehr, als formelles und materielles Recht keineswegs reinlich geschieden sind, sondern oft vielfältig miteinander zusammenhängen.

Über diese Binsenweisheiten wird sich schnell Einverständnis erzielen lassen. Viel schwieriger ist demgegenüber die Frage zu beantworten, welche Folgerungen daraus für die Examensvorbereitung zu ziehen sind. Angesichts der großen Zahl oft vorzüglicher Lehr- und Erläuterungsbücher zu Verwaltungsverfahren und -prozeß mangelt es gewiß nicht an Möglichkeiten, sich das erforderliche Wissen anzueignen. Die Fülle des Stoffs mit dem zur Verfügung stehenden Zeitrahmen in Einklang zu bringen, ähnelt indessen nicht selten der Quadratur des Kreises. Auch hier erweist sich der Satz „Viel hilft viel" als unzutreffend. Nur zu leicht sieht man am Ende den Wald vor lauter Bäumen nicht mehr. In großen Mengen angehäuftes Detailwissen verdeckt und verdrängt Zusammenhänge, läßt Grundfragen hinter dogmatischen Verästelungen verschwinden.

Mit dem vorliegenden Buch soll der Versuch unternommen werden, hier eine zusätzliche Hilfestellung anzubieten. Die Erfahrung zeigt, daß aus der schier unüberschaubaren Fülle diskussions- und damit prüfungswürdiger Probleme ein vergleichsweise überschaubarer Fragenkreis mit einer gewissen Regelmäßigkeit immer wieder zum Gegenstand von Examensklausuren gemacht wird. Diese Problemschwerpunkte gilt es sicher zu beherrschen. Auch wenn ein zugelassenes Hilfsmittel zur Verfügung steht, müssen diese Probleme und ihre Lösungen präsent sein. Das wird von Aufgabenstellern und Korrektoren erwartet, die insoweit keinen Zeitbonus für langwierige (und gelegentlich auch in die Irre führende) Forschungsarbeiten im Kommentar gutzuschreiben geneigt sind. Umgekehrt schafft Sicherheit in solchen Standardproblemen Zeit für eine intensive Auseinandersetzung mit schwierigen Sachfragen der Klausur. Beabsichtigt ist also keine Gesamtdarstellung des Verwaltungsverfahrens- und Verwaltungsprozeßrechts. Vielmehr soll gewissermaßen eine „eiserne Ration" Problemwissen und -verständnis beschrieben werden, die im Ernstfall der Examensklausur überlebensnotwendig ist.

Diese Zielsetzung verlangte nicht nur eine kritische Auswahl der zu behandelnden Problemschwerpunkte, bei der immer wieder Neigungen und Interessen auch des Verfassers darauf zu prüfen waren, ob sie das zumutbare Gesamtgewicht des Marschgepäcks nicht überfrachteten. Konsequenzen zu ziehen waren auch für die Art der Darstellung. Maßstab dafür mußte sein, daß sich Examens-

Vorwort

klausuren im öffentlichen Recht regelmäßig an der Rechtsprechung des Bundesverwaltungsgerichts bzw. der Oberverwaltungsgerichte und Verwaltungsgerichtshöfe orientieren. Diese steht daher im Vordergrund; namentlich literarische Kontroversen treten demgegenüber zurück, soweit die Rechtsprechung bereits eine verläßliche Linie gefunden hat. Das ist kein Ausdruck autoritär-irrationaler Gläubigkeit an eine vorgebliche Weisheit der Verwaltungsgerichtsbarkeit oder gar eines Denkverbots, das die kritische Hinterfragung der Judikatur untersagte. Vielmehr trägt dies der schlichten Tatsache Rechnung, daß das Zweite Juristische Staatsexamen eine auf die Praxis ausgerichtete Prüfung ist. Der Anwalt, der die Rechtsprechung nicht kennt oder eine gefestigte Auffassung etwa des Bundesverwaltungsgerichts ohne weiteres ignorieren zu dürfen meint, macht sich haftbar. Entsprechendes gilt für die Examensklausur.

Die Absicht, kein Lehrbuch zu schreiben, sondern eine problemorientierte Hilfe für die Examensvorbereitung, konnte sich nicht auf die Vermittlung von Ergebnissen beschränken, sondern mußte sich auch darauf erstrecken, die tragenden Argumente herauszuarbeiten. Bloße Resultate sind — gerade in streitigen Fragen — für sich allein genommen nicht viel wert. Wo mehrere vertretbare Antworten möglich sind, ist oft das Warum wichtiger als das Was. Dies in der Klausur nutzbar zu machen, setzt aber Beschränkung auf das Wesentliche voraus. Examensarbeiten in der Zweiten Juristischen Staatsprüfung sind allenfalls extrem selten Ein-Problem-Klausuren. Im Gegenteil: Geprüft wird häufig auch, ob eine Vielzahl dicht gedrängter Probleme in knapper Zeit gleichwohl mit verwertbaren Begründungen bearbeitet werden kann. Dann hilft es nichts, zu einem Einzelfall die ganze Breite einer wissenschaftlichen Diskussion darzulegen. Denn das verzeichnet nur die Schwerpunkte und geht auf Kosten der Qualität der Arbeit insgesamt. Dementsprechend wurde versucht, den Argumentationshaushalt handlich zu halten. Wer intensivere Vertiefung sucht, muß zu anderen Hilfsmitteln greifen.

Aus diesen Erwägungen ergab sich zugleich eine möglichste Beschränkung des Anmerkungsapparats. Umfangreiche Nachweisungen werden allen Erfahrungen nach nicht genutzt, sondern verwirren nur und sind zudem geeignet, beim Leser den Verdacht zu bestätigen, sein Versuch, die Stoffülle zu bewältigen, sei ähnlich aussichtslos wie jener des sagenhaften Sisyphos. Wenn es mit diesem Buch gelingen sollte, einige übersichtliche Schneisen in das Dickicht der Probleme zu schlagen und auf diese Weise das verbreitete Gefühl der Ohnmacht vor dem öffentlichen Recht abzubauen, das keineswegs ein Buch mit sieben Siegeln ist, so wäre das ein ganz wesentlicher Erfolg.

Die Darstellung soll in allen Bundesländern verwendbar sein. Daher wird auf landesrechtliche Besonderheiten allenfalls vereinzelt eingegangen; im Verwaltungsverfahrensrecht wird das VwVfG zugrunde gelegt. Rechtsprechung und Literatur sind im wesentlichen bis August 1989 eingearbeitet.

München, im September 1989   Henning Jäde

Inhaltsverzeichnis

	Seite
Abkürzungs- und Literaturverzeichnis	10
Erster Teil: Verwaltungsverfahrensrecht	13
A. Verfahrensfehler, Heilung und Unbeachtlichkeit	13
I. Allgemeines	13
II. Zur Anwendbarkeit der §§ 45 f. VwVfG	14
III. Heilung von Verfahrens- und Formfehlern (§ 45 VwVfG)	15
1. Heilung fehlerhaft unterbliebener Anhörung (§ 28, § 45 Abs. 1 Nr. 3 VwVfG)	15
a) Erforderlichkeit der Anhörung	15
b) Heilung	20
2. Begründung (§ 39, § 45 Abs. 1 Nr. 2 VwVfG)	26
a) Erforderlicher Inhalt	26
b) Heilung, Nachschieben von Gründen	29
IV. Unbeachtlichkeit von Verfahrensfehlern (§ 46 VwVfG)	33
1. Ermessensentscheidungen	33
2. Anwendbarkeit außerhalb von Anfechtungsbegehren	35
V. Rechtsfolgen von Heilung und Unbeachtlichkeit	36
1. Rechtswidrigkeit	36
2. Kostenentscheidung im Widerspruchsverfahren	37
VI. Ausschluß isolierter Rechtsbehelfe gegen Verfahrenshandlungen (§ 44 a VwGO)	38
B. Rechtsbeständigkeit von Verwaltungsakten	40
I. Rücknahme und Widerruf (§§ 48 ff. VwVfG, § 44 a BHO)	40
1. Allgemeines	40
2. Abgrenzungsfragen	43
3. Entscheidungsfrist (§ 48 Abs. 4 Satz 1, § 49 Abs. 2 Satz 2 VwVfG)	46
4. Rücknahme und Widerruf im Rechtsbehelfsverfahren (§ 50 VwVfG)	49
II. Wiederaufgreifen des Verfahrens (§ 51 VwVfG)	50
1. Anwendungsbereich	50
2. Prüfungssystematik	52
III. Umdeutung (§ 47 VwVfG)	53
1. Abgrenzung	53
2. Rechtsnatur	54
3. Einzelfragen	55
Zweiter Teil: Widerspruchsverfahren	57
A. Erforderlichkeit des Widerspruchsverfahrens	57
I. Anfechtungs- und Verpflichtungsklage	57
1. Grundsatz (§ 68 VwGO)	57
2. Ausnahmen	58
a) Untätigkeitsklage (§ 75 VwGO)	58
b) Anderweitige Zweckerreichung	59

	Seite
II. Andere Klagearten	62
1. Fortsetzungsfeststellungsklage	62
2. Klagen aus dem Beamtenverhältnis (§ 126 Abs. 3 BRRG)	63
B. Form und Frist (§ 70 VwGO)	64
I. Form	64
II. Frist	65
1. Fristlauf	65
2. Wiedereinsetzung	67
3. Sachentscheidung bei versäumter Widerspruchsfrist	68
C. Selbsteintritt und reformatio in peius	69
I. Selbsteintritt	69
II. Reformatio in peius	70
D. Der Widerspruchsbescheid als isolierter Klagegegenstand	75
I. Einheitsklage	75
II. Isolierte Anfechtung des Widerspruchsbescheids	76
1. Erstmalige Beschwer eines Dritten (§ 79 Abs. 1 Nr. 2 VwGO)	76
2. Zusätzliche selbständige Beschwer (§ 79 Abs. 2 VwGO)	76
3. Passivlegitimation	78
Dritter Teil: Verwaltungsprozeßrecht	80
A. Hauptsacheverfahren	80
I. Allgemeines	80
II. Verwaltungsrechtsweg	81
III. Statthafte Klageart	84
1. Allgemeines	84
2. Verwaltungsakt – Nicht-Verwaltungsakt	85
3. Verwaltungsakt – Rechtsnorm	88
IV. Einzelne Klagearten	89
1. Anfechtungsklage	89
a) Klagebefugnis	89
b) Isolierte Anfechtungsklagen	96
c) Maßgeblicher Zeitpunkt	99
2. Verpflichtungsklage	100
a) Spruchreife	100
b) Maßgeblicher Zeitpunkt	101
3. Fortsetzungsfeststellungsklage	102
a) Anwendungsbereich	102
b) Fortsetzungsfeststellungsinteresse	104
4. Allgemeine Feststellungsklage	107
a) Anwendungsbereich	107
b) Subsidiarität (§ 43 Abs. 2 VwGO)	107
5. Vorbeugender Rechtsschutz	109

			Seite
	B.	Vorläufiger Rechtsschutz	110
	I.	Allgemeines	110
	II.	Abgrenzungsfragen: § 80 Abs. 5 und § 123 VwGO	110
	III.	Vorläufiger Rechtsschutz nach § 80 Abs. 5 VwGO	112
		1. Aufschiebende Wirkung (§ 80 Abs. 1 VwGO)	112
		2. Ausschluß der aufschiebenden Wirkung (§ 80 Abs. 2 VwGO)	115
		a) Öffentliche Abgaben und Kosten (§ 80 Abs. 2 Nr. 1 VwGO)	115
		b) Unaufschiebbare Anordnungen und Maßnahmen von Polizeivollzugsbeamten (§ 80 Abs. 2 Nr. 2 VwGO)	116
		c) Anderweitige Regelungen (§ 80 Abs. 2 Nr. 3, § 187 Abs. 3 VwGO)	116
		d) Anordnung der sofortigen Vollziehung (§ 80 Abs. 2 Nr. 4, Abs. 3 VwGO)	117
		3. Die gerichtliche Entscheidung nach § 80 Abs. 5 VwGO	123
		a) Wiederherstellung der aufschiebenden Wirkung	123
		b) Anordnung der aufschiebenden Wirkung	126
		c) Aufhebung der Vollziehung	126
		d) Faktische Vollziehung	127
		e) Anordnung der sofortigen Vollziehung	127
	IV.	Vorläufiger Rechtsschutz nach § 123 VwGO	129

Anhang: Fälle und Lösungen zur Tenorierung verwaltungsgerichtlicher Entscheidungen 131

    I. Sachverhalt 131

   II. Lösungshinweise 134

Sachregister 142

Abkürzungs- und Literaturverzeichnis

a.	auch
a. A.	anderer Ansicht
a.a.O.	am angegebenen Ort
abl.	ablehnend
Abs.	Absatz
AbwAG	Abwasserabgabengesetz
a. E.	am Ende
AFWoG	Gesetz zum Abbau der Fehlsubventionierung und Mietverzerrung im Wohnungswesen
AGVwGO	Ausführungsgesetz zur Verwaltungsgerichtsordnung
Alt.	Alternative
Anh.	Anhang
Anm.	Anmerkung
AöR	Archiv des öffentlichen Rechts (Zs.)
APF	Ausbildung — Prüfung — Fortbildung (Zs.)
AS	Amtliche Sammlung von Entscheidungen der Oberverwaltungsgerichte Rheinland-Pfalz und Saarland
AtVfV	Atomrechtliche Verfahrensverordnung
AuslG	Ausländergesetz
BauGB	Baugesetzbuch
BauNVO	Baunutzungsverordnung
BauR	Baurecht (Zs.)
BayVBl.	Bayerische Verwaltungsblätter (Zs.)
BayVGH	Bayerischer Verwaltungsgerichtshof
BayVwVfG	Bayerisches Verwaltungsverfahrensgesetz
BayVwZVG	(Bayerisches) Verwaltungs-Zustellungs- und Vollstreckungs-Gesetz
BayWG	Bayerisches Wassergesetz
BBauG	Bundesbaugesetz
BBG	Bundesbeamtengesetz
Beschl.	Beschluß
BGB	Bürgerliches Gesetzbuch
BGH	Bundesgerichtshof
BHO	Bundeshaushaltsordnung
BImSchG	Bundesimmissionsschutzgesetz
Birkl/(Bearbeiter)	Birkl/Fiederer/Geiger/Jäde/Möstl/Motzke/Schenk, Nachbarrecht des Bundes. Privates und öffentliches Recht. Loseblattkommentar. Stand: Januar 1989
BPersVG	Bundespersonalvertretungsgesetz
BRRG	Bundesbeamtenrechtsrahmengesetz
BRS	Baurechtssammlung
BSHG	Bundessozialhilfegesetz
Buchholz	Sammel- und Nachschlagewerke der Rechtsprechung des BVerwG, herausgegeben von Buchholz
BVerfG	Bundesverfassungsgericht
BVerwG	Bundesverwaltungsgericht

Abkürzungen

BVerwGE	Entscheidungen des Bundesverwaltungsgerichts
bzw.	beziehungsweise
ders.	derselbe
DÖV	Die öffentliche Verwaltung (Zs.)
DVBl.	Deutsches Verwaltungsblatt (Zs.)
EGGVG	Einführungsgesetz zum Gerichtsverfassungsgesetz
ESVGH	Entscheidungssammlung des Hessischen und des Baden-Württembergischen Verwaltungsgerichtshofes
f.	folgende
FEVG	Gesetz über das gerichtliche Verfahren bei Freiheitsentziehungen
ff.	fortfolgende
Fn.	Fußnote
FStrG	Bundesfernstraßengesetz
GemSOGB	Gemeinsamer Senat der Obersten Gerichtshöfe des Bundes
GewO	Gewerbeordnung
GG	Grundgesetz
ggf.	gegebenenfalls
Halbs.	Halbsatz
HandwO	Handwerksordnung
HessVGH	Hessischer Verwaltungsgerichtshof
Hilg	Hilg/Müller, Beamtenrecht in Bayern, 1. Halbband: Allgemeines Beamtenrecht, 2. Auflage 1981
h. M.	herrschende Meinung
i. S. d. (v.)	im Sinne des/der (von)
i. V. m.	in Verbindung mit
Jäde	Jäde, Öffentliches Recht in Bayern. Examensklausuren zur Vorbereitung auf die Zweite Juristische Staatsprüfung, 1988
Jäde, Bauaufsicht	Jäde, Bauaufsichtliche Maßnahmen. Beseitigungsanordnung – Nutzungsuntersagung – Baueinstellung, 1989
Klein	Klein, Gutachten und Urteil im Verwaltungsprozeß, 2. Auflage 1976
Kopp, VwGO	Kopp, Verwaltungsgerichtsordnung, 8. Auflage 1989
Kopp, VwVfG	Kopp, Verwaltungsverfahrensgesetz, 4. Auflage 1986
krit.	kritisch
LBG	Landbeschaffungsgesetz
LS	Leitsatz
LSchlG	Ladenschlußgesetz
m.	mit
Martens, Mustertexte	Martens, Mustertexte zum Verwaltungsprozeß, 1977
Martens, Praxis	Martens, Die Praxis des Verwaltungsprozesses, 1975
Mayer/Kopp	Mayer/Kopp, Allgemeines Verwaltungsrecht, 5. Auflage 1985
m. w. N.	mit weiteren Nachweisen
NJW	Neue Juristische Wochenschrift (Zs.)
Nr.	Nummer
NVwZ	Neue Zeitschrift für Verwaltungsrecht (Zs.)
NVwZ-RR	NVwZ-Rechtsprechungs-Report (Zs.)
NW	Nordrhein-Westfalen

Abkürzungen

NWVBl.	Nordrhein-Westfälische Verwaltungsblätter (Zs.)
o.	oben
OLG	Oberlandesgericht
ORR	Oberregierungsrat
OVG	Oberverwaltungsgericht
OVGE	Entscheidungen des OVG Nordrhein-Westfalen und des OVG Lüneburg
ParteiG	Parteiengesetz
PBefG	Personenbeförderungsgesetz
Pietzner/Ronellenfitsch	Pietzner/Ronellenfitsch, Das Assessorexamen im Öffentlichen Recht. Widerspruchsverfahren und Verwaltungsprozeß, 6. Auflage 1987
RiBVerwG	Richter am Bundesverwaltungsgericht
Rn.	Randnummer
s.	siehe
S.	Seite
Schneider	Schneider, Die Kostenentscheidung im Zivilurteil, 2. Auflage 1977
SchwbG	Schwerbehindertengesetz
SKV	Staats- und Kommunalverwaltung (Zs.)
StPO	Strafprozeßordnung
st. Rspr.	ständige Rechtsprechung
StT	Der Städtetag (Zs.)
StVO	Straßenverkehrsordnung
Tschira/Schmitt Glaeser	Tschira/Schmitt Glaeser, Verwaltungsprozeßrecht, 9. Auflage 1988
TVG	Tarifvertragsgesetz
u.	unten
Urt.	Urteil
v.	vom
VBlBW	Verwaltungsblätter für Baden-Württemberg (Zs.)
VerwArch	Verwaltungsarchiv (Zs.)
VG	Verwaltungsgericht
VGH	Verwaltungsgerichtshof
vgl.	vergleiche
VöIV	(Bayerische) Verordnung über den Vertreter des öffentlichen Interesses
VRiVG	Vorsitzender Richter am Verwaltungsgericht
VwGO	Verwaltungsgerichtsordnung
VwVfG	Verwaltungsverfahrensgesetz
VwZG	Verwaltungszustellungsgesetz
WaffG	Waffengesetz
WRV	Weimarer Reichsverfassung
z. B.	zum Beispiel
ZMR	Zeitschrift für Miet- und Raumrecht (Zs.)
ZPO	Zivilprozeßordnung
Zs.	Zeitschrift

ERSTER TEIL
Verwaltungsverfahrensrecht

A. Verfahrensfehler, Heilung und Unbeachtlichkeit (§§ 45 f. VwVfG)

I. Allgemeines

Tatsächliche oder vermeintliche Fehler des Verwaltungsverfahrens und ihre Folgen zählen zu den beliebtesten Gegenständen öffentlich-rechtlicher Klausuren. Die Ursache dafür liegt darin, daß sie sich zwanglos mit nahezu jeder beliebigen materiell-rechtlichen Fallgestaltung kombinieren lassen. Auf der Seite des Bearbeiters lösen solche bekannten Vorlieben häufig eine emsige Suche nach Verfahrensmängeln aus, die nicht selten in die Gefahr gerät, über das Ziel hinauszuschießen. Voraussetzung für eine sachgerechte Beherrschung der Fehlerlehre des Verwaltungsverfahrens ist daher, nicht nur diese, sondern auch die zu beachtenden verwaltungsverfahrensrechtlichen Vorschriften hinreichend zu kennen. Beides wird im folgenden am Beispiel der — soweit ersichtlich — praktisch bedeutsamsten Fälle, der Anhörung (§ 28 VwVfG) unter Einschluß der Akteneinsicht (§ 29 VwVfG) und der Begründung (§ 39 VwVfG) darzustellen versucht.

1

Beim *Lösungsaufbau* hat sich weitgehend eingebürgert, im Rahmen der Begründetheitsprüfung zunächst die formelle, sodann die materielle Rechtmäßigkeit des angefochtenen Verwaltungsakts zu untersuchen. Dagegen ist im Grundsatz nichts einzuwenden. Jedoch empfiehlt es sich — jedenfalls, wenn insoweit Zweifel bestehen können —, noch vor Beginn der Prüfung der formellen Rechtmäßigkeit und damit etwaiger Verfahrensfehler und der daraus zu ziehenden Konsequenzen zu klären, auf welche Rechtsgrundlage die fragliche Verwaltungsmaßnahme gestützt werden kann. Denn davon kann abhängen, welche Anforderungen — beispielsweise hinsichtlich der Begründung — an den streitigen Verwaltungsakt zu stellen sind, aber auch, ob ein Verfahrensfehler etwa *nach § 46 VwVfG unbeachtlich sein* kann[1]. Beachtet man dieses Zusammenspiel zwischen materiellem und Verwaltungsverfahrensrecht nicht, gerät man im günstigsten Fall nur in ärgerliche Aufbauprobleme, im ungünstigeren indessen spult man ein Prüfungsschema ab, das an den eigentlichen Fallfragen vorbeigeht[2].

2

---

1 Fallbeispiel bei Jäde, S. 254, 257 ff., 260 Fn. 3.
2 Über den Nutzen der Verwendung von Prüfungsschemata auch im Zweiten Juristischen Staatsexamen herrscht Streit. Ob man eines solchen Schemas als Krücke bedarf, ist individuell verschieden. Als Checkliste gewissermaßen „im Hinterkopf" sind sie zumindest unschädlich. Gefährlich wird das Kleben an Schemata aber, wenn sie einen auf die Bedürfnisse des konkreten Falls zugeschnittenen Aufbau verhindern oder gar jeder Schemapunkt in der Klausur abgehandelt wird, gleichviel, ob problematisch oder nicht. Wird insoweit im Referendarexamen noch mancherlei nachgesehen, verlangt das Assessorexamen als praxisbezogene Prüfung, sich auf das wirklich Erörterungsbedürftige zu konzentrieren. Denn alles andere versteht sich doch unter Volljuristen (in spe) von selbst!

II. Zur Anwendbarkeit der §§ 45 f. VwVfG

3   Wird ein Verfahrensfehler festgestellt, neigt man nur allzu leicht dazu, sich vorschnell der Frage zuzuwenden, ob der Mangel nach § 45 VwVfG geheilt oder nach § 46 VwVfG unbeachtlich ist. Dabei kann aus dem Blickfeld verloren werden, daß diese Regelungen ihrerseits Anwendungsvoraussetzungen haben, deren Prüfung sich nicht stets als unproblematisch erübrigt.

4   Nach dem ausdrücklichen Wortlaut dieser Vorschriften (§ 45 Abs. 1 VwVfG: „... die nicht den Verwaltungsakt nach § 44 nichtig macht, ..."; § 46 VwVfG: „... der nicht nach § 44 nichtig ist ...") kommt eine Heilung oder Unbeachtlichkeit von Verfahrensfehlern nur bei *rechtswidrig-anfechtbaren*, nicht hingegen bei nichtigen *Verwaltungsakten* in Betracht. Nichtige Verwaltungsakte sind in der Praxis ebenso wie – eben darum – im Assessorexamen selten. Bei aller gebotenen Kritik gegenüber dem Handeln der Verwaltung auch in der Examensklausur sollte daher nicht leichtfertig die Nichtigkeit eines Verwaltungsakts angenommen werden. Hilfestellung bieten insoweit die Kataloge des § 44 Abs. 2 VwVfG einerseits, des § 44 Abs. 3 und des § 45 Abs. 1 VwVfG andererseits. Die Nichtigkeit eines Verwaltungsakts nach § 44 Abs. 1 VwVfG anzunehmen, sollte – soweit man sich nicht in einem Kommentar rückversichern kann – nur in eindeutigen Fällen nach sorgfältigster Prüfung gewagt werden; dabei kann die alte Repetitor-Faustformel, für eine solche Annahme müsse der Verwaltungsakt die Nichtigkeit auf der Stirne geschrieben tragen, durchaus noch brauchbare Dienste leisten.

5   Daß *spezialgesetzliche Vorschriften* dem allgemeinen Verwaltungsverfahrensrecht des VwVfG und damit auch den §§ 45 f. VwVfG vorgehen, bedarf wegen § 1 Abs. 1, Abs. 2 Satz 1 VwVfG keiner näheren Erörterung. Diese Spezialität einer anderweitigen Regelung muß sich jedoch nicht ausdrücklich aus dieser Vorschrift ergeben. Sie kann vielmehr auch (nur) Sinn und Zweck zu entnehmen sein. Wird beispielsweise ein Probebeamter ohne Mitwirkung des Personalrats (§ 78 Abs. 1 Nr. 4 BPersVG) fristlos entlassen (§ 31 Abs. 1 Nr. 1, Abs. 4 BBG), so könnte, da der Personalrat sich ohne weiteres als „Ausschuß" im Sinne des § 45 Abs. 2 Nr. 4 VwVfG verstehen läßt, grundsätzlich eine nachträgliche Heilung dieses Verfahrensverstoßes in Betracht gezogen werden. Da durch die fristlose Entlassung des Beamten jedoch vollendete Tatsachen geschaffen werden, kann die Beteiligung des Personalrats ihren Sinn und Zweck nur erfüllen, wenn sie vor dieser Entscheidung erfolgt; eine Heilung nach § 45 Abs. 2 Nr. 4 VwVfG ist daher nicht möglich[3].

---

3 BVerwG, Urt. v. 1. 12. 1982 – 2 C 59.81 –, NJW 1983, 2516 f. – Die Kommentierung bei Kopp, VwVfG, § 45 RdNr. 28 ist insofern ungenau, als sie nicht zwischen fristloser und befristeter Kündigung unterscheidet; nur im letzteren Falle läßt das BVerwG eine Heilung der unterbliebenen Beteiligung des Personalrats zu (BVerwG, Urt. v. 24. 11. 1982 – 2 C 9.82 –, BVerwGE 68, 193 = NJW 1984, 1981 – nur LS).

6 Endlich darf nicht übersehen werden, daß es auf eine Heilung oder auf die Unbeachtlichkeit eines Verfahrensfehlers dann letztlich nicht ankommt[4], wenn die verletzte verfahrensrechtliche Vorschrift nicht dem *Schutz des Betroffenen* dient. §§ 45 f. VwVfG regeln zwar, ob ein Verfahrensmangel (noch) rechtserheblich ist oder nicht. Daraus – und insbesondere aus der Wendung in § 46 VwVfG „Die Aufhebung eines Verwaltungsaktes ... kann nicht allein deshalb beansprucht werden, weil ..." – darf aber nicht der Umkehrschluß gezogen werden, der streitgegenständliche Verwaltungsakt falle gleichsam automatisch stets dann der Aufhebung anheim, wenn der Verfahrensmangel nicht nach § 45 VwVfG geheilt oder nach § 46 VwVfG unbeachtlich sei. Denn die verwaltungsverfahrensrechtlichen Regelungen über die Heilung und Unbeachtlichkeit von Verfahrensfehlern ändern nicht § 113 Abs. 1 Satz 1 VwGO, wonach das Gericht den Verwaltungsakt und den etwaigen Widerspruchsbescheid aufhebt, „soweit der Verwaltungsakt rechtswidrig *und* der Kläger *dadurch* in seinen Rechten verletzt ist". Wird beispielsweise eine Baugenehmigung ohne das nach § 36 Abs. 1 Satz 1 BauGB erforderliche gemeindliche Einvernehmen erteilt und bleibt dieser Mangel ungeheilt, so kann sich gleichwohl der gegen die Baugenehmigung mit (Anfechtungs-)Widerspruch und Anfechtungsklage vorgehende Nachbar darauf nicht berufen. Denn § 36 Abs. 1 Satz 1 BauGB schützt die gemeindliche Planungshoheit, nicht hingegen den Nachbarn.

III. Heilung von Verfahrens- und Formfehlern (§ 45 VwVfG)

1. Heilung fehlerhaft unterbliebener Anhörung (§ 28, § 45 Abs. 1 Nr. 3 VwVfG)

a) Erforderlichkeit der Anhörung

7 Nach der Grundregel des § 28 Abs. 1 VwVfG ist, bevor ein Verwaltungsakt erlassen wird, der in Rechte eines Beteiligten eingreift, diesem Gelegenheit zu geben, sich zu den für die Entscheidung erheblichen Tatsachen zu äußern. Voraussetzung für die Entstehung der Anhörungsverpflichtung ist also zunächst,

---

4 Damit ist das leidige Thema berührt: Wie geht man in der Klausur mit Rechtsfragen um, auf die es für das Ergebnis nicht ankommt? Als Regel gilt: Im Gutachten ist auf alle aufgeworfenen Rechtsfragen einzugehen, und zwar unabhängig von ihrer Entscheidungserheblichkeit. Nur darf man sich nicht verleiten lassen, statt die vom Fall aufgeworfenen Probleme zu lösen, ein juristisches Feuilleton über Fragen zu Papier zu bringen, die sich allenfalls im weiteren Umfeld des Falles ansiedeln lassen. Beim Urteil genügt es, nur das in den Entscheidungsgründen auszuführen, was die Entscheidung wirklich trägt; verbleibende Probleme, deren Behandlung ersichtlich gewollt war, müssen dann aber im Hilfsgutachten erörtert werden. Dabei besteht die Gefahr einer nur noch unter Zeitdruck oberflächlichen Behandlung von Themen, die nur deshalb nicht in den Entscheidungsgründen erscheinen, weil der Bearbeiter eine von der Sichtweise des Aufgabenstellers abweichende Weichenstellung im Lösungsgang vorgenommen hat. Stilistisch elegant kann dieses Risiko vermieden werden, wenn man sich zu derartigen Fragen in der Art eines obiter dictums in den Entscheidungsgründen äußert (etwa: „Die Kammer neigt hierzu der Auffassung zu, daß ..., weil ... Dies kann indessen offenbleiben, denn ..."). Die Statthaftigkeit eines solchen Vorgehens ist allerdings nicht unumstritten. Indessen: Warum soll in der Examensklausur falsch sein, was obere und höchste Gerichte vorexerzieren?

daß das Verwaltungsverfahren auf den Erlaß eines Verwaltungsaktes abzielt, der gegenüber dem Betroffenen einen *Rechtseingriff* darstellt. Ohne weiteres folgt daraus, daß eine Anhörung vor dem Erlaß begünstigender Verwaltungsakte nicht geboten ist. Schwieriger zu beantworten ist demgegenüber die Frage, ob sich daraus zugleich ergibt, daß eine Anhörung bei *belastenden Verwaltungsakten* stets erforderlich ist, soweit nicht die Ausnahmetatbestände des § 28 Abs. 2 und 3 VwVfG eingreifen. Diese vom Wortlaut der Vorschrift her durchaus naheliegende Interpretation wird aber von der Rechtsprechung des BVerwG nicht übernommen. Vielmehr vertritt das BVerwG unter Berufung auf die Entstehungsgeschichte des Gesetzes und die amtliche Begründung die Auffassung, das Tatbestandsmerkmal des Eingriffs sei eng in dem Sinne auszulegen, daß eine Anhörung nur vorgeschrieben sei, wenn durch den beabsichtigten Verwaltungsakt dem Betroffenen eine von ihm bereits innegehabte Rechtsposition entzogen, ihm etwas genommen werden solle. § 28 Abs. 1 VwVfG greift hiernach insbesondere dann nicht ein, wenn ein von dem Betroffenen begehrter begünstigender Verwaltungsakt versagt werden soll[5].

8 Nach dem gesetzlichen Wortlaut erstreckt sich die Anhörung auf die *für die Entscheidung erheblichen Tatsachen*. Da die Anhörung der Vorbereitung der behördlichen Entscheidung dient, bemißt sich auch nach der Sichtweise der Behörde, mit welchen Tatsachen sie den Betroffenen konfrontiert; entscheidungserheblich im Sinne der Vorschrift ist, was die Behörde – sei es zu Recht oder auch unzutreffend – für entscheidungserheblich hält[6]. Das hindert den angehörten Betroffenen selbstverständlich nicht daran, sich auch zu anderen Tatsachen zu äußern, die er seinerseits für relevant erachtet, markiert vielmehr lediglich eine Mindestverpflichtung der Verwaltungsbehörde.

9 Die bloße Mitteilung von Tatsachen allein – etwa auch in Verbindung mit der Aufforderung, hinsichtlich festgestellter Mißstände Abhilfe zu schaffen – stellt jedoch keine ihrem Sinn und Zweck genügende Anhörung dar[7]. Aus der – nicht formgebundenen – Anhörung muß sich darüber hinaus für den Betroffenen ergeben, daß die Behörde auf der Grundlage der von ihr festgestellten und für entscheidungserheblich gehaltenen Tatsachen eine bestimmte Rechtsfolge zu ziehen, einen bestimmten (eingreifenden) Verwaltungsakt zu erlassen gedenkt. Insoweit darf der Tatsachenbegriff des § 28 Abs. 1 VwVfG nicht zu eng interpretiert werden. Wenngleich die Vorschrift kein Rechtsgespräch mit dem Betroffenen verlangt, so muß für diesen bei der Anhörung gleichwohl klar sein, daß diese auf die Vorbereitung einer bestimmten rechtlichen Entscheidung abzielt[8].

---

5 BVerwG, Urt. v. 14. 10. 1982 – 3 C 46.81 –, NJW 1983, 2044 = BayVBl. 1983, 406; vgl. aber auch § 28 Abs. 2 Nr. 3 VwVfG; a. A. Kopp, VwVfG, § 28 Rn. 10.

6 BVerwG (o. Fn. 5), a.a.O.

7 Dazu z. B. OVG Bremen, Beschl. v. 5. 11. 1982 – 2 B 110/82 –, NJW 1983, 1869 (zu § 71 VwGO); HessVGH, Beschl. v. 20. 5. 1988 – 4 TH 3616/87 –, NVwZ-RR 1989, 113.

8 Vgl. dazu Kopp, VwVfG, § 28 Rn. 14 f.

Die Anhörung besteht darin, dem Betroffenen *Gelegenheit* zur Äußerung zu geben. § 28 Abs. 1 VwVfG ist also bereits dann Genüge getan, wenn eine solche Chance, auf die behördliche Entscheidungsfindung einzuwirken, eingeräumt worden ist. Weder indessen besteht für den Betroffenen eine Verpflichtung zur Stellungnahme noch ist die Behörde gehalten, über eine angemessene Frist hinaus[9] eine Äußerung abzuwarten.

Von der Anhörung kann unter den näheren Voraussetzungen des § 28 Abs. 2 VwVfG *abgesehen* werden. Eine solche Verfahrensentscheidung steht im *Ermessen* der das Verfahren führenden Behörde. Daß die Vorschrift ausdrücklich davon spricht, ein solches Absehen sei „im Einzelfall" möglich, schließt nicht eine interne Selbstbindung der Behörde durch entsprechende Ermessensrichtlinien aus, wenn nur Raum für eine abweichende Handhabung im atypischen Einzelfall bleibt[10].

Umstritten ist, ob die Verfahrensentscheidung, von einer Anhörung unter Berufung auf § 28 Abs. 2 VwVfG abzusehen, in dem ohne Anhörung erlassenen Bescheid *begründet* werden muß[11]. Die eine solche Verpflichtung bejahende Auffassung findet aber in § 39 Abs. 1 Satz 3 VwVfG keine hinreichende Stütze. Denn diese Vorschrift bezieht sich ihrem ausdrücklichen Wortlaut nach allein auf die Begründung des Verwaltungsaktes als des Ziels und des Abschlusses des Verwaltungsverfahrens (vgl. § 9 VwVfG), nicht aber auf den Erlaß dieses Verwaltungsaktes erst vorbereitender Verwaltungshandlungen wie Entscheidungen über die Verfahrensweise. Insoweit hätte der Gesetzgeber eine besondere Begründungspflicht schaffen müssen, was aber unterblieben ist.

Ein Absehen von einer Anhörung kommt nach dem – nicht abschließenden („insbesondere") – Katalog des § 28 Abs. 2 VwVfG zunächst in Betracht, wenn eine sofortige Entscheidung wegen Gefahr im Verzuge oder im öffentlichen Interesse notwendig erscheint (§ 28 Abs. 2 Nr. 1 VwVfG). *Gefahr im Verzuge* liegt vor, wenn auch bei Gewährung kürzester Anhörungsfristen ein Zeitverlust einträte, der mit hoher Wahrscheinlichkeit dazu führen würde, daß der Verwaltungsakt, dessen Erlaß beabsichtigt ist, seinen Zweck nicht mehr erfüllen könnte[12]; die von § 28 Abs. 2 Nr. 1 VwVfG geforderte Dringlichkeit ist daher deutlich von jener Eilbedürftigkeit zu unterscheiden, welche die Anordnung der sofortigen Vollziehung eines Verwaltungsakts nach § 80 Abs. 2 Nr. 4 VwGO

---

9 Zu Einzelfällen z. B. VGH Baden-Württemberg, Urt. v. 6. 4. 1987 – 13 S 3263/86 –, NVwZ 1987, 1087 (Ausbleiben einer angekündigten Stellungnahme über einen Monat); BayVGH, Beschl. v. 27. 3. 1986 – Nr. 2 CS 86.00669 –, BayVBl. 1986, 405; Urt. v. 30. 10. 1986 – Nr. 2 B 86.01790 –, BayVBl. 1987, 210 (Anhörungsfrist für eine Gemeinde zu staatlichem Bauvorhaben entsprechend § 36 Abs. 2 Satz 2 BauGB).

10 BVerwG, Urt. v. 29. 4. 1983 – 1 C 5.83 –, NVwZ 1983, 742.

11 OVG Nordrhein-Westfalen, Urt. v. 26. 5. 1981 – 18 A 383/81 –, NVwZ 1982, 326; Kopp, VwVfG, § 28 Rn. 30 m. w. N. zum Streitstand; a.A. wohl BVerwG (o. Fn. 10), a.a.O.

12 BVerwG, Urt. v. 15. 12. 1983 – 3 C 27.82 –, NVwZ 1984, 577 = BayVBl. 1984, 439; Kopp, VwVfG, § 28 Rn. 34 f.

rechtfertigt. Da es nicht darauf ankommt – was freilich ohne weiteres ausreicht –, daß tatsächlich Gefahr im Verzuge ist, sondern genügt, daß ein sofortiges Handeln aus diesem Grunde „notwendig erscheint", kommt es auch insoweit auf die ex-ante-Sicht der Behörde an. Von einer Anhörung kann daher nach § 28 Abs. 2 Nr. 1 1. Alt. VwVfG grundsätzlich rechtsfehlerfrei abgesehen werden, wenn die Behörde aufgrund der ihr bekanntgewordenen konkreten Tatsachen eine solche sofortige Entscheidung für notwendig halten durfte[13]. Dabei hat die Behörde aber das *Übermaßverbot* zu beachten: Ohne Anhörung darf sie nur diejenigen Maßnahmen treffen, deren Zweckverfehlung andernfalls zu befürchten ist; soweit möglich muß sie sich also auf vorläufige Regelungen beschränken und darf endgültige erst nach Nachholung der Anhörung treffen[14]. Ein Verzicht auf die Anhörung kann *im öffentlichen Interesse* etwa bei einem zugleich die Einziehung des Vereinsvermögens anordnenden Vereinsverbot notwendig erscheinen, wenn befürchtet werden muß, daß dieses Vermögen beiseitegebracht und ggf. zur Fortsetzung der rechtswidrigen Vereinszwecke gebraucht werden könnte[15].

14 Von erheblicher praktischer Bedeutung ist auch die Möglichkeit, von einer Anhörung dann abzusehen, wenn *von den tatsächlichen Angaben* eines Beteiligten, die dieser in einem Antrag oder einer Erklärung gemacht hat, *nicht zu seinen Ungunsten abgewichen* werden soll (§ 28 Abs. 2 Nr. 3 VwVfG). Dieses fakultative Absehen von einer Anhörung entschärft in erheblichem Umfange den Meinungsstreit[16] über die Frage der Erforderlichkeit der Anhörung bei der Ablehnung eines beantragten begünstigenden Verwaltungsaktes. Zu beachten bleibt aber, daß die in dieser Vorschrift enthaltene Ermächtigung, auf die Anhörung zu verzichten, nur so weit reicht und reichen kann, wie der Betroffene bereits tatsächliche Angaben gemacht hat. <u>Will die Behörde ihre Entscheidung auf andere als die durch den Betroffenen in das Verfahren gleichsam im Wege einer vorweggenommenen Anhörung eingebrachten Tatsachen stützen, so bedarf es</u> – nimmt man grundsätzlich eine Anhörungspflicht an – <u>insoweit einer (erneuten) Anhörung</u>[17].

15 Bei *Allgemeinverfügungen* kommt eine Anhörung der Betroffenen häufig schon aus praktischen Gründen deshalb nicht in Betracht, weil deren Kreis zunächst unbestimmt ist; man denke etwa an die in einem Verkehrszeichen verkörperte straßenverkehrsrechtliche Anordnung (§ 45 StVO)[18]. Aber auch bei

---

13 BVerwG (o. Fn. 12), a.a.O.; Kopp, VwVfG, § 28 Rn. 36.
14 BVerwG (o. Fn. 12), a.a.O.; Kopp, VwVfG, § 28 Rn. 37.
15 Dazu eingehend BVerwG, Urt. v. 18. 10. 1988 – 1 A 89.83 –, NJW 1989, 993.
16 Vgl. o. Rn. 7.
17 BVerwG, Urt. v. 15. 12. 1983 – 3 C 27.82 –, NVwZ 1984, 577 = BayVBl. 1984, 439; Kopp, VwVfG, § 28 Rn. 47.
18 Zur Rechtsnatur von Verkehrszeichen BVerwG, Urt. v. 13. 12. 1979 – 7 C 46.78 –, NJW 1980, 1640.

einem bestimmbaren Adressatenkreis kann nach § 28 Abs. 2 Nr. 4 VwVfG rechtsfehlerfrei von einer Anhörung abgesehen werden[19].

16 Ein Absehen von der Anhörung bei Maßnahmen der *Verwaltungsvollstreckung* (§ 28 Abs. 2 Nr. 5 VwVfG) ist nicht nur möglich, wenn ein Grundverwaltungsakt vollstreckt werden soll, sondern auch dann, wenn es um die Durchsetzung unmittelbar kraft Gesetzes bestehender Pflichten im Wege des Verwaltungszwanges geht[20]. Voraussetzung ist dabei nicht, daß eine Vollstreckungsvereitelung droht[21]; vielmehr genügt es, daß im Interesse der Effektivität der Vollstreckung auf eine Anhörung verzichtet wird, die schwerlich mehr Ertrag bringen könnte, weil keine schutzwürdigen Interessen des Betroffenen (mehr) ersichtlich sind, die noch zusätzlicher Berücksichtigung bedürften[22].

17 Streitig ist, ob die Anhörungsverpflichtung des § 28 Abs. 1 VwVfG auch bei der *Anordnung der sofortigen Vollziehung* eines Verwaltungsakts (§ 80 Abs. 2 Nr. 4 VwGO) gilt[23]. Diese Meinungsverschiedenheit kann nicht etwa schon deshalb auf sich beruhen, weil jedenfalls die Ausnahmemöglichkeiten des § 28 Abs. 2 VwVfG eingreifen könnten. Denn dies ist gerade nicht der Fall, wie schon angedeutet wurde[24]. Auch führt der dogmatische Streit darüber, ob die Anordnung der sofortigen Vollziehung einen Verwaltungsakt darstellt oder lediglich einen unselbständigen Annex zu einem solchen, nicht weiter. Denn selbst wenn man von letzterem ausgeht, liegt auf der Hand, daß die Eingriffsintensität, die in der Anordnung der sofortigen Vollziehung liegt, hinsichtlich der Anhörung jedenfalls eine analoge Anwendung des § 28 VwVfG verlangt. Auch läßt sich nicht vertreten, die hiernach erforderliche Anhörung sei überflüssig und deshalb entbehrlich, weil der Betroffene ja bereits zu dem (Grund-)Verwaltungsakt angehört worden sei, dessen sofortige Vollziehung nunmehr angeordnet werde. Denn diese Anordnung setzt öffentliche oder private Interessen voraus, die gerade über das regelmäßige Interesse der Behörde am Vollzug des Verwaltungsaktes hinausgehen. In die Entscheidung über die Anordnung der sofortigen Vollziehung fließen mithin notwendig Gesichtspunkte ein, die gerade nicht Gegenstand des lediglich auf den Erlaß des Verwaltungsakts zielenden Verwaltungsverfahrens waren. Fraglich ist aber, welche Rechtsfolge die rechtswidrig unterlassene Anhörung vor Anordnung der sofortigen Vollziehung hat. Wendete man insoweit § 45 Abs. 1 Nr. 3, Abs. 2 VwVfG analog an, käme – bei Gleichsetzung von Klageerhebung und Stellung des Antrags nach § 80 Abs. 5 VwGO – eine Heilung des

---

19 Zur Straßenumbenennung BayVGH, Beschl. v. 17. 9. 1987 – Nr. 26 CS 87.01144 –, BayVBl. 1988, 369.
20 BVerwG, Urt. v. 29. 4. 1983 – 1 C 5.83 –, NVwZ 1983, 742.
21 BVerwG (o. Fn. 20), a.a.O.; Kopp, VwVfG, § 28 Rn. 52.
22 Vgl. a. BVerwG (o. Fn. 20), a.a.O.
23 Ablehnend z. B. OVG Rheinland-Pfalz, Beschl. v. 25. 11. 1987 – 12 B 112/87 –, NVwZ 1988, 748; bejahend Kopp, VwGO, § 80 Rn. 42, jeweils m. w. N. zum Streitstand.
24 Vgl. o. Rn. 13; ferner Kopp, VwVfG, § 28 Rn. 39.

Mangels nicht mehr in Betracht. Dabei würde aber übersehen, daß die §§ 45 f. VwVfG auf ein an das Verwaltungsverfahren (unter Einschluß des Widerspruchsverfahrens) anschließendes Klageverfahren ausgerichtet sind, in welchem das Gericht auf eine reine Prüfung der Rechtmäßigkeit des angegriffenen Verwaltungshandelns beschränkt ist, demgegenüber das Gericht keine Möglichkeit zu eigener Initiative hat. Anders aber bei der gerichtlichen Entscheidung nach § 80 Abs. 5 VwGO: Sofern nur die Begründung der Anordnung der sofortigen Vollziehung den formalen Erfordernissen des § 80 Abs. 3 VwGO standhält, hat das Gericht eine selbständige Abwägung der inmitten stehenden öffentlichen und privaten Interessen vorzunehmen, trifft also eine eigenständige Ermessensentscheidung[25]. Wegen dieser Eigenständigkeit der gerichtlichen Entscheidung im Verfahren nach § 80 Abs. 5 VwGO ist aber für diese ein etwaiger Mangel des Verfahrens zur Anordnung der sofortigen Vollziehung unerheblich[26].

18 Der Vorbereitung der Anhörung dienen und Voraussetzung einer den gesetzlichen Erfordernissen entsprechenden Anhörung sein kann die Gewährung von *Akteneinsicht*. Dabei ist zu beachten, daß § 29 Abs. 3 VwVfG bewußt keinen Anspruch von Verfahrensbevollmächtigten geschaffen hat, die Akten zur Einsicht in die Kanzlei übersandt zu erhalten[27]. Ein derartiger Anspruch besteht auch nicht bei großer Entfernung der Kanzlei zu der das Verfahren führenden Behörde; in solchen Fällen genügt es, die Akteneinsicht bei einer Behörde in der Nähe des Sitzes des Bevollmächtigten zu ermöglichen (vgl. § 29 Abs. 3 Satz 2 Halbs. 1 VwVfG)[28]. § 29 Abs. 1 Satz 1 VwVfG ist nach ganz h. M. nur im Verwaltungsverfahren anwendbar und nicht analogiefähig; außerhalb des Verwaltungsverfahrens steht die Gewährung von Akteneinsicht – wie schon nach der Rechtsprechung vor Erlaß der Verwaltungsverfahrensgesetze – jeweils im behördlichen Ermessen[29].

b) Heilung

19 Wird die erforderliche Anhörung rechtsfehlerhaft unterlassen, so kann sie nach § 45 Abs. 1 Nr. 3 VwVfG mit heilender Wirkung innerhalb der zeitlichen Schranke des § 45 Abs. 2 VwVfG nachgeholt werden. Dazu, ob der Verfahrensmangel *allein durch die Durchführung des Widerspruchsverfahrens* geheilt werden kann oder ob es eines darüber hinausgehenden besonderen Tätigwerdens der Ausgangs- bzw. der Widerspruchsbehörde – also einer ausdrücklichen Nachho-

---

25 Kopp, VwGO, § 80 Rn. 78.
26 So wohl zutreffend BayVGH, Beschl. v. 17. 9. 1987 – Nr. 26 CS 87. 01144 –, BayVBl. 1988, 369; a. A. Kopp, VwGO, § 80 Rn. 76.
27 OVG Nordrhein-Westfalen, Urt. v. 3. 9. 1979 – VI A 2223/78 –, NJW 1980, 722; BayVGH, Urt. v. 12. 9. 1979 – Nr. 45 XV 78 –, BayVBl. 1980, 94; Kopp, VwVfG, § 29 Rn. 31.
28 BayVGH (o. Fn. 27), a.a.O.
29 BVerwG, Urt. v. 16. 9. 1980 – 1 C 52.75 –, NJW 1981, 535; v. 1. 7. 1983 – 2 C 42.82 –, NVwZ 1984, 455 = BayVBl. 1984, 86.

lung der Anhörung, etwa durch eine entsprechende Aufforderung an den Betroffenen, sich nunmehr im Sinne des § 28 VwVfG zu äußern — bedarf, enthält § 45 VwVfG jedoch keine unmittelbare Aussage. Die Rechtsprechung des BVerwG vertritt – zu Recht – die erstgenannte Auffassung[30]. Enthält nämlich der verfahrensgegenständliche Verwaltungsakt in seiner Begründung die „wesentlichen tatsächlichen und rechtlichen Gründe . . ., die die Behörde zu ihrer Entscheidung bewogen haben" (§ 39 Abs. 1 Satz 2 VwVfG), so ist der Widerspruchsführer damit auch über die „für die Entscheidung erheblichen Tatsachen" (§ 28 Abs. 1 VwVfG) unterrichtet. Ist dem Bescheid zudem eine ordnungsgemäße Rechtsbehelfsbelehrung (vgl. § 70 VwGO) beigegeben, so ist bereits damit dem Widerspruchsführer eine Äußerungsmöglichkeit eingeräumt, welche der nach § 28 Abs. 1 VwVfG zu gewährenden entspricht. Einer besonderen „Nachtragsanhörung" bedarf es unter den genannten Voraussetzungen nicht; sie wäre auch ersichtlich nur eine leere Förmlichkeit. Die vom Gesetzgeber auf diese Weise geschaffene Gleichwertigkeit der vorherigen mit der nachgeholten Anhörung bedingt im übrigen zugleich, daß eine Heilung des Verfahrensmangels auch nicht daran scheitert, daß dem Widerspruchsführer beispielsweise zum Zeitpunkt der Nachholung ein Beweismittel verlorengegangen ist, über das er bei rechtzeitiger vorheriger Anhörung noch verfügt hätte[31].

Diese Regel gilt – wie schon aus dem vorstehend Dargelegten ersichtlich – **20** jedoch nur dann, wenn die im Sinne des § 28 Abs. 1 VwVfG entscheidungserheblichen Tatsachen für den Widerspruchsführer aus dem angefochtenen Bescheid, namentlich aus dessen Begründung, erkennbar sind. Ist dies nicht der Fall, so muß – über die Durchführung des Widerspruchsverfahrens und die damit dem Widerspruchsführer eingeräumte Äußerungsmöglichkeit hinaus – der Betroffene besonders nachträglich angehört werden. Entsprechend ist zu verfahren, wenn die Widerspruchsbehörde ihrer Entscheidung andere Tatsachen zugrunde zu legen beabsichtigt als die Ausgangsbehörde.

Streitig ist, *gegenüber welcher Behörde* die Anhörung mit heilender Wirkung **21** nachzuholen ist bzw. nachgeholt werden kann. Wird etwa der Widerspruch nicht bei der Ausgangs-, sondern bei der Widerspruchsbehörde eingelegt (§ 70 Abs. 1 Satz 2 VwGO) und gegenüber letzterer erst begründet, nachdem die von der Widerspruchsbehörde über die Einlegung des Widerspruchs unterrichtete Ausgangsbehörde dem Widerspruch nicht abgeholfen hat (§ 72 VwGO), so fragt sich, ob die Berücksichtigung des Vorbringens allein durch die Widerspruchsbehörde eine Heilung der fehlerhaft unterbliebenen Anhörung bewirkt. Diese Frage wird auch innerhalb der Rechtsprechung des BVerwG nicht einheitlich

---

30 BVerwG, Urt. v. 17. 8. 1982 – 1 C 22.81 –, NVwZ 1983, 284 = BayVBl. 1982, 760; v. 14. 10. 1982 – 3 C 46.81 –, NJW 1983, 2044 = BayVBl. 1983, 406; kritisch z. B. Mandelartz, Anhörung, Absehen von der Anhörung, Nachholung der unterbliebenen Anhörung – Zur Relativierung eines Verfahrensrechts, DVBl. 1983, 112, 115 f.

31 BVerwG, Beschl. v. 17. 7. 1986 – 7 B 6.86 –, NJW 1987, 143.

beantwortet: Während der 1. Senat[32] eine nachträgliche Anhörung mit heilender Wirkung – ohne nähere Begründung – allein durch die Widerspruchsbehörde ausreichen läßt, fordert der 3. Senat[33] eine Nachholung der Anhörung (auch) gegenüber der Ausgangsbehörde. Dafür spricht, daß bei einer ordnungsgemäßen Anhörung vor Erlaß des angefochtenen Verwaltungsakts der Betroffene die Chance gehabt hätte, daß die Ausgangsbehörde das ihr eingeräumte Ermessen[34] anders hätte betätigen können als geschehen. Diese Chance könnte nunmehr im Widerspruchsverfahren darin bestehen, daß – aufgrund einer durch die Anhörung bewirkten veränderten Beurteilung der Sach- und Rechtslage – die Ausgangsbehörde im Zuge der Abhilfeprüfung (§ 72 VwGO) dem Widerspruch stattgibt. Eine solche Möglichkeit besteht aber dann nicht mehr, wenn nur die Widerspruchsbehörde das Vorbringen des Widerspruchsführers im Zuge des Widerspruchsverfahrens zur Kenntnis nimmt.

Zwar hat auch die Widerspruchsbehörde nicht nur eine Rechtmäßigkeits-, sondern auch eine Zweckmäßigkeitsprüfung vorzunehmen (§ 68 Abs. 1 Satz 1 VwGO). Jedoch ist nicht zwingend, daß diese Zweckmäßigkeitsprüfung ebenso ausfallen müßte wie diejenige der Ausgangsbehörde, und zwar unbeschadet etwaiger aufsichtlicher Eingriffsmöglichkeiten. Beruht also die gesetzliche Zulassung der Heilung unterlassener Anhörung durch deren Nachholung im Widerspruchsverfahren daraufhin, daß dem Betroffenen eine gleiche Chance für die Berücksichtigung seiner Argumente eingeräumt wird, wie er sie bei Durchführung der Anhörung vor Erlaß des angefochtenen Verwaltungsakts gehabt hätte, so ist diese gleiche Chance nur gegeben, wenn sie sowohl gegenüber der Ausgangs- als auch gegenüber der Widerspruchsbehörde besteht.

22 Ohne Bedeutung ist diese Meinungsverschiedenheit allerdings dann, wenn die *Widerspruchsbehörde auf* eine reine *Rechtmäßigkeitsprüfung beschränkt* ist, eine Zweckmäßigkeitsprüfung im Widerspruchsverfahren also nur bei der Ausgangsbehörde erfolgt. Dann kann auch nach der Auffassung des 1. Senats des BVerwG[35] die unterbliebene Anhörung mit heilender Wirkung nur gegenüber der Ausgangsbehörde nachgeholt werden.

23 Eine ordnungsgemäße Anhörung setzt voraus, daß die Behörde nicht nur dem Betroffenen Gelegenheit gibt, sich zu den aus ihrer Sicht entscheidungserheblichen Tatsachen zu äußern, sondern darüber hinaus, daß sie auch bereit ist, diese Äußerung zur Kenntnis zu nehmen und in ihre Entscheidungsfindung einzubeziehen. Entsprechendes gilt für die Heilung rechtsfehlerhaft unterbliebener Anhörung im Zuge des Widerspruchsverfahrens[36]. An einer solchen Bereitschaft

---

32 BVerwG v. 17. 8. 1982 (o. Fn. 30), a.a.O.
33 BVerwG v. 14. 10. 1982 (o. Fn. 30), a.a.O.
34 Bei einem gebundenen Verwaltungsakt wäre die unterbliebene Anhörung schon wegen § 46 VwVfG unbeachtlich.
35 BVerwG v. 17. 8. 1982 (o. Fn. 30), a.a.O.
36 Dazu die o. Fn. 30 zitierten Entscheidungen des BVerwG.

fehlt es namentlich dann, wenn unzutreffend von einer *Verfristung* des Widerspruchs ausgegangen und infolgedessen keine Sachentscheidung mehr in Betracht gezogen wird. Wird daher in einem solchen Falle der Widerspruch – unrichtig – als unzulässig zurückgewiesen, kann auch die unterbliebene Anhörung nicht geheilt worden sein.

Der Beachtung bedarf dieser Gesichtspunkt aber auch dann, wenn nur die Ausgangsbehörde bei der Abhilfeprüfung (§ 72 VwGO) unzutreffend von einer Verfristung des Widerspruchs ausgeht, während die Widerspruchsbehörde zutreffend (unter Einschluß von Wiedereinsetzungsgründen, wobei insbesondere § 45 Abs. 3 VwVfG zu beachten ist!) eine Sachentscheidung für geboten hält. Darf nämlich – wie gezeigt – dem Widerspruchsführer die Chance der Zweckmäßigkeitsprüfung sowohl vor der Ausgangs- als auch vor der Widerspruchsbehörde nicht genommen werden, so muß auch die Ausgangsbehörde das Vorbringen des Betroffenen in ihre Abhilfeprüfung einbeziehen. Daran fehlt es, wenn sie eine Abhilfe allein mit dem Hinweis auf die (vermeintliche) Fristversäumnis ablehnt. In derartigen Fällen wird daher die Widerspruchsbehörde die Ausgangsbehörde zu einer erneuten Abhilfeprüfung aufzufordern haben. **24**

Entsprechendes gilt, wenn der Widerspruch tatsächlich verfristet ist, die Widerspruchsbehörde aber gleichwohl zur Sache entscheiden möchte[37]. Denn wenn sich die Widerspruchsbehörde auf eine Sachentscheidung einläßt, muß sie auch in vollem Umfange etwaige Verfahrensfehler berücksichtigen; deren Heilung kann daher auch nur unter denselben Voraussetzungen angenommen werden wie bei einem insoweit zulässigen Widerspruch. **25**

§ 45 Abs. 1 Nr. 3 VwVfG gilt seinem Wortlaut nach nur für die Nachholung der Anhörung mit heilender Wirkung. Seinem Sinn und Zweck nach wird er aber auch auf solche Verfahrenshandlungen anzuwenden sein, die der Vorbereitung und sachgemäßen Durchführung einer solchen Anhörung dienen, wie etwa die Gewährung von *Akteneinsicht*[38]. **26**

In diesem Zusammenhang ist in Rechtsprechung und Literatur noch wenig geklärt, welche Rechtsfolgen die *unterlassene Beteiligung Dritter* hat, etwa diejenige des Nachbarn bei der Erteilung einer Baugenehmigung. Während die – allerdings weitestgehend aus der Zeit vor dem Erlaß der Verwaltungsverfahrensgesetze stammende – herrschende Meinung den Verstoß gegen Vorschriften über die Beteiligung Dritter etwa im Baugenehmigungsverfahren schlechthin für unbeachtlich hält, weil diese Regelungen nicht nachbarschützend seien[39], wird in der neueren Literatur teilweise die Auffassung vertreten, zwar könne die unterlassene Anhörung des Dritten nach den allgemeinen Regeln des § 45 Abs. 1 Nr. 3, Abs. 2 VwVfG geheilt werden, nicht hingegen die rechtswidrig unterblie- **27**

---

37 Dazu näher u. Rn. 142 ff.
38 Kopp, VwVfG, § 45 Rn. 25.
39 Dazu statt aller Birkl/Geiger, Rn. E 4 m. w. N.

bene förmliche Verfahrensbeteiligung, sei es nach § 13 Abs. 1 Nr. 4, Abs. 2 VwVfG, sei es nach spezialgesetzlichen Vorschriften wie etwa den Landesbauordnungen[40]. Dem ist entgegenzuhalten, daß die förmliche Beteiligung des Dritten am Verwaltungsverfahren (auch über die eine Beteiligtenstellung allein nicht vermittelnde Anhörung hinaus, vgl. § 13 Abs. 3 VwVfG) durch Hinzuziehung keinen Selbstzweck, keinen „Wert an sich" darstellt, sondern ihren Sinn und Zweck darin findet, dem Dritten dieselben Verfahrensrechte einzuräumen wie den anderen bereits kraft Gesetzes (§ 13 Abs. 1 Nr. 1–3 VwVfG) Verfahrensbeteiligten. Werden dem Dritten diese Verfahrensrechte gewährt, obwohl er nicht förmlich am Verfahren beteiligt worden ist, so ist er in seinen Rechten nicht verletzt. Nichts anderes kann gelten, wenn diesem Dritten gegenüber Verfahrensfehler begangen worden sind, die aber nachträglich nach den hierfür allgemein geltenden Regeln geheilt werden konnten[41].

28 Nach § 45 Abs. 2 VwVfG können – mit Ausnahme der zeitlich unbeschränkt möglichen nachträglichen Stellung des erforderlichen Antrags (§ 45 Abs. 1 Nr. 1 VwVfG) – die in Abs. 1 aufgezählten Verfahrenshandlungen (darunter auch die Anhörung) nur bis zum Abschluß des Vorverfahrens oder, falls ein solches nicht stattfindet, bis zur Erhebung der verwaltungsgerichtlichen Klage nachgeholt werden. Die Klärung der Frage, wie weit die Sperrwirkung dieser Vorschrift reicht, bereitet im Einzelfall Schwierigkeiten.

29 Zweifelhaft ist zunächst, ob und unter welchen Voraussetzungen die Erhebung einer *Untätigkeitsklage* (§ 75 VwGO) eine spätere Heilung von Verfahrensfehlern ausschließt. Dabei ist grundsätzlich davon auszugehen, daß § 45 Abs. 2 VwVfG zwei zeitliche Schranken für eine solche Heilung enthält, nämlich (1) den Abschluß des Vorverfahrens und (2) die Erhebung der verwaltungsgerichtlichen Klage. Letztere zeitliche Schranke wirkt sich aber nur aus, wenn ein Vorverfahren nicht stattfindet. In den Fällen der Untätigkeitsklage bei unterbleibender Entscheidung über einen Widerspruch ist aber die Durchführung eines Vorverfahrens vor Klageerhebung grundsätzlich zwingend vorgeschrieben (§ 68 Abs. 1 Satz 1 VwGO), findet also ein Vorverfahren statt; nur ist dieses durch den Widerspruch eingeleitete (§ 69 VwGO) Widerspruchsverfahren noch nicht durch den Erlaß eines Widerspruchsbescheides (§ 73 Abs. 1 Satz 1 VwGO) zu Ende geführt worden. Die Klageerhebung kann folglich die Heilungsmöglichkeit nicht beseitigen. Dieses Ergebnis wird ferner durch § 75 Satz 3 VwGO unterstrichen: Kann nämlich das Gericht das Verfahren zur Durchführung des Widerspruchsverfahrens aussetzen, so ist nichts dafür ersichtlich, daß das während der Aussetzung des verwaltungsgerichtlichen Rechtsstreits zu Ende geführte Widerspruchsverfahren nicht in dem Sinne vollwertig wäre, daß es auch die verwal-

---

40 Ortloff, Nachbarschutz durch Nachbarbeteiligung am Baugenehmigungsverfahren, NJW 1983, 961, 966; im Anschluß daran Goerlich, Zur Reichweite des Bauvorbescheids, NVwZ 1985, 90, 92.
41 Kopp, VwVfG, § 13 Rn. 42, § 45 Rn. 12, 25; eingehend Jäde, Heilung und Unbeachtlichkeit von Verfahrensfehlern nach Art. 45 f. BayVwVfG, APF 1989, 1, 7 f.

tungsverfahrensrechtlichen Heilungswirkungen nach § 45 Abs. 1 VwVfG entfalten könnte[42].

Schneidet hiernach die Erhebung einer Untätigkeitsklage die Möglichkeit der Heilung eines Verfahrensfehlers jedenfalls dann nicht ab, wenn die Untätigkeitsklage verfrüht und damit unzulässig erhoben wurde oder wenn ein zureichender Grund für die Untätigkeit der Widerspruchsbehörde vorlag, und zwar auch dann, wenn das Gericht von der Möglichkeit der Aussetzung nach § 75 Satz 3 VwGO keinen Gebrauch gemacht hat, so bleibt zu klären, ob eine Heilungsmöglichkeit auch dann noch besteht, wenn ein solcher zureichender Grund für die Untätigkeit nicht (mehr) vorhanden ist. Aber auch dann wird man einer abschließenden Sachentscheidung über den Widerspruch heilende Wirkung beizumessen haben. Denn auch in diesem Falle kann es für die heilende Wirkung nur darauf ankommen, daß die Behörde die Argumente des Widerspruchsführers zur Kenntnis nimmt und in ihre Entscheidung einbezieht. Nur wenn – vor der gerichtlichen Entscheidung – überhaupt kein Widerspruchsbescheid erlassen wird, kommt es zu keiner Heilung, aber nicht wegen § 45 Abs. 2 VwVfG, sondern weil es an den genannten Voraussetzungen der Heilung fehlt[43]. **30**

Wird ein Verwaltungsakt für sofort vollziehbar erklärt (§ 80 Abs. 2 Nr. 4 VwGO), so ist nicht unumstritten, ob die Möglichkeit der Heilung eines Verfahrensfehlers nicht bereits durch die Stellung eines *Antrags auf Wiederherstellung der aufschiebenden Wirkung* des Widerspruchs (§ 80 Abs. 5 VwGO) ausgeschlossen wird. Zwar bezieht sich § 45 Abs. 2 VwVfG seinem Wortlaut nach nur auf die Erhebung der verwaltungsgerichtlichen Klage, und auch dies nur dann, wenn kein Vorverfahren stattfindet. Indessen ließe sich eine entsprechende Anwendung auf die Stellung eines Antrages nach § 80 Abs. 5 Satz 1 VwGO mit dem Argument befürworten, das gesetzgeberische Motiv für die Setzung dieser zeitlichen Schranke liege darin, daß mit der Anhängigkeit eines verwaltungsgerichtlichen Verfahrens die Behörde nicht mehr unbefangen über die nachträglich vorgebrachten Argumente des Widerspruchsführers befinden könne[44]. Dem ist freilich – neben den Erwägungen des Bundesverwaltungsgerichts im Zusammenhang mit der Untätigkeitsklage, die derartige Bedenken nicht aufgreifen[45] – entgegenzuhalten, daß sich die Behörde immer schon in gewisser Weise mit ihrer Entscheidung festlegt. Eine daraus – möglicherweise – resultierende Voreingenommenheit hat der Gesetzgeber aber schon durch die Schaffung der Heilungsmöglichkeit bis zum Abschluß des Widerspruchsverfahrens bzw. bis zur Klageerhebung in Kauf genommen; insoweit macht die zwischenzeitliche Anrufung des Verwaltungsgerichts im Wege des einstweiligen Rechtsschutzes keinen maß- **31**

---

42 BVerwG, Beschl. v. 1. 7. 1986 – 2 B 65.85 –, NVwZ 1986, 913 unter ausdrücklichem Offenlassen der in Rn. 30 angesprochenen Frage.
43 So im Ergebnis auch Kopp, VwVfG, § 45 Rn. 40 a. E.
44 OVG Rheinland-Pfalz, Beschl. v. 30. 1. 1985 – 11 B 201/84 –, NVwZ 1985, 919.
45 Vgl. o. Fn. 42.

geblichen Unterschied[46]. Überdies war dem Gesetzgeber bei der Abfassung des § 45 Abs. 2 VwVfG selbstverständlich die Existenz der Möglichkeit, das Verwaltungsgericht nicht nur mit einer Klage anzurufen, sondern auch mit einem Antrag nach § 80 Abs. 5 Satz 1 VwGO, durchaus bekannt; es fehlt damit an der für eine Analogie erforderlichen planwidrigen Regelungslücke[47].

32 Davon, ob eine Heilung von Verfahrensfehlern trotz Anhängigkeit eines Antrags auf Gewährung einstweiligen Rechtsschutzes beim Verwaltungsgericht möglich ist, ist die weitere Frage zu unterscheiden, ob eine *Heilung* des fraglichen Mangels *im gerichtlichen Verfahren* – etwa im Rahmen eines Schriftsatzwechsels oder einer Erörterung in der mündlichen Verhandlung – erfolgen kann. § 45 VwVfG beantwortet diese Frage jedenfalls nicht unmittelbar. Denn § 45 Abs. 1 VwVfG regelt nur, was mit heilender Wirkung nachgeholt werden kann, Abs. 2, wie lange dies möglich ist. Hiervon ausgehend könnte man annehmen, das Gesetz verlange überhaupt nur eine Nachholung der fehlerhaften bzw. unterlassenen Verfahrenshandlung, enthalte aber keine Aussage darüber, auf welche Weise dies zu geschehen habe. Danach wäre eine Heilung der unterlassenen Anhörung auch im verwaltungsgerichtlichen Eilverfahren möglich[48]. Dafür sprechen sicherlich gewichtige Gründe der Praktikabilität. Andererseits darf aber nicht übersehen werden, daß bei einer solchen Verfahrensweise die Abgrenzung zwischen Verwaltungsverfahren und verwaltungsgerichtlichem Verfahren verwischt würde. Dies wäre um so bedenklicher, als § 45 Abs. 2 VwVfG die Absicht des Gesetzgebers erkennen läßt, eine Heilung von Verfahrensmängeln im gerichtlichen Verfahren nicht zuzulassen. Kommt der Verwaltungsakt im Verwaltungsverfahren zustande (vgl. § 9 VwVfG), so sind die im Verwaltungsverfahren begangenen Fehler auch in diesem Verfahren zu heilen. Daher reicht dafür eine Anhörung in einem verwaltungsgerichtlichen (Eil-)Verfahren nicht aus[49].

2. Begründung (§ 39, § 45 Abs. 1 Nr. 2 VwVfG)

a) Erforderlicher Inhalt

33 Die in § 39 VwVfG geregelte Begründungspflicht für schriftliche oder schriftlich bestätigte (§ 37 Abs. 2 Satz 2 VwVfG) Verwaltungsakte bereitet bei der Klausurbearbeitung häufig Schwierigkeiten, die in – oft unvermeidlich – mangelnder Verwaltungserfahrung und daraus resultierendem Fehlen praktischen Gespürs

---

46 OVG Nordrhein-Westfalen, Beschl. v. 16. 12. 1977 – IV B 2122/77 –, NJW 1978, 1764.

47 Ablehnend auch Schoch, Heilung unterbliebener Anhörung im Verwaltungsverfahren durch Widerspruchsverfahren, NVwZ 1983, 249, 256 f.

48 So OVG Nordrhein-Westfalen (o. Fn. 46), a.a.O.; BayVGH, Beschl. v. 16. 2. 1983 – Nr. 22 CS 82 A. 2498 –, BayVBl. 1983, 595; im Grundsatz ebenso, aber eine „Qualität" der Anhörung fordernd, die der im Verwaltungsverfahren vergleichbar ist, HessVGH, Beschl. v. 20. 5. 1988 – 4 TH 3616/87 –, NVwZ-RR 1989, 113.

49 BVerwG, Urt. v. 15. 12. 1983 – 3 C 27.82 –, NVwZ 1984, 577 = BayVBl. 1984, 439; ebenso Schoch (o. Fn. 47), NVwZ 1983, 257.

ihre Ursache haben. Vielfach werden an den Inhalt der gesetzlich geforderten Begründung eines Bescheides überzogene Ansprüche gestellt; ebenso oft aber kann man auch eine ungerechtfertigte Verwaltungsfreundlichkeit beobachten. Daher ist es notwendig, sich einige Grundlinien einzuprägen, die der allgemeinen Orientierung dienen können.

Wie bei der Anhörung (§ 28 Abs. 1 VwVfG)[50] kommt es auch bei der Begründung allein darauf an, welche „tatsächlichen und rechtlichen Gründe . . . *die Behörde* zu ihrer Entscheidung bewogen haben" (§ 39 Abs. 1 Satz 2 VwVfG). Ausschlaggebend ist also auch hier allein die Sichtweise der den Verwaltungsakt erlassenden Stelle. Ob diejenigen Gründe, von denen die Behörde bei Erlaß des Verwaltungsakts sich hat leiten lassen und die sie deshalb in die Begründung aufgenommen hat, auch einer rechtlichen Nachprüfung standhalten, ist für die Erfüllung der Begründungspflicht nach § 39 VwVfG unerheblich[51]. Sind die Gründe rechtsfehlerhaft und läßt sich der Verwaltungsakt auch nicht in zulässiger Weise auf andere Gründe stützen – seien es solche, welche die Behörde im verwaltungsgerichtlichen Verfahren nachschiebt, seien es solche, die das Gericht seiner Entscheidung zugrunde legt –, so ist dies keine Frage der formellen Rechtmäßigkeit des Verwaltungsakts unter dem Aspekt der Begründungspflicht mehr, sondern eine solche der materiellen Rechtmäßigkeit, wobei als materielle Rechtswidrigkeit auch ein Ermessensfehler (§ 40 VwVfG) anzusehen ist, den eine insoweit bedenkliche Begründung indizieren kann.

34

Darüber hinaus verlangt das Gesetz nicht, daß die Begründung sämtliche aus der Sicht der erlassenden Behörde entscheidungserheblichen Gesichtspunkte enthält, vielmehr erlaubt es eine Beschränkung auf die *wesentlichen* tatsächlichen und rechtlichen Gründe (§ 39 Abs. 1 Satz 2 VwVfG). Was in diesem Sinne wesentlich ist, bemißt sich wiederum nicht nach objektiven Kriterien, sondern nach der subjektiven Sichtweise der den Verwaltungsakt erlassenden Behörde. Die Begründung leidet daher an keinem verwaltungsverfahrensrechtlichen Mangel, wenn etwa in einem nachfolgenden verwaltungsgerichtlichen Rechtsstreit das Gericht andere als die von der Behörde in der Begründung dargetanen Gesichtspunkte für wesentlich hält. Auch dies ist dann allenfalls ein Problem der materiellen Rechtmäßigkeit des Verwaltungsakts, wobei es der Behörde aber gestattet ist, ihre Begründung sowohl in tatsächlicher als auch in rechtlicher Hinsicht zu präzisieren[52], ohne daß es auf die Zulässigkeit eines Nachschiebens von Gründen ankäme.

35

Dieselben Maßstäbe gelten im Grundsatz auch für die Begründung von *Ermessensentscheidungen* (§ 39 Abs. 1 Satz 3 VwVfG). Dabei ergibt sich schon aus dem Wortlaut des Gesetzes, daß die Begründung zumindest Aufschluß dar-

36

---

50 Vgl. o. Rn. 8.
51 BVerwG, Urt. v. 21. 11. 1986 – 8 C 33.84 –, NVwZ 1987, 498.
52 Vgl. BVerwG, Urt. v. 9. 5. 1985 – 2 C 16.83 –, NVwZ 1986, 374 (allerdings mit mißverständlichen Wendungen hinsichtlich der Problematik des Nachschiebens von Gründen).

über geben muß, daß die Behörde (1) erkannt hat, daß die anzuwendende Rechtsvorschrift ihr ein Ermessen einräumt und (2) sie von diesem Ermessen auch Gebrauch gemacht hat. Die Begründung muß also zumindest in Andeutungen deutlich machen, daß innerhalb eines Entscheidungsspielraums zwischen mehreren gleichermaßen rechtmäßigen Entscheidungsalternativen abgewogen worden ist. Das mag im Einzelfall schon die Verwendung des Worts „konnte" in der Begründung hinreichend signalisieren, ebenso wie umgekehrt dessen Fehlen den umgekehrten Schluß nahelegen mag. In solchen Fällen geht der Begründungsmangel häufig mit einem Verstoß gegen § 40 VwVfG einher.

37 Wie intensiv die Behörde sich im Rahmen einer Ermessensentscheidung mit dem Für und Wider in der Begründung auseinanderzusetzen hat, läßt sich nicht allgemein sagen, sondern hängt von der Eigenart des jeweiligen Rechtsgebiets und innerhalb dessen wiederum von der jeweils anzuwendenden Rechtsnormen ab[53]. Insoweit darf also nicht ohne weiteres Ermessen gleich Ermessen gesetzt werden. Das liegt auf der Hand, wenn es um die Anwendung von *Soll-Vorschriften* geht. Denn hier ist der Regelfall, daß das Vorliegen der tatbestandlichen Voraussetzungen zu der in der jeweiligen Vorschrift vorgesehenen Rechtsfolge führt – und nur ausnahmsweise nicht. Folglich braucht die Begründung auf die Umstände des Einzelfalles auch nur dann näher einzugehen, wenn – immer aus der Perspektive der den Verwaltungsakt erlassenden Behörde – Anhaltspunkte dafür vorliegen, die die Annahme eines solchen Ausnahmefalles nahelegen könnten.

38 Aber auch bei *Kann-Vorschriften* ist die von der Begründung des Verwaltungsakts zu fordernde Dichte der Argumentation durchaus unterschiedlich. Denn auch hier kann nach Sinn und Zweck der jeweiligen Regelung der Eintritt der vorgesehenen Rechtsfolge bei Vorliegen der tatbestandlichen Voraussetzungen die Regel sein (sog. „intendiertes Ermessen")[54]. Praktisch wichtige Beispiele dafür sind die klassischen bauaufsichtlichen Maßnahmen wie Beseitigungsanordnung, Nutzungsuntersagung und Baueinstellung[55] oder auch die Entlassung des – im weitesten Sinne – ungeeigneten Probebeamten (§ 31 Abs. 1 BBG). Auch hier ist von der Begründung – soweit es sich um die Darlegung der Abwägung im Rahmen der Ermessensentscheidung handelt – ein näheres Eingehen auf den Einzelfall nur zu fordern, wenn dessen Umstände für ein Abweichen vom Regelfall sprechen könnten. Deshalb ist selbst bei Ermessensentscheidungen die Verwendung von Standardformeln zur Charakterisierung und Bewertung typischer Fallgestaltungen nicht zu beanstanden[56]. Mit anderen Worten: je atypischer der Fall, desto strenger die Begründungspflicht.

---

53 BVerwG, Urt. v. 5. 7. 1985 – 8 C 22.83 –, BayVBl. 1986, 87; v. 9. 5. 1985 (o. Fn. 52), a.a.O., st. Rspr.; Kopp, VwVfG, § 39 Rn. 7.
54 Vgl. die o. Fn. 53 zitierten Entscheidungen.
55 Dazu Jäde, Bauaufsicht, Rn. 73 ff., 187 ff., 202 ff.
56 BVerwG, Urt. v. 1. 3. 1983 – 1 C 14.81 –, NVwZ 1983, 476; Kopp, VwVfG, § 39 Rn. 7 (eher mißverständlich aber Rn. 6).

b) Heilung, Nachschieben von Gründen

39 Die Heilung einer fehlerhaften Begründung (§ 45 Abs. 1 Nr. 2 VwVfG) folgt generell denselben Regeln wie bei der Anhörung. Dabei ist im übrigen zu beachten, daß die bloße Änderung der Begründung eines Verwaltungsakts – bleibt nur der Regelungsgehalt unberührt – niemals eine selbständige Rechtsverletzung darstellen kann, und zwar auch dann nicht, wenn aus der geänderten Begründung nachteilige Folgerungen für anderweitige – etwa steuerliche – Interessen des Adressaten gezogen werden können[57].

40 Sorgfältig von einem solchen „Nachschieben der Begründung" zu trennen ist das *Nachschieben von Gründen*[58]. Dabei handelt es sich – richtiger Betrachtungsweise nach – nicht um ein eigentlich verwaltungsverfahrensrechtliches, sondern um ein verwaltungsprozeßrechtliches Problem, nämlich um die Frage, welche tatsächlichen Gesichtspunkte die Behörde nach Abschluß des Verwaltungsverfahrens (unter Einschluß des Widerspruchsverfahrens) im Verwaltungsprozeß noch zusätzlich und nachträglich vorbringen darf, um ihre streitige Entscheidung darauf zu stützen. In diesem Zusammenhang muß zunächst beachtet werden, daß die Begründungspflicht nach § 39 VwVfG lediglich die aus der Sicht der Behörde zum Zeitpunkt des Erlasses des Verwaltungsakts erheblichen Gründe erfaßt, und zwar unabhängig von ihrer materiellen Richtigkeit. Nur diese von § 39 VwVfG geforderte Begründung ist gemeint, wenn § 45 Abs. 1 Nr. 2 VwVfG die Nachholung der „erforderlichen Begründung" grundsätzlich erlaubt, dem aber durch Abs. 2 eine zeitliche Schranke bis zum Abschluß des Vorverfahrens bzw., soweit ein solches nicht stattfindet, bis zur Erhebung der verwaltungsgerichtlichen Klage setzt. Von dieser verwaltungsverfahrensrechtlichen Begründungspflicht und der ihr entsprechenden Heilungsmöglichkeit ist die andere Frage zu unterscheiden, ob der Verwaltungsakt von diesen Gründen auch – in einer rechtlicher Nachprüfung standhaltenden Weise – getragen wird. § 45 Abs. 1 Nr. 2, Abs. 2 VwVfG entscheidet also nur über die Frage, ob und bis zu welchem Zeitpunkt die verwaltungsverfahrensrechtlich vorgeschriebene Begründung nachgeholt werden kann, nicht aber zugleich automatisch auch darüber, in welchem Umfange und bis wann Gründe nachgeschoben werden können mit dem Ziel, den Verwaltungsakt als materiell rechtmäßig zu erweisen. Daher schließt § 45 Abs. 2 VwVfG zwar ein „Nachschieben" – also eine Nachholung mit heilender Wirkung – der Begründung, nicht aber ein Nachschieben von Gründen aus[59]. Ein Zusammenhang zwischen beidem besteht nur insofern, als

---

57 BayVGH, Urt. v. 9. 1. 1985 – Nr. 19 B 84 A. 2387 –, BayVBl. 1985, 278.
58 Dazu Schoch, Nachholung der Begründung und Nachschieben von Gründen, DÖV 1984, 401; kritisch Schenke, Nachschieben von Gründen bei der Anfechtungsklage, NVwZ 1988, 1.
59 BVerwG, Urt. v. 19. 8. 1982 – 3 C 47.81 –, Buchholz 418.02 Tierärzte Nr. 2 S. 1/7; ausführlich OVG Lüneburg, Urt. v. 2. 10. 1979 – I A 40/79 –, DÖV 1980, 885 mit Argumenten aus der Entstehungsgeschichte des § 45 VwVfG; BayVGH, Urt. v. 27. 9. 1983 – Nr. 21 B 82 A. 2261 –, BayVBl. 1984, 272; Schoch (o. Fn. 58), DÖV 1984, 402 f.; a.A. Kopp, VwVfG, § 45 Rn. 19, 22; ders., VwGO, § 113 Rn. 34 b (analoge Anwendung des § 45 Abs. 2 VwVfG).

auch ein – an sich zulässiges – Nachschieben von Gründen die Aufhebung des Verwaltungsakts im verwaltungsgerichtlichen Verfahren nicht mehr zu hindern vermag, wenn schon ein wegen § 45 Abs. 2 VwVfG nicht mehr heilbarer Verstoß gegen die verwaltungsverfahrensrechtliche (nur formelle) Begründungspflicht vorliegt[60].

41 Nicht jedes nach dem Erlaß des streitigen Verwaltungsakts erfolgende nachträgliche Vorbringen tatsächlicher Gesichtspunkte, die diesen zusätzlich zu stützen vermögen, ist als Nachschieben von Gründen in dem hier besprochenen Sinne anzusehen. Unstreitig ist zunächst, daß nicht nur formelle (im Sinne des Verstoßes gegen § 39 VwVfG) Begründungsmängel im Zuge des Widerspruchsverfahrens – ggf. durch eine entsprechende Begründung des *Widerspruchsbescheids* – geheilt werden können (§ 45 Abs. 1 Nr. 2 VwVfG), sondern daß dies auch für *materielle Begründungsmängel* gilt[61]. Dies ergibt sich zum einen aus § 68 Abs. 1 Satz 1 VwVfG, wonach vor Erhebung der Anfechtungsklage Rechtmäßigkeit und Zweckmäßigkeit des Verwaltungsaktes in einem Vorverfahren nachzuprüfen sind, zum anderen aus § 79 Abs. 1 Nr. 1 VwGO, wonach Gegenstand der Anfechtungsklage der ursprüngliche Verwaltungsakt in der Gestalt ist, die er durch den Widerspruchsbescheid gefunden hat[62]. Zur Überprüfung der Rechtmäßigkeit *und* Zweckmäßigkeit ist die Widerspruchsbehörde nicht nur berechtigt, sondern auch verpflichtet; unterläßt sie die rechtlich gebotene Zweckmäßigkeitsprüfung, leidet der Widerspruchsbescheid an der Verletzung einer wesentlichen Verfahrensvorschrift im Sinne des § 79 Abs. 2 Satz 2 VwGO, so daß er isoliert angefochten werden kann[63]. Daher kann im Widerspruchsbescheid auch sowohl eine von der Ausgangsbehörde unterlassene Ermessensausübung nachgeholt als auch eine fehlerhafte Ermessensbetätigung nachgebessert werden, es sei denn, die Widerspruchsbehörde wäre (ausnahmsweise) auf eine reine Rechtmäßigkeitsprüfung beschränkt. Dies gilt auch dann, wenn der Verwaltungsakt einen Eingriff darstellt und bei der Ausgangsentscheidung von dem eingeräumten Ermessen überhaupt kein Gebrauch gemacht, also irrtümlich von einer gebundenen Entscheidung ausgegangen wurde[64].

42 Zu unterscheiden ist das Nachschieben von Gründen ferner von dem *Auswechseln der Begründung*[65], von der *Umdeutung*[66], von der *Änderung des Streit-*

---

60 So etwa die Fallgestaltung bei VGH Baden-Württemberg, Urt. v. 20. 5. 1980 – 3 S 617/80 –, ESVGH 31, 23, 25; OVG Lüneburg, Urt. v. 14. 12. 1982 – 9 A 34/81 –, NJW 1984, 1138.
61 Kopp, VwGO, § 68 Rn. 9, 11; § 73 Rn. 7; § 113 Rn. 36 m. w. N.
62 BVerwG, Beschl. v. 3. 4. 1974 – I B 34.73 –, Buchholz 402.24 § 10 AuslG Nr. 34 S. 92, 94.
63 BVerwG, Urt. v. 17. 5. 1979 – 2 C 4.78 –, DÖV 1979, 791, 792; Kopp, VwGO, § 79 Rn. 13.
64 Die insoweit in BVerwG, Urt. v. 14. 12. 1970 – XI C 17.66 –, DÖV 1971, 746, 747 geäußerten Bedenken sind in der späteren Rechtsprechung nicht mehr aufgegriffen worden; vgl. auch das Fallbeispiel bei Jäde, S. 134, 137 ff., 146 f.
65 BVerwG, Urt. v. 13. 11. 1981 – 1 C 69.78 –, DVBl. 1982, 304, 305.
66 BVerwG, Urt. v. 28. 2. 1975 – IV C 30.73 –, BVerwGE 48, 81, 84.

*gegenstandes*⁶⁷ sowie von stets unproblematischen *Präzisierungen und Klarstellungen*⁶⁸, die auch *Sachverhaltsergänzungen* einschließen können⁶⁹. Ein Nachschieben von Gründen im präzisen Sinne liegt auch dann nicht vor, wenn nachträglich eine den Verwaltungsakt tragende *Rechtsgrundlage rückwirkend in Kraft* gesetzt wird, etwa eine gemeindliche Abgabensatzung⁷⁰ oder ein Bebauungsplan nach § 215 Abs. 3 Satz 2 BauGB⁷¹.

Im übrigen kann die Problematik des Nachschiebens von Gründen nur eine Rolle spielen, wenn Streitgegenstand ein *im Ermessen stehender Verwaltungsakt* ist, ohne daß das Ermessen auf Null reduziert wäre. Geht es im Verwaltungsstreit um einen gebundenen Verwaltungsakt, so kommt es bei der Anfechtungsklage materiell-rechtlich, also unabhängig von Verfahrensfehlern (vgl. § 46 VwVfG) nur auf § 113 Abs. 1 Satz 1 VwGO, bei Verpflichtungsklagen nur auf § 113 Abs. 4 Satz 1 VwGO an. Ob jeweils die Voraussetzungen dieser Bestimmungen vorliegen, hat das Gericht von Amts wegen zu ermitteln (§ 68 Abs. 1 Satz 1 Halbs. 1 VwGO). Ein „Nachschieben von Gründen" hat in diesem Rahmen daher nur die Funktion von Hinweisen und Anregungen an das Gericht. Die inhaltliche Richtigkeit einer Begründung ist daher bei der gebundenen Entscheidung ebenso ohne Bedeutung wie die formelle Mangelfreiheit nach § 39 VwVfG wegen § 46 VwVfG.

Nachgeschoben werden können schließlich naturgemäß nur solche Gründe, die zu dem für die gerichtliche Entscheidung jeweils *maßgeblichen Zeitpunkt*⁷² bereits vorgelegen haben. Nach diesem Zeitpunkt entstandene zusätzliche Gründe können nur dann erheblich sein, wenn sie etwa eine dem streitigen Verwaltungsakt zugrundeliegende Prognose – etwa über die künftige Eignung eines Beamtenbewerbers (§ 7 Abs. 1 Nr. 2 BBG) – nachträglich bestätigen. Dann aber handelt es sich wiederum nicht um ein eigentliches Nachschieben von Gründen, sondern um eine nachträgliche Präzisierung.

Dieses – nunmehr sachlich näher präzisierte – Nachschieben von Gründen ist von der verwaltungsgerichtlichen Rechtsprechung – namentlich auch des BVerwG – seit jeher als *zulässig* angesehen worden⁷³. Eine *Ausnahme* hiervon gilt nur, wenn

(1) durch das Nachschieben von Gründen der Verwaltungsakt eine *Wesensänderung* erfährt. Eine Wesensänderung ist z. B. bei einem Erschließungsbeitragsbescheid angenommen worden, wenn durch das Nachschieben von Gründen der

---

67 Dazu kritisch Kopp, VwGO, § 113 Rn. 32.
68 Vgl. o. Rn. 35 m. Fn. 52; ferner Kopp, VwVfG, § 45 Rn. 22.
69 VG Köln, Urt. v. 24. 6. 1980 – 11 K 973/79 –, NJW 1981, 780, 781.
70 BVerwG, Urt. v. 27. 1. 1982 – 8 C 12.81 –, BVerwGE 64, 356, 358.
71 BVerwG, Urt. v. 5. 12. 1986 – 4 C 31.85 –, NJW 1987, 1346; dazu Jäde, Bauaufsicht, Rn. 44.
72 Dazu näher u. Rn. 212 ff., 220.
73 BVerwG, Urt. v. 14. 10. 1965 – II C 3.63 –, BVerwGE 22, 215, 218 m. w. N.

Bescheid auf eine andere Abgabenart umgestellt würde oder sich der Bezugsgegenstand des Bescheides änderte (anderes Grundstück oder andere Erschließungsanlage); keine Wesensänderung stellt demgegenüber etwa die Berichtigung von Rechenfehlern dar[74]. Keine Wesensänderung bedeutet auch das Nachschieben einer auf eine andere Vorschrift gestützten Begründung, wenn die nachgeschobene Vorschrift Ausdruck desselben gesetzgeberischen Ziels ist, wenn sie keine andersartige Ermessensbetätigung erfordert, wenn sie kein besonderes Verfahren verlangt und zu keinen nachteiligeren Folgen führt[75]. Keine Wesensänderung liegt endlich auch dann vor, wenn irrig von der Ausgangs- und der Widerspruchsbehörde eine gebundene Entscheidung angenommen wurde und im Verwaltungsstreit die erforderlichen Ermessenserwägungen insgesamt nachgeschoben werden[76];

47 (2) die *Rechtsverfolgung* des Klägers *unzumutbar erschwert* würde. Dieses Kriterium spielt praktisch kaum eine Rolle, denn dieser Ausnahmefall träte nur ein, wenn im verwaltungsgerichtlichen Verfahren gegen § 108 Abs. 2 VwGO verstoßen würde[77].

48 Ein Verwaltungsakt, der *irrig als rechtlich gebundener* von der Ausgangsbehörde erlassen und von der Widerspruchsbehörde bestätigt worden ist, kann nur dann im Verwaltungsrechtsstreit durch nachgeschobene Ermessenserwägungen in eine Ermessensentscheidung umgewandelt werden, wenn entweder *Ausgangs- und Widerspruchsbehörde identisch* sind oder ein *Widerspruchsverfahren*, in dem Rechtmäßigkeit *und* Zweckmäßigkeit des Verwaltungsakts überprüft werden, *nicht vorgeschrieben* ist[78]. Andernfalls würde dem Kläger die Rechtsschutzchance genommen, die darin liegt, möglicherweise aufgrund einer anderen Ermessensausübung der Widerspruchsbehörde unabhängig von der Rechtmäßigkeit des angefochtenen Bescheids zum Erfolg gelangen zu können[79].

---

74 BVerwG (o. Fn. 70), BVerwGE 64, 358 f.
75 BVerwG, Urt. v. 28. 4. 1983 – 2 C 89.81 –, DVBl. 1983, 1105; s. auch Urt. v. 24. 9. 1953 – I C 51.53 –, BVerwGE 1, 12, 13 f.
76 BVerwG, Urt. v. 16. 9. 1965 – 2 C 168.62 –, Buchholz 232 § 116 a BBG Nr. 4; v. 19. 1. 1965 – 6 C 56.64 –, Buchholz 232 § 123 BBG Nr. 6; v. 6. 5. 1977 – 7 C 49.75 –, Buchholz 437.4 Pensionskasse Nr. 1.
77 BVerwG (o. Fn. 70), BVerwGE 64, 359 f.; Kopp, VwGO, § 113 Rn. 34.
78 S. dazu die o. Fn. 76 zitierten Entscheidungen des BVerwG.
79 BVerwG, Urt. v. 13. 11. 1981 – 1 C 69.78 –, DVBl. 1982, 304, 305.

IV. Unbeachtlichkeit von Verfahrensfehlern (§ 46 VwVfG)

1. Ermessensentscheidungen

Nach § 46 VwVfG kann die Aufhebung eines Verwaltungsakts wegen Form- und Verfahrensfehlern – mit Ausnahme der sachlichen Zuständigkeit[80] – nicht verlangt werden, *wenn keine andere Entscheidung in der Sache hätte getroffen werden können*. Wann eine solche Alternativlosigkeit der Entscheidung besteht, ist – auch innerhalb der Rechtsprechung des BVerwG – umstritten.

Nach einer Auffassung ist § 46 VwVfG schlechthin unanwendbar, wenn es sich um eine *Ermessensentscheidung* handelt, der Behörde *planerische Gestaltungsfreiheit* (Planungsermessen) oder ein *Beurteilungs-* bzw. *Prognosespielraum* eingeräumt ist[81]. Noch weitergehend wird in der Literatur teilweise angenommen, § 46 VwVfG komme auch dann nicht zum Tragen, wenn die Verwaltung *unbestimmte Rechtsbegriffe* konkretisiere[82]. Insoweit ist aber jedenfalls für die Klausurpraxis Zurückhaltung zu empfehlen, da die – auch höchstrichterliche – Rechtsprechung mit der Einräumung von Einschätzungsprärogativen zugunsten der Exekutive sparsam verfährt und im Grundsatz an der klassischen Unterscheidung von Ermessen und unbestimmtem Rechtsbegriff dahingehend festhält, daß bei der Anwendung solcher Begriffe stets nur eine einzige rechtmäßige Entscheidung möglich ist, also von gebundener Verwaltung ausgeht[83].

Diese Auffassung stützt sich – neben der amtlichen Begründung zum VwVfG – auf folgende Überlegung: Eine andere Entscheidung in der Sache ist – im Sinne des § 46 VwVfG – immer dann möglich, wenn das Ergebnis des Verwaltungsver-

---

80 S. statt aller Kopp, VwVfG, § 46 Rn. 16. – Das gilt auch für die Überschreitung der Verbandskompetenz. Einen Verstoß gegen die sachliche Zuständigkeit stellt auch die Erteilung einer materiell rechtmäßigen Baugenehmigung ohne das erforderliche gemeindliche Einvernehmen nach § 36 Abs. 1 BauGB dar, so daß die Baugenehmigung allein wegen dieses Mangels auf Anfechtungsklage der Gemeinde aufzuheben ist: BVerwG, Urt. v. 7. 2. 1986 – 4 C 43.83 –, NVwZ 1986, 556 = BayVBl. 1986, 729.

81 BVerwG, Urt. v. 7. 10. 1980 – 6 C 39.80 –, NJW 1981, 1683; v. 22. 6. 1984 – 8 C 126.83 –, BayVBl. 1985, 122; v. 22. 2. 1985 – 8 C 25.84 –, NVwZ 1986, 126; OVG Nordrhein-Westfalen, Urt. v. 28. 10. 1980 – 18 A 1211/79 –, NJW 1981, 936; Redeker, Grundgesetzliche Rechte auf Verfahrensteilhabe, NJW 1980, 1593, 1595; Skouris, Die Rücknahme form- und verfahrensfehlerhafter Verwaltungsakte, NJW 1980, 1721, 1722; ders., Die Anfechtung von Ermessensverwaltungsakten, NJW 1981, 2727, 2730 m. Fn. 30; Rößler, Aufhebung eines abgabenrechtlichen Verwaltungsakts wegen Form- und Verfahrensfehler, NJW 1981, 436, 437 (zu § 127 AO); Wais, Interessenkollisionen bei Wahrnehmung eines öffentlichen Amts und eines Aufsichtsratsmandats, NJW 1982, 1263, 1264; Hufen, Heilung und Unbeachtlichkeit grundrechtsrelevanter Verfahrensfehler? Zur verfassungskonformen Auslegung der §§ 45 und 46 VwVfG, NJW 1982, 2160, 2167; Schoch, Heilung unterbliebener Anhörung im Verwaltungsverfahren durch Widerspruchsverfahren, NVwZ 1983, 249, 250; Krebs, Kompensation von Verfahrensfehlern durch gerichtlichen Rechtsschutz. Zur Problematik des § 46 VwVfG des Bundes und der Länder, DVBl. 1984, 109; Hill, Verfahrensermessen der Verwaltung, NVwZ 1985, 449, 452 f.; Grimm, Verfahrensfehler als Grundrechtsverstöße, NVwZ 1985, 865, 871.

82 So z. B. Grimm (o. Fn. 81), a.a.O.

83 Dazu Mayer/Kopp, S. 156 ff.

fahrens nicht – unabhängig von Verfahrensfehlern und von diesen unbeeinflußbar – von vornherein feststeht. Ausgeschlossen ist ein solcher Einfluß von Verfahrensfehlern immer nur bei gebundenen Verwaltungsakten[84]. Umgekehrt ist ein Verfahrensfehler stets erheblich, wenn Ermessen oder ähnliche Lockerungen der Gesetzesbindung der Verwaltung vorliegen. Überwiegend wird aber angenommen, daß der Fall der Ermessensreduzierung auf Null dem (von vornherein) gebundenen Verwaltungsakt gleichstehen soll[85].

52 Die Gegenmeinung[86] zieht eine Parallele zwischen § 46 VwVfG einerseits, den prozeßrechtlichen Vorschriften über die sog. relativen Revisionsgründe (§ 137 Abs. 1 VwGO; § 549 Abs. 1 ZPO; § 337 Abs. 1 StPO) andererseits. Danach kann die Aufhebung eines Urteils nur verlangt werden, wenn es auf der geltend gemachten Rechtsverletzung *beruht*. Beruhen im Sinne dieser Regelungen bedeutet *Beruhenkönnen*, d. h. es muß zumindest die Möglichkeit bestehen, daß die Entscheidung – den Verfahrensfehler hinweggedacht – anders, nämlich für den Betroffenen günstiger ausgefallen wäre[87]. Mit anderen Worten: Es kommt darauf an, ob der Verfahrensfehler für das Verfahrensergebnis *kausal* gewesen sein kann. Dabei ist ausschlaggebend nicht, ob abstrakt betrachtet ein bestimmter Verfahrensfehler auf eine gleichartige Entscheidung Einfluß nehmen kann, sondern ob nach den *konkreten* Umständen des Einzelfalles ein solcher Einfluß möglich ist oder sich mit der erforderlichen Sicherheit ausschließen läßt.

53 Die letztgenannte Meinung verdient den Vorzug. Stellt man nämlich auf die Rechtsnatur der Entscheidung als gebunden oder im Ermessen stehend ab, so löst man sich von der rechtlichen Betroffenheit des Adressaten im konkreten Einzelfall. Dies führt dazu, daß dem Betroffenen eine neue Entscheidungschance lediglich aus Anlaß eines Verfahrensfehlers eingeräumt wird, nicht aber, weil die Möglichkeit besteht, daß dieser Verfahrensfehler sich zu Lasten des Betroffenen nachteilig ausgewirkt hat. Damit würden die Grenzen unseres auf Individualrechtsschutz, nicht auf objektive Rechtsbeanstandung ausgerichteten Rechtsschutzsystems überschritten.

---

84 A. A. bei besonderer Sachkunde der Behörde: OVG Nordrhein-Westfalen, Urt. v. 1. 7. 1983 – 4 A 248/82 –, NVwZ 1983, 746.
85 BVerwG, Beschl. v. 15. 1. 1988 – 7 B 182.87 –, NVwZ 1988, 525 = BayVBl. 1988, 408.
86 In diesem Sinne (allerdings unter Bezugnahme nicht auf § 46 VwVfG unmittelbar, sondern dessen Rechtsgedanken) BVerwG, Urt. v. 30. 5. 1984 – 4 C 58.81 –, BVerwGE 69, 256 = NVwZ 1984, 718 = BayVBl. 1984, 631; v. 5. 12. 1986 – 4 C 13.85 –, BVerwGE 75, 214 = NVwZ 1987, 581, jeweils im Anschluß an BayVGH, Beschl. v. 15. 4. 1981 – Nr. 20 CS 80 D. 61 –, NVwZ 1982, 510 = BayVBl. 1981, 401; BVerwG, Urt. v. 18. 12. 1987 – 4 C 9.86 –, NVwZ 1988, 527; Kopp, VwVfG, § 46 Rn. 19 ff.; tendenziell auch Ossenbühl, Zur Bedeutung von Verfahrensmängeln im Atomrecht, NJW 1981, 375, 376; ders., Verwaltungsverfahren zwischen Verwaltungseffizienz und Rechtsschutzauftrag, NJW 1982, 465, 471; Messerschmidt, Zur Heilung und Folgenlosigkeit von Verfahrens- und Formfehlern bei Verwaltungsakten gem. §§ 45 und 46 VwVfG, NVwZ 1985, 877, 880; widersprüchlich Pietzner/Ronellenfitsch, § 7 Rn. 16 einerseits (wie hier), § 31 Rn. 13 andererseits.
87 So statt aller Kopp, VwGO, § 137 Rn. 23.

Einzuräumen ist freilich, daß es bei der Lösung von Klausurfällen – wie auch in der Praxis – nur selten auf diesen Meinungsunterschied ankommen wird. Denn bei nichtgebundenen Verwaltungsakten wird der Nachweis, daß der Verfahrensmangel auch der Möglichkeit nach irrelevant gewesen ist, stets schwierig zu führen sein[88]. Erweist sich die Kontroverse als für den konkreten Fall unerheblich, so genügt es – wie auch in anderen vergleichbaren Fällen – anzudeuten, daß sie dem Bearbeiter bekannt ist. Es reicht dann also aus, die Anwendbarkeit des § 46 VwVfG auch auf Ermessens- und ähnliche Entscheidungen nicht pauschal zu verneinen; eine breite Darstellung der Problematik wäre aber sicherlich nicht nützlich und würde zu einer Fehlgewichtung der Sachfragen des Falles führen können.

54

2. Anwendbarkeit außerhalb von Anfechtungsbegehren

Nach dem ausdrücklichen Wortlaut des § 46 VwVfG kann unter den dort beschriebenen näheren Voraussetzungen die *Aufhebung* eines Verwaltungsakts nicht verlangt werden. Dies könnte nahelegen, die Vorschrift nur auf Anfechtungswidersprüche und -klagen anzuwenden, nicht aber darüber hinaus. Damit indessen würde man der verfahrensökonomischen Zielsetzung dieser Vorschrift schwerlich gerecht.

55

Das gilt zunächst für *Fortsetzungsfeststellungsklagen* nach § 113 Abs. 1 Satz 4 VwGO, also dann, wenn sich der angefochtene Verwaltungsakt – sei es nach, sei es vor Klageerhebung (dann § 113 Abs. 1 Satz 4 VwGO analog) – vor der gerichtlichen Entscheidung erledigt hat. Geht man davon aus, daß die Anfechtungsklage – wäre die Erledigung des Verwaltungsakts nicht eingetreten – wegen § 46 VwVfG und allein darum keinen Erfolg gehabt hätte, so kann dies auch für die Fortsetzungsfeststellungsklage nicht ohne Auswirkungen bleiben. Denn diese stellt gewissermaßen eine „kupierte Anfechtungsklage" dar, gleichsam: die Fortsetzung der Anfechtungsklage mit anderen Mitteln. Damit aber kann der rechtliche Erfolg des Klägers bei der Fortsetzungsfeststellungsklage nicht weiter reichen, als er – vor Erledigung der Hauptsache – bei einer Anfechtungsklage möglich gewesen wäre. Folglich sind auch bei der Fortsetzungsfeststellungsklage nach § 113 Abs. 1 Satz 4 VwGO (ggf. analog) Verfahrensfehler nicht zu berücksichtigen, die im Rahmen der Anfechtungsklage gemäß § 46 VwVfG unbeachtlich gewesen wären, der also für diese Fallgestaltung entsprechend anzuwenden sein wird[89]. Selbst wenn man dieser Auffassung nicht folgt, ergeben sich Konsequenzen für das hinsichtlich der Fortsetzungsfeststellungsklage erforderliche Feststellungsinteresse. Denn ist der Verfahrensfehler für den (erledigten) Verwaltungsakt nicht kausal gewesen, so kann sich allein aus diesem Mangel schwerlich ein hinreichendes Feststellungsinteresse ableiten lassen[90].

56

---

88 Vgl. auch Kopp, VwVfG, § 46 Rn. 24.
89 S. auch Kopp, VwVfG, § 46 Rn. 10.

57 Aber auch im Rahmen einer *Verpflichtungsklage* wird zumindest der Rechtsgedanke des § 46 VwVfG heranzuziehen sein. Denn in dem Begehren einer Versagungsgegenklage steckt immer auch ein Aufhebungsverlangen, wie § 113 Abs. 4 Satz 1 VwGO zeigt: „Soweit die Ablehnung... des Verwaltungsaktes rechtswidrig... ist..." Freilich folgt aus der Rechtmäßigkeit der Ablehnung zu dem für das Anfechtungsbegehren maßgeblichen Zeitpunkt – regelmäßig der letzten Verwaltungsentscheidung, meist also der Widerspruchsbescheid – noch nicht, daß dem Kläger auch kein Anspruch auf den Erlaß des begehrten Verwaltungsakts zu dem insoweit maßgeblichen Zeitpunkt, regelmäßig demjenigen der letzten mündlichen Verhandlung in der Tatsacheninstanz, zustünde. Ist aber die Versagung auch noch zu diesem für das Verpflichtungsbegehren maßgeblichen Zeitpunkt rechtmäßig, ist also zwischenzeitlich keine Veränderung der Sach- und Rechtslage eingetreten, so kann es gleichwohl auf die Rechtmäßigkeit der Versagung entscheidungserheblich ankommen. Dies ist vor allem dann der Fall, wenn – erweist sich die Ablehnung als rechtswidrig – die Streitsache dennoch nicht im Sinne des § 113 Abs. 4 Satz 1 VwGO spruchreif ist. Daran mangelt es häufig bei Ermessensentscheidungen, bisweilen aber auch bei gebundenen Verwaltungsakten. Erweist sich nämlich die ablehnende Entscheidung (nur) wegen eines Verfahrensmangels als rechtswidrig, so führt dies zu einem Bescheidungsausspruch des Gerichts unter Aufhebung der Versagung (vgl. § 113 Abs. 4 Satz 2 VwGO). Andernfalls wäre die Klage abzuweisen. Ist aber eine andere Entscheidung in der Sache nicht möglich im Sinne des § 46 VwVfG, wäre es wenig prozeßökonomisch, gleichwohl den ablehnenden Bescheid aufzuheben. Die Interessenlage ist hier derjenigen bei der Anfechtungsklage durchaus vergleichbar, so daß eine entsprechende Anwendung des § 46 VwVfG zu befürworten ist[91].

Ebenso wird – aus den dargelegten Gründen – zu verfahren sein, wenn sich eine Versagungsgegenklage in der Hauptsache erledigt und der Kläger sein Begehren auf eine *Fortsetzungsfeststellungsklage* nach § 113 Abs. 1 Satz 4 VwGO analog umstellt.

V. Rechtsfolgen von Heilung und Unbeachtlichkeit

1. Rechtswidrigkeit

58 Welche Folgen für die – zunächst vorliegende – Rechtswidrigkeit des Verwaltungsakts Heilung und Unbeachtlichkeit haben, ist vor allem dafür von Bedeutung, ob der ursprünglich an einem später geheilten oder an einem unbeachtlichen Verfahrensmangel leidende Verwaltungsakt später unter Berufung auf diesen Fehler zurückgenommen werden kann (§ 48 VwVfG) oder widerrufen werden muß (§ 49 VwVfG), wenn er aufgehoben werden soll.

---

90 A. A. wohl Kopp, VwVfG, § 46 Rn. 10.
91 Kopp, VwVfG, § 46 Rn. 10.

ab Heilungszeitpunkt rechtmäßig → Widerruf nach 49
bei Unbeachtlichkeit (formell) rechtswidrig → Rücknahme gemäß 48

Verfahrensfehler, Heilung und Unbeachtlichkeit

Bei der *Heilung* eines Verfahrensmangels wird der betroffene Verwaltungsakt **59** von dem Zeitpunkt an, in welchem die Heilung eintritt, rechtmäßig. Denn der Begriff der Heilung beinhaltet schon die Aussage, daß von diesem Zeitpunkt an der Verwaltungsakt nicht mehr rechtswidrig ist, so daß nurmehr ein Widerruf in Betracht käme. Überdies würde sich die Behörde zu ihrem eigenen Verhalten in Widerspruch setzen, wenn sie zunächst den Verfahrensmangel heilte, sodann aber gerade unter Berufung auf diesen Fehler die Rücknahme des Verwaltungsakts betriebe[92].

Schwieriger liegen die Dinge bei der *Unbeachtlichkeit* des Verfahrensfehlers **60** nach § 46 VwVfG. Denn diese Vorschrift sagt nur, daß wegen des Verfahrensfehlers die Aufhebung des Verwaltungsakts nicht begehrt werden kann. Daraus folgt, daß die bloße Unbeachtlichkeit des Verfahrensfehlers nicht zugleich die Rechtmäßigkeit des Verwaltungsakts bewirkt. Vielmehr bleibt dieser (formell) rechtswidrig und damit der Rücknahme nach § 48 VwVfG zugänglich[93]. Freilich wird nur in schwerlich vorstellbaren Ausnahmefällen der Verfahrensfehler ausreichen, um rechtmäßig das in § 48 Abs. 1 Satz 1 VwVfG eingeräumte Rücknahmeermessen ausüben zu können.

2. Kostenentscheidung im Widerspruchsverfahren   *80 I, 2 VwVfG analog auf 46 ? str.*

Nach § 80 Abs. 1 Satz 2 VwVfG hat der Rechtsträger der Behörde, die den angefochtenen Verwaltungsakt erlassen hat, die Kosten des Widerspruchsverfahrens **61** auch dann zu tragen, wenn der Widerspruch nur deshalb keinen Erfolg hat, weil die Verletzung einer Verfahrens- oder Formvorschrift nach § 45 VwVfG unbeachtlich ist. Fraglich ist, ob diese Regelung auf die Fälle der Unbeachtlichkeit nach § 46 VwVfG entsprechend anzuwenden ist oder ob dann – der Regel des § 80 Abs. 1 Satz 3 Halbs. 1 VwVfG folgend – der unterlegene Widerspruchsführer die Kostenlast trägt. Für eine entsprechende Anwendung spricht folgende Überlegung: Ist der Verfahrensfehler nach § 45 Abs. 1 VwVfG geheilt, so ist – von diesem Zeitpunkt ab – der Verwaltungsakt rechtmäßig; gleichwohl trifft den Widerspruchsführer die Kostenlast seines Widerspruchs gegen einen – letztlich – rechtmäßigen Verwaltungsakt nicht. In den Fällen des § 46 VwVfG bleibt der Verwaltungsakt hingegen rechtswidrig, also grundsätzlich fehlerhaft. Daß der Widerspruchsführer dennoch kostentragungspflichtig wäre, könnte einen Widerspruch gegen die gesetzgeberische Wertung darstellen[94]. Andererseits ist aber der maßgebliche Unterschied beider Fallgestaltungen nicht zu verkennen: Während bei der Heilung nach § 45 Abs. 1 VwVfG der angefochtene Verwaltungsakt immerhin zunächst rechtswidrig war (und insoweit den Widerspruchs-

---

92 So OVG Nordrhein-Westfalen, Beschl. v. 23. 6. 1987 – 13 B 826/87 –, NVwZ 1988, 740; vgl. im übrigen zu dieser nicht gänzlich unstreitigen Frage Kopp, VwVfG, § 45 Rn. 1, 6 ff.
93 So wohl BGH, Beschl. v. 13. 5. 1982 – V BLw 22/80 –, NJW 1982, 2251; ferner Messerschmidt (o. Fn. 86), NVwZ 1985, 880; Rößler (o. Fn. 81), NJW 1981, 437; Skouris (o. Fn. 81), NJW 1980, 1721; a. A. Kopp, § 46 Rn. 8.
94 So Kopp, VwVfG, § 80 Rn. 12 a. E. m. w. N.

führer auch in seinen Rechten verletzt hätte), ferner die Rechtswidrigkeit erst durch ein (nachträgliches) behördliches Handeln beseitigt worden ist, hätte der Widerspruch unter den Voraussetzungen des § 46 VwVfG schon von Anfang an keinen Erfolg haben können. Da es für den Widerspruchsführer unter dem Gesichtspunkt des Individualrechtsschutzes nicht (nur) auf die objektive (Verfahrens-)Rechtswidrigkeit ankommen kann, sondern auf die Erfolgsaussichten seines Widerspruchs abzustellen ist, rechtfertigt sich die angesichts des Gesetzeswortlauts naheliegende unterschiedliche Behandlung beider Fälle[95].

VI. Ausschluß isolierter Rechtsbehelfe gegen Verfahrenshandlungen (§ 44 a VwGO)

62 Nach § 44 a VwGO können Rechtsbehelfe gegen behördliche Verfahrenshandlungen nur gleichzeitig mit den gegen die Sachentscheidung möglichen Rechtsbehelfen geltend gemacht werden (Satz 1); dies gilt nicht, wenn behördliche Verfahrenshandlungen vollstreckt werden können oder gegen einen Nichtbeteiligten ergehen (Satz 2). Bei der Auslegung dieser – ihrem Wortlaut nach eher engen – Vorschrift ist von Sinn und Zweck der Regelung auszugehen. Dieser liegt vornehmlich in einer *verfahrensökonomischen Zielsetzung:* Das Verwaltungsverfahren soll nicht dadurch belastet und verzögert werden können, daß Beteiligte Rechtsstreitigkeiten über von ihnen für notwendig gehaltene, von der – das Verfahren führenden – Behörde jedoch unterlassene bzw. über zwar vorgenommene, aber von ihnen für rechtswidrig gehaltene Verfahrenshandlungen beginnen. Angestrebt wird vielmehr eine *Konzentration des Rechtsschutzes* auf das (verwaltungsgerichtliche) Verfahren über die Sachentscheidung, in welchem dann (mit) zu prüfen ist, ob das zu der Sachentscheidung führende Verwaltungsverfahren mit Fehlern behaftet war und ob diese Fehler – unter Berücksichtigung der §§ 45 f. VwVfG – beachtlich sind[96].

63 Deshalb ist zunächst der Begriff des *Rechtsbehelfs* weit auszulegen. Er umfaßt nicht nur den Widerspruch (§§ 68 ff. VwGO) und verwaltungsgerichtliche Hauptsacheklagen, sondern nach Sinn und Zweck der Regelung auch Begehren auf *einstweiligen Rechtsschutz* nach § 80 Abs. 5 oder § 123 VwGO[97].

64 Dasselbe gilt für die – vom Wortlaut her mißverständliche – Wendung, Rechtsbehelfe *gegen* behördliche Verfahrenshandlungen seien ausgeschlossen. Damit sollte weder zum Ausdruck gebracht werden, von § 44 a Satz 1 VwGO werde nur die Abwehr behördlicher Verfahrenshandlungen erfaßt, noch gar, die

---

95 Pietzner/Ronellenfitsch, § 39 Rn. 4.
96 Dazu BVerwG, Urt. v. 12. 4. 1978 – 8 C 7.77 –, NJW 1978, 177; krit. dazu Pagenkopf, Verringerung des Rechtsschutzes gegen behördliche Verfahrenshandlungen? NJW 1979, 2382; VG Köln, Beschl. v. 2. 5. 1978 – 2 L 445/78 –, NJW 1978, 1397 m. abl. Anm. Plagemann, NJW 1978, 2261.
97 So ausdrücklich OVG Nordrhein-Westfalen, Beschl. v. 13. 6. 1980 – 4 B 1862/79 –, NJW 1981, 70; Kopp, VwGO, § 44 a Rn. 4.

Vorschrift erfasse nur Fälle, in welchen sich die fragliche Verfahrenshandlung als Verwaltungsakt, der dagegen gerichtete Rechtsbehelf als Anfechtungswiderspruch bzw. -klage darstelle. Vielmehr betrifft § 44 a Satz 1 VwGO ebenso Verpflichtungs- und allgemeine Leistungsklagen[98].

§ 44 a VwGO schließt – in dem beschriebenen Sinne – grundsätzlich alle **65** Rechtsbehelfe im Zusammenhang mit behördlichen Verfahrenshandlungen aus, die nicht der Ausnahme des Satz 2 unterfallen. Umstritten ist in diesem Zusammenhang vor allem, ob eine behördliche Entscheidung, mit welcher eine *Wiedereinsetzung* in den vorigen Stand (§ 32 VwVfG) abgelehnt wird, isoliert angreifbar ist. Im verwaltungsgerichtlichen Verfahren darf über die Wiedereinsetzung (§ 60 VwGO) grundsätzlich nur durch Urteil, durch Vorbescheid (§ 84 VwGO) oder durch Zwischenurteil (über die Zulässigkeit, § 109 VwGO) entschieden werden. Nur ausnahmsweise ist eine gesonderte Entscheidung durch Beschluß zulässig[99]. In den erstgenannten Fällen kann die die Wiedereinsetzung versagende Entscheidung nur mit den hinsichtlich der Hauptsache gegebenen Rechtsmitteln angegriffen werden; nur im letzteren Fall hingegen ist die Beschwerde (§ 146 Abs. 1 VwGO) eröffnet[100]. Nur für diese Fallgruppe ist – mutatis mutandis – im Verwaltungsverfahrensrecht streitig, ob § 44 a Satz 1 VwGO eine isolierte Anfechtung ausschließt oder nicht. Überträgt man die dargestellte differenzierte Betrachtungsweise des Verwaltungsprozeßrechts auf das Verwaltungsverfahrensrecht, wird man in der Tat von der Zulässigkeit eines gegen die Ablehnung der Wiedereinsetzung gerichtlichen Rechtsbehelfs ausgehen müssen[101]. Zweifelhaft ist aber, ob eine solche Übertragung prozessualer Grundsätze auf das Verwaltungsverfahrensrecht geboten ist. Denn diesem ist die beschriebene Differenzierung durchaus fremd. Vielmehr wird regelmäßig eine behördliche „Entscheidung", die sich auf die Versagung der Wiedereinsetzung beschränkt, als Ankündigung einer Sachentscheidung zu verstehen sein, welcher die Fristversäumnis zugrunde liegt. In diesen Fällen besteht offensichtlich kein Bedürfnis für einen isoliert auf die Gewährung von Wiedereinsetzung gerichteten Rechtsschutz.

Besteht der Sinn des § 44 a Satz 1 VwGO darin, die Rechtmäßigkeitsprüfung **66** auch hinsichtlich etwaiger Verfahrensmängel auf den Rechtsstreit um die Sachentscheidung zu konzentrieren, so darf daraus nicht ohne weiteres der Umkehrschluß gezogen werden, alle Verfahrenshandlungen, die bei der Prüfung der Sachentscheidung nicht mehr erheblich sein könnten, müßten darum isoliert angegriffen werden können. Das gilt zunächst für *nach § 46 VwVfG unbeachtliche Verfahrensfehler*. Denn auch solche unbeachtlichen Verfahrensmängel können im Rechtsstreit um die Sachentscheidung ohne weiteres geltend gemacht

---

98 Vgl. BVerwG (o. Fn. 98), a.a.O.; Kopp, VwGO, § 44 a Rn. 4.
99 Kopp, VwGO, § 60 Rn. 29.
100 Kopp, VwGO, § 60 Rn. 32.
101 So VGH Baden-Württemberg, Urt. v. 26. 10. 1981 – 5 S 1387/80 –, VBlBW 1982, 129 = NJW 1982, 316; vgl. auch Kopp, VwVfG, § 32 Rn. 49.

werden. Nicht ihre Geltendmachung wird durch § 46 VwVfG – im Sinne einer Art Präklusion als unzulässig – ausgeschlossen; § 46 VwVfG regelt vielmehr, daß ein auf einen unbeachtlichen Verfahrensfehler gestützter Rechtsbehelf nicht begründet ist. Auch wäre es sinnwidrig und würde den verfahrensökonomischen Zweck des § 44 a Satz 1 VwGO in sein Gegenteil verkehren, wenn ein Verfahrensmangel, der auf die Sachentscheidung gar nicht von Einfluß (gewesen) sein kann, in einem isolierten Verfahren nachgeprüft werden könnte und müßte[102].

67 Entsprechendes gilt für Verfahrensrügen sog. *Jedermann-Einwender* in Verwaltungsverfahren (vgl. etwa § 7 Abs. 1 Satz 1, § 8 Abs. 1 Satz 1 AtVfV; § 10 Abs. 3 Satz 2 Halbs. 2 BImSchG), die eine Sachentscheidung z. B. mangels Klagebefugnis nicht angreifen können. Solchen Einwendern ist es zwar nicht möglich, die Sachentscheidung in einem verwaltungsgerichtlichen Verfahren auf etwaige Verfahrensfehler überprüfen zu lassen. Gleichwohl steht isolierten Rechtsbehelfen zu Verfahrenshandlungen § 44 a Satz 1 VwGO entgegen. Denn andernfalls würde man demjenigen, der die Sachentscheidung gar nicht mit Aussicht auf Erfolg angreifen könnte, hinsichtlich der Überprüfung von Verfahrenshandlungen eine stärkere Rechtsposition einräumen als dem – im Sinne der möglichen Rechtsverletzung – Betroffenen[103].

B. Rechtsbeständigkeit von Verwaltungsakten

I. Rücknahme und Widerruf (§§ 48 ff. VwVfG, § 44 a BHO)

1. Allgemeines

68 Klausurprobleme bereitet die Anwendung der verwaltungsverfahrensrechtlichen Regelungen über Rücknahme und Widerruf von Verwaltungsakten nicht nur wegen schwieriger Einzelfragen, sondern auch – und oft in erster Linie – wegen der nicht sehr übersichtlichen, miteinander verzahnten und ineinander verschachtelten Vorschriften. Daher ist es für eine erfolgversprechende Bearbeitung einschlägiger Fälle erforderlich, sich zunächst die gesetzliche Systematik in Grundzügen klarzumachen[104].

69 § 48 wie § 49 VwVfG gehen davon aus, daß rechtswidrige (§ 48 Abs. 1 Satz 1 VwVfG) und rechtmäßige (§ 49 Abs. 1 VwVfG) *belastende Verwaltungsakte* im wesentlichen ohne weiteres zurückgenommen bzw. widerrufen werden können.

---

102 BVerwG, Urt. v. 27. 5. 1981 – 8 C 13.80 –, NJW 1982, 120; dazu Stelkens, Verfahrenshandlungen i. S. des § 44a S. 1 VwGO, NJW 1982, 1137.

103 BayVGH, Beschl. v. 18. 7. 1988 – Nr. 22 AE 88.40074, 40075 –, NVwZ 1988, 1054 = BayVBl. 1988, 660; zustimmend BVerfG, Beschl. v. 29. 7. 1988 – 1 BvR 1047/88 –, NVwZ 1988, 1017 = BayVBl. 1988, 654.

104 Die Erfahrung lehrt, daß viele Bearbeiter schlicht schon daran scheitern, daß sie die einschlägigen Vorschriften offensichtlich erstmals aus Anlaß einer Examensklausur lesen. Bei allem verständlichen Widerwillen gegen komplizierte Gesetzestechnik sollte man es dazu aber doch nicht kommen lassen!

Probleme wirft allein die Aufhebung *begünstigender Verwaltungsakte* (§ 48 Abs. 1 Satz 2, § 49 Abs. 2 VwVfG) auf. Ist im Einzelfall fraglich, ob ein Verwaltungsakt begünstigend oder belastend ist, so wird – wegen des von der gesetzlichen Regelung in den Vordergrund gerückten Vertrauensschutzes – regelmäßig auf die Sicht des von der Aufhebung des Verwaltungsakts Betroffenen abzustellen sein[105]. Daraus folgt zugleich für <u>*Verwaltungsakte mit Doppelwirkung*</u> – also solche Verwaltungsakte, die gegenüber einem Betroffenen begünstigende, gegenüber einem anderen belastende Wirkung entfalten, wie etwa die Baugenehmigung gegenüber dem Bauherrn einerseits, dem Nachbarn andererseits –, daß ihre <u>Aufhebung wegen des zu gewährleistenden Vertrauensschutzes des Betroffenen nur nach Maßgabe der für begünstigende Verwaltungsakte geltenden Vorschriften</u> erfolgen kann[106].

70 Beim Widerruf rechtmäßig-begünstigender Verwaltungsakte ist sodann zu prüfen, ob die tatbestandlichen Voraussetzungen des § 49 Abs. 2 Satz 1 VwVfG vorliegen. Dabei ist bei der Anwendung des § 49 Abs. 2 Satz 1 Nr. 3 VwVfG zu beachten, daß dessen Voraussetzungen nicht nur dann vorliegen, wenn sich die realen Verhältnisse verändert haben. Zwar genügt für die Annahme dieses Widerrufsgrundes nicht, daß allein die subjektive Einschätzung der maßgeblichen Tatsachen durch die Behörde sich geändert hat, die – in diesem Sinne – also nicht berechtigt ist, gewissermaßen selbst neue Tatsachen zu schaffen und auf diese Weise Widerrufsgründe zu produzieren, wohl aber, daß bereits bei Erlaß des Verwaltungsakts vorliegende Tatsachen nunmehr etwa aufgrund neuer wissenschaftlicher Erkenntnisse anders zu bewerten sind[107].

71 Demgegenüber ist bei rechtswidrig-begünstigenden Verwaltungsakten zu differenzieren. Für Verwaltungsakte, die eine einmalige oder laufende Geldleistung oder teilbare Sachleistung gewähren oder hierfür Voraussetzung sind, gelten die näheren tatbestandlichen Voraussetzungen für die Rücknahme, die sich aus § 48 Abs. 2 Satz 1–3 VwVfG ergeben. Hierbei sind insbesondere die den Vertrauensschutz ausschließenden Gründe des § 48 Abs. 2 Satz 3 VwVfG zu beachten, die zusätzlich über die Verweisung in § 48 Abs. 3 Satz 2 VwVfG Bedeutung für die Ausgleichspflicht nach § 48 Abs. 3 Satz 1 VwVfG gewinnen. Wichtig ist in diesem Zusammenhang, den Ausschlußgrund für den Vertrauensschutz nach § 48 Abs. 2 Satz 3 Nr. 2 VwVfG nicht mit demjenigen der arglistigen Täuschung in § 48 Abs. 2 Satz 3 Nr. 1 VwVfG zu vermengen; § 48 Abs. 2 Satz 3 Nr. 2 VwVfG setzt kein Verschulden voraus, sondern allein, daß die Unrichtigkeit oder Unvollständigkeit der Angaben in die Risikosphäre des Betroffenen fällt[108]. Die-

---

105 Vgl. dazu im einzelnen auch Kopp, VwVfG, § 48 Rn. 41 ff.
106 BayVGH, Urt. v. 22. 7. 1983 – Nr. 20 B 82 A. 2693 –, BayVBl. 1984, 46; Kopp, VwVfG, § 48 Rn. 49.
107 BVerwG, Beschl. v. 16. 7. 1982 – 7 B 190.81 –, NVwZ 1984, 102.
108 BVerwG, Urt. v. 14. 8. 1986 – 3 C 9.85 –, NVwZ 1987, 44 = BayVBl. 1987, 87; v. 20. 10. 1987 – 9 C 255.86 –, NVwZ 1988, 368 = BayVBl. 1988, 281 (bedeutsam aber für die Anwendung von § 48 Abs. 2 Satz 7 VwVfG!).

ser kann daher auch den Ausschlußgrund widerlegen, indem er nachweist, daß die Voraussetzungen für den Erlaß des Verwaltungsakts trotz der Unrichtigkeit oder Unvollständigkeit der Angaben vorgelegen haben[109]. Bei sonstigen rechtswidrig-begünstigenden Verwaltungsakten ergeben sich die Rücknahmevoraussetzungen ausschließlich aus § 48 Abs. 1 VwVfG.

72   Schließlich ist – sowohl in jedem Falle der Rücknahme (§ 48 Abs. 4 VwVfG) als auch beim Widerruf (§ 49 Abs. 2 Satz 2 i. V. m. § 48 Abs. 4 VwVfG) – zu prüfen, ob die *Ausschlußfrist* für die Aufhebung des Verwaltungsakts gewahrt ist[110].

73   Liegen die tatbestandlichen Voraussetzungen für Rücknahme bzw. Widerruf vor, ist schließlich zu untersuchen, ob die Aufhebung des Verwaltungsakts auch <u>*ermessensfehlerfrei*</u> (§ 48 Abs. 1 Satz 1, § 49 Abs. 1, Abs. 2 Satz 1 VwVfG) erfolgen kann bzw. konnte. Dieser Prüfungsstation wird erfahrungsgemäß in der Klausur häufig nur unzureichende Aufmerksamkeit geschenkt, da sie am Ende der Bearbeitung steht und bereits viel Zeit und Energie mit der Prüfung der tatbestandlichen Voraussetzungen der Aufhebung des Verwaltungsakts verbraucht worden sind. Zu beachten ist in diesem Zusammenhang vor allem, daß aus der Rechtswidrigkeit eines belastenden Verwaltungsakts nicht gleichsam automatisch eine Rücknahmeverpflichtung im Wege der Ermessensreduzierung auf Null folgt; vielmehr ist auch insoweit <u>abzuwägen zwischen den Bedürfnissen der Rechtssicherheit im Sinne der Rechtsbeständigkeit des Verwaltungsakts einerseits, dem Streben nach materieller Gerechtigkeit andererseits</u>[111]. Daß ein solcher Anspruch jedenfalls nicht regelmäßig, allenfalls ausnahmsweise besteht, ergibt sich im übrigen aus dem die §§ 48 f. VwVfG ergänzenden § 51 VwVfG, der im Gegensatz zu den Regelungen über Rücknahme und Widerruf gerade einen solchen Anspruch gewährt (vgl. auch § 51 Abs. 5 VwVfG).

74   Im übrigen regeln § 48 Abs. 2 Satz 4–8, Abs. 3–6 sowie § 49 Abs. 3, 5 VwVfG die Rechtsfolgen von Rücknahme bzw. Widerruf. Für rechtswidrig-begünstigende Verwaltungsakte im Sinne des § 48 Abs. 2 VwVfG enthält insoweit § 48 Abs. 2 Satz 8 VwVfG eine ausdrückliche Befugnisnorm für die Behörde, die zu erstattenden Leistungen durch *Leistungsbescheid* zurückzufordern, so daß in diesen Fällen die Problematik der Zulässigkeit dieses Vorgehens ohne positive Ermächtigung keiner Diskussion bedarf. Zudem ergibt sich aus § 48 Abs. 2 Satz 8 VwVfG, daß die Rückforderung der gewährten Leistung die Aufhebung des Bewilligungsbescheides voraussetzt. Regelmäßig wird zwar in dem Rückforderungsbescheid zugleich schlüssig die Aufhebung des Bewilligungsbescheides enthalten sein[112], der seinerseits wiederum konkludent in der Auszahlung der fraglichen Mittel liegen kann. Dies entbindet aber bei der Fallbearbeitung nicht

---

109 OVG Nordrhein-Westfalen, Urt. v. 11. 11. 1981 – 14 A 2066/79 –, NJW 1982, 1661.
110 Dazu eingehend u. Rn. 85 ff.
111 Dazu BayVGH, Beschl. v. 15. 9. 1988 – Nr. 3 B 88.01016 –, BayVBl. 1989, 85.
112 BVerwG, Urt. v. 21. 7. 1983 – 3 C 11.82 –, NJW 1984, 518; v. 13. 12. 1984 – 3 C 79.82 –, BayVBl. 1985, 373.

davon, diese beiden Schritte gedanklich zu trennen. Zuerst ist also immer zu untersuchen, ob der Bewilligungsbescheid zurückgenommen bzw. widerrufen worden und ob diese Aufhebung rechtmäßig ist; erst dann ist auf die sich hinsichtlich der Rückforderung durch Leistungsbescheid ergebenden Fragen einzugehen, die sich meist auf die Höhe des Anspruchs – unter Einbeziehung bereicherungsrechtlicher Einreden – und auf die Verzinsung beziehen.

2. Abgrenzungsfragen

§§ 48 f. VwVfG beziehen sich allgemein auf *Verwaltungsakte*. Sie gelten damit auch für Widerspruchsbescheide. Deren Rücknahme bzw. Widerruf setzt aber voraus, daß noch die Sachherrschaft der Widerspruchsbehörde gegeben, der Widerspruchsbescheid also zumindest noch nicht unanfechtbar geworden ist[113]. **75**

Zu beachten sind ferner §§ 48 f. VwVfG vorgehende Spezialvorschriften (§ 1 Abs. 1 Satz 1 VwVfG), so etwa die abschließende Regelung der Aufhebung beamtenrechtlicher Ernennungen in den Beamtengesetzen (vgl. § 12 BBG)[114] oder die zwingenden Vorschriften des § 47 WaffG. **76**

Rücknehmbarkeit und Widerruflichkeit eines Verwaltungsakts können aber auch kraft seiner besonderen Natur ausgeschlossen sein. So kann die Genehmigung eines Bebauungsplans (§ 11 Abs. 1 Halbs. 1 BauGB) jedenfalls nach der Bekanntmachung (§ 12 BauGB) nicht mehr zurückgenommen oder widerrufen werden. Zwar stellt die Genehmigung gegenüber der den Bebauungsplan aufstellenden Gemeinde einen begünstigenden Verwaltungsakt dar. Dieser ist aber zugleich ein Mitwirkungsakt im Rechtssetzungsverfahren, der wegen der Publizitätswirkung der Bekanntmachung nach deren Vornahme nicht mehr aufgehoben werden kann[115]. **77**

Keine Schwierigkeiten scheint auf den ersten Blick die *Abgrenzung* der Anwendungsbereiche von *§ 48 VwVfG* einerseits, *§ 49 VwVfG* andererseits zu bieten, befaßt sich doch die erstgenannte Vorschrift mit rechtswidrigen, die letztgenannte mit rechtmäßigen Verwaltungsakten. In diesem Zusammenhang stellt sich jedoch die Frage, ob § 49 VwVfG auch auf *rechtswidrige* Verwaltungsakte angewendet werden kann. Insoweit ist zunächst zu beachten, daß die Benutzung der Bezeichnung „Rücknahme" oder „Widerruf" durch die Behörde noch keine bindende Aussage darüber beinhaltet, ob auch tatsächlich der sachliche Gehalt **78**

---

113 BayVGH, Urt. v. 17. 5. 1982 – Nr. 7 B 80 A. 1930 u. a. –, BayVBl. 1982, 754; v. 22. 6. 1982 – Nr. 21 B 81 A. 1353 –, BayVBl. 1983, 212.
114 Vgl. statt aller Hilg, S. 142. Dieser Vorrang erstreckt sich auch auf (nur) ernennungsähnliche Vorgänge (z. B. Übertragung eines anderen Amts mit höherem Endgrundgehalt ohne Änderung der Amtsbezeichnung), auf welche die beamtenrechtlichen Rücknahmevorschriften entsprechend anzuwenden sind: BVerwG, Urt. v. 23. 2. 1989 – 2 C 2 S. 87 –, NVwZ 1989, 757.
115 BVerwG, Urt. v. 21. 11. 1986 – 4 C 22.83 –, NJW 1987, 1344 = BayVBl. 1987, 310; auch keine Feststellung einer etwaigen Nichtigkeit der Genehmigung nach § 44 Abs. 1 Halbs. 1 VwVfG: BVerwG, Urt. v. 21. 11. 1986 – 4 C 60.84 –, BRS 46 Nr. 4 = BayVBl. 1987, 311; dazu eingehend Birkl/Jäde, Rn. D 200.

der Maßnahme dem gebrauchten Etikett entspricht; dies ist vielmehr unter Berücksichtigung des gesamten Bescheidsinhalts durch Auslegung zu ermitteln, wobei eine sich als verfehlt erweisende Bezeichnung unschädlich ist[116]. Stellt sich aber in der Tat heraus, daß ein rechtswidriger Verwaltungsakt nach § 49 VwVfG widerrufen worden ist, so führt auch dies nicht zur Rechtswidrigkeit der Aufhebung, wenn nur § 49 VwVfG richtig angewendet wurde. Denn § 49 VwVfG schützt das Vertrauen des Betroffenen auf einen rechtmäßigen Verwaltungsakt stärker als § 48 VwVfG dasjenige auf einen rechtswidrigen Verwaltungsakt. Liegen daher die Voraussetzungen für einen Widerruf vor, so müssen diese auch gegenüber einem rechtswidrigen Verwaltungsakt durchgreifen können[117].

79 § 48 VwVfG gilt aber grundsätzlich nur für Verwaltungsakte, die *von Anfang an rechtswidrig* waren, also bereits zum Zeitpunkt ihres Erlasses, nicht hingegen für solche, die zum Zeitpunkt ihres Erlasses rechtmäßig waren, aber nunmehr nicht mehr erlassen werden dürften, weil sie dem materiellen Recht nicht mehr entsprechen. Dies ergibt sich – ebenso wie für eine nachträgliche Veränderung der Sachlage – zwanglos im Umkehrschluß aus § 49 Abs. 2 Satz 1 Nr. 3, 4 VwVfG. Diese Sichtweise würde allerdings bei <u>Verwaltungsakten mit Dauerwirkung,</u> namentlich, soweit sie Grundlage einer Leistungsgewährung sind, zu unbefriedigenden Ergebnissen führen, weil dann bei nach Erlaß eingetretener Rechtswidrigkeit eine in die Vergangenheit wirkende Korrektur wegen § 49 Abs. 2 Satz 1 VwVfG („...für die Zukunft..."!) nicht mehr möglich wäre. Deshalb wird – auch im Hinblick auf den in § 48 Abs. 2 Satz 4 VwVfG zum Ausdruck gelangenden Rechtsgedanken – angenommen, daß in solchen Fällen der Verwaltungsakt, bezogen auf den Zeitpunkt des Eintritts der Rechtswidrigkeit, zurückgenommen werden könne und die Behörde nicht auf den Widerruf beschränkt sei[118].

80 Nach Erlaß der Verwaltungsverfahrensgesetze des Bundes und der Länder stellte sich heraus, daß die geschaffenen Regelungen Anwendungsprobleme für die Abwicklung *fehlgeschlagener Subventionsverhältnisse* aufwarfen, nämlich dann, wenn eine Subvention auf der Grundlage eines bei seinem Ergehen rechtmäßigen Bewilligungsbescheides geleistet worden war, der Empfänger aber etwa gegen Auflagen verstieß (vgl. § 49 Abs. 1 Satz 1 Nr. 2 VwVfG) oder die Subvention zweckwidrig oder nicht mehr zweckgemäß verwendete. Nach der soeben dargestellten Abgrenzung zwischen § 48 und § 49 VwVfG wäre dann nämlich – so die damalige Annahme – nur ein Widerruf mit Wirkung für die Zukunft möglich gewesen (§ 49 Abs. 2 Satz 1 VwVfG), dies mit der Folge, daß der Widerruf des Bewilligungsbescheides, der seine Wirkung darin erschöpft habe, eine Rechtsgrundlage für die Gewährung der Subvention darzubieten, nicht mehr

---

[116] OVG Nordrhein-Westfalen, Urt. v. 26. 8. 1987 – 6 A 1910/84 –, NVwZ-RR 1988, 1.
[117] Kopp, VwVfG, § 48 Rn. 19. – Einer Umdeutung in eine Rücknahme bedarf es in diesen Fällen entgegen OVG Nordrhein-Westfalen, Urt. v. 2. 12. 1987 – 11 A 498/86 –, NVwZ 1988, 942 nicht.
[118] OVG Nordrhein-Westfalen (o. Fn. 116), a.a.O.

sinnvoll gewesen wäre; ferner schien § 49 VwVfG keine hinreichend sichere Grundlage für Zinsforderungen abzugeben. Dies führte zur Schaffung des *§ 44 a BHO* und entsprechender Vorschriften des Landeshaushaltsrechts, um die beschriebene Lücke zu schließen[119].

Die seinerzeitigen Befürchtungen des Gesetzgebers haben sich allerdings nur in beschränktem Umfang verwirklicht. Hinsichtlich der Beschränkung des Widerrufs auf eine Wirkung für die Zukunft ist inzwischen geklärt, daß jedenfalls dann, wenn der Zuwendungsbescheid nicht nur Rechtsgrundlage für die Gewährung der Zuwendung ist, sondern – was regelmäßig der Fall sein wird – auch Rechtsgrund des Behaltendürfens, als Grundlage für eine Rückforderung der geleisteten Zuwendungen (auch) der Widerruf (nur) mit Wirkung für die Zukunft genügt[120]. Denn für die Verpflichtung zur Rückzahlung kommt es nicht darauf an, daß der Betroffene in der Vergangenheit aufgrund des Bewilligungsbescheides die Zuwendung behalten durfte, sondern allein darauf, daß er sie *jetzt* nicht mehr behalten darf. Soweit – aber auch nur soweit – sich die Anwendungsbereiche von §§ 48 f. VwVfG einerseits, § 44 a BHO andererseits mit gleichem Regelungsgehalt überlappen, sind sie nebeneinander anwendbar, im übrigen geht § 44 a BHO für seinen Regelungsbereich als lex specialis vor[121]. **81**

§ 44 a BHO betrifft ausschließlich *Zuwendungen*. Der dem Gesetz zugrundeliegende Begriff der Zuwendung ist aus § 23 BHO abzuleiten. Danach dürfen (im Bundeshaushalt) Ausgaben und Verpflichtungsermächtigungen für Leistungen an Stellen außerhalb der Bundesverwaltung zur Erfüllung bestimmter Zwecke (Zuwendungen) nur veranschlagt werden, wenn der Bund an der Erfüllung durch solche Stellen ein erhebliches Interesse hat, das ohne die Zuwendungen nicht oder nicht im notwendigen Umfang befriedigt werden kann. Daraus folgt – weil es nur insoweit auf ein besonderes öffentliches Interesse ankommen kann –, daß Zuwendungen nur solche Leistungen sind, auf die *kein* gesetzlicher oder sonstiger *Rechtsanspruch* besteht[122]. **82**

Bei der Anwendung des § 44 a BHO müssen zwei verschiedene *Regelungsgegenstände* sorgfältig unterschieden werden. § 44 a Abs. 1 BHO schafft einen neuen, besonderen Widerrufsgrund für Zuwendungen, insbesondere unter Einbeziehung der nachträglichen Zweckverfehlung der Zuwendung (§ 44 a Abs. 1 Satz 2 BHO). Demgegenüber enthalten die Abs. 2 und 3 der Vorschrift von §§ 48 f. VwVfG teilweise abweichende Regelungen der Rechtsfolgen der Rücknahme bzw. des Widerrufs von Zuwendungsbescheiden. Legt der Sachverhalt des zu bearbeitenden Falles also eine Anwendung des § 44 a BHO nahe, ist wie **83**

---

119 Eingehende Darstellung bei Weides, Widerruf und Rückforderungen von Zuwendungen des Bundes und der Länder, NJW 1981, 841.
120 BVerwG, Urt. v. 11. 2. 1983 – 7 C 70.80 –, NVwZ 1984, 36.
121 Zu den im einzelnen streitigen Fragen Kopp, VwVfG, § 49 Rn. 66 m. w. N.
122 So zutreffend Weides (o. Fn. 119), NJW 1981, 841; a. A. Kopp, VwVfG, § 48 Rn. 118 (ohne Begründung).

folgt zu verfahren: Zunächst ist zu fragen, ob eine Zuwendung vorliegt, die schlechthin Voraussetzung für eine Heranziehung des § 44 a BHO ist. Sodann kommt es darauf an, ob die §§ 48 f. VwVfG eine hinreichende Rechtsgrundlage für die Rücknahme bzw. den Widerruf des Zuwendungsbescheides abgeben. Ist dies nicht der Fall – oder auch nur zweifelhaft –, muß geprüft werden, ob ein Widerruf auf § 44 a Abs. 1 BHO gestützt werden kann. Gleichviel indessen, ob der Bewilligungsbescheid nach § 48, § 49 VwVfG oder nach § 44 a Abs. 1 BHO aufgehoben wird, kommt es – liegt nur eine Zuwendung vor – hinsichtlich der Rechtsfolgen für die in § 44 a Abs. 2 Satz 1 BHO genannten Fälle (Widerruf nach § 44 a Abs. 1 BHO, Widerruf oder Rücknahme mit Wirkung für die Vergangenheit nach anderen Rechtsvorschriften, Eintritt einer auflösenden Bedingung) allein auf § 44 a Abs. 2 und 3 BHO an, während es für die übrigen Fälle bei den Regelungen der §§ 48 f. VwVfG verbleibt.

84 Auch sonst muß bei der Abgrenzung zwischen §§ 48 ff. VwVfG einerseits, § 44 a BHO andererseits stets die Entstehungsgeschichte des § 44 a BHO gegenwärtig bleiben, die zeigt, daß diese Vorschrift keine abschließende Regelung gegenüber den §§ 48 ff. VwVfG darstellen sollte, sondern der Erfassung besonderer Fallgestaltungen im Zusammenhang mit Subventionen dient. Daher ist immer im einzelnen zu untersuchen, wie weit der spezialgesetzliche Vorrang des § 44 a BHO reicht, ansonsten sind die §§ 48 ff. VwVfG ergänzend heranzuziehen. So gilt auch in den Fällen des § 44 a BHO insbesondere die Ausschlußfrist des § 48 Abs. 4, § 49 Abs. 2 Satz 2 VwVfG[123].

3. Entscheidungsfrist (§ 48 Abs. 4 Satz 1, § 49 Abs. 2 Satz 2 VwVfG)

85 Nach § 48 Abs. 4 Satz 1 VwVfG, der auf den Widerruf rechtmäßiger Verwaltungsakte wegen § 49 Abs. 2 Satz 2 VwVfG entsprechend anzuwenden ist, ist – mit Ausnahme der Fälle des § 48 Abs. 2 Satz 3 Nr. 1 VwVfG – die Rücknahme (bzw. der Widerruf) des Verwaltungsakts nur innerhalb eines Jahres seit dem Zeitpunkt zulässig, zu dem die Behörde von Tatsachen Kenntnis erhalten hat, welche die Rücknahme (bzw. den Widerruf) eines rechtswidrigen (bzw. rechtmäßigen) Verwaltungsakts rechtfertigen. Diese Ausschlußfrist ist ihrem Sinn und Zweck nach nicht anwendbar auf (vorläufige) Regelungen, die unter dem *Vorbehalt* einer späteren, *endgültigen Entscheidung* ergehen[124]. Ihre Unanwendbarkeit wird auch bei sog. *diffusen Tatsachen* angenommen, d. h. bei Dauerproblemen – wie etwa der Entwicklung von Fluglärm und dessen Einfluß auf die luftrechtliche Genehmigung für einen Flughafen –, welche die Behörde ständig unter Kontrolle zu halten hat. Denn in diesen Fällen wäre es zumindest schwerlich praktikabel, im nachhinein festzustellen, welche insoweit aufgetretene Tatsache zu welchem Zeitpunkt ein Tätigwerden der Behörde hätte auslösen müssen[125].

---

123 Weides (o. Fn. 119), NJW 1981, 848.
124 BVerwG, Urt. v. 14. 4. 1983 – 3 C 8.82 –, NJW 1983, 2043 = BayVBl. 1983, 601.
125 BayVGH, Urt. v. 22. 7. 1983 – Nr. 20 B 82 A. 2693 –, BayVBl. 1984, 46 (mit anderer, nicht unbedingt überzeugender Begründung); a. A. Kopp, VwVfG, § 48 Rn. 98.

§ 48 Abs. 4 Satz 1 VwVfG setzt für den Beginn des Fristlaufs die *positive* **86**
Kenntnis der Behörde von den maßgeblichen Tatsachen voraus; bloßes Kennenmüssen genügt nicht[126]. Deshalb erscheint es nicht überzeugend, wenn in der Rechtsprechung für die Ingangsetzung des Fristlaufs das Vorliegen der einschlägigen Tatsachen im Zusammenwirken damit als ausreichend angesehen worden ist, daß – die als Tatsache angesehene – Rechtswidrigkeit des zur Rücknahme anstehenden Verwaltungsakts sich aufdrängen mußte[127]. Andererseits ist nicht zu verkennen, daß in der Praxis die Fixierung des Zeitpunkts des Fristbeginns im Einzelfall erhebliche Schwierigkeiten aufwerfen kann; die soeben erwähnte Meinung mag daher als Beweislastregel verstanden werden, die aber den Gegenbeweis durch die Behörde gleichwohl zuläßt.

Umstritten war lange, ob als *Tatsache* im Sinne des § 48 Abs. 4 Satz 1 VwVfG **87**
auch ein *Rechtsfehler* des Verwaltungsakts anzusehen sei, dies mit der Folge, daß die Frist des § 48 Abs. 4 Satz 1 VwVfG erst dann in Lauf gesetzt würde – zumindest nicht früher –, wenn nicht nur die die Rechtswidrigkeit des Verwaltungsakts begründenden Tatsachen zur Kenntnis der Behörde gelangt waren, sondern diese auch die Rechtswidrigkeit selbst erkannt hatte. Das BVerwG bejaht diese Frage inzwischen in ständiger, gefestigter Rechtsprechung[128].

Daß auch die *Rechtswidrigkeit des Verwaltungsakts Tatsache im Sinne des § 48* **88**
Abs. 4 Satz 1 VwVfG ist, stützt das BVerwG auf folgende Überlegungen: Am wenigsten überzeugt insoweit die Berufung auf den Wortlaut der Vorschrift, die mit Tatsachen „alle Tatsachen" und damit auch die Rechtswidrigkeit des Verwaltungsakts meine – eine petitio principii, die gerade voraussetzt, was nachzuweisen wäre, nämlich, daß – entgegen dem geläufigen Sprachgebrauch – auch die Rechtswidrigkeit eine Tatsache sei. Demgegenüber leuchtet das aus dem Regelungszusammenhang des § 48 Abs. 4 VwVfG abgeleitete Argument ein: Nach § 48 Abs. 4 Satz 2 VwVfG gilt die Ausschlußfrist des Satz 1 nicht im Falle des § 48 Abs. 2 Satz 3 Nr. 1 VwVfG, also dann, wenn der Begünstigte den Verwaltungsakt durch arglistige Täuschung, Drohung oder Bestechung erwirkt hat. Läßt man einmal die erste Alternative beiseite, so zeigt sich, daß in den Fällen der Drohung oder der Bestechung keine Mängel der Tatsachenbasis vorliegen, auf welche die Behörde ihre Entscheidung stützt, sondern Rechtsanwendungsfehler. Wird die rechtswidrige Baugenehmigung für das Wochenendhaus im Außenbereich unter der Wirkung einer vorgehaltenen Pistole erteilt, sieht die Behörde die entscheidungserheblichen Tatsachen richtig, wendet aber das Recht falsch an.

---

126 BVerwG, Urt. v. 11. 2. 1983 – 7 C 70.80 –, NJW 1984, 36.
127 OVG Nordrhein-Westfalen, Urt. v. 15. 7. 1987 – 12 A 954/86 –, NVwZ 1988, 71.
128 Grundlegend: BVerwG, Beschl. v. 19. 12. 1984 – Gr.Sen. 1, 2.84 –, NJW 1985, 819 = BayVBl. 1985, 211; bestätigt durch BVerwG, Urt. v. 19. 7. 1985 – 4 C 23, 24.82 –, NVwZ 1986, 119; Beschl. v. 5. 5. 1988 – 7 B 8.88 –, NJW 1988, 2911 = BayVBl. 1988, 539. Den lebhaften Kontroversen in Literatur und Rechtsprechung zu diesen Fragen ist daher in der Klausur nicht mehr nachzugehen, es sei denn, die Rechtsprechung des BVerwG würde ausdrücklich problematisiert; krit. z. B. Kopp, VwVfG, § 48 Rn. 98.

Wird eine gaststättenrechtliche Erlaubnis Zug um Zug gegen das Versprechen lebenslänglichen Freibiers gewährt, gilt nichts anderes. § 48 Abs. 2 Satz 3 Nr. 1 VwVfG betrifft also Rechtsanwendungsfehler – oder zumindest auch solche Mängel des Verwaltungsakts. Würde aber der Gesetzgeber diese Rechtsanwendungsfehler und die daraus resultierende Rechtswidrigkeit des Verwaltungsakts nicht (auch) als Tatsache im Sinne des § 48 Abs. 4 Satz 1 VwVfG ansehen, so hätte er von der fristerheblichen Bedeutung dieser Tatsachen nicht in Satz 2 eine Ausnahme machen müssen.

89   Gestützt wird diese Argumentation durch zwei weitere Erwägungen: Zum einen gebieten es Rechtssicherheit und – zumal im Zusammenhang des § 48 VwVfG – Vertrauensschutz, auch die Rechtswidrigkeit als Tatsache im Sinne des § 48 Abs. 4 Satz 1 VwVfG anzusehen. Denn wäre dem nicht so, so würde dessen Jahresfrist für die (Erkenntnis der) Rechtswidrigkeit des Verwaltungsakts nicht gelten und folglich eine Rücknahme des Verwaltungsakts wegen Rechtsanwendungsfehlern grundsätzlich zeitlich unbeschränkt möglich sein. Dies wäre – zum anderen – um so weniger hinzunehmen, als bei Verwaltungsakten, die im Ermessen stehen, mit der Ausfüllung von Beurteilungsspielräumen oder planerischer Gestaltungsfreiheit einhergehen, zwischen Tatsachenbasis und Rechtmäßigkeit der Entscheidung ein schwer auflösbarer Zusammenhang bestehen kann, etwa dann, wenn eine an sich entscheidungsrelevante Tatsache wegen einer rechtsfehlerhaften Einschätzung des Ermessensrahmens nicht als solche gesehen wird.

90   Daraus darf aber nicht etwa gefolgert werden, die Jahresfrist des § 48 Abs. 4 Satz 1 VwVfG begänne stets (und spätestens) mit der Kenntnis der Rechtswidrigkeit des Verwaltungsakts zu laufen. Zwar ist Voraussetzung für die Kenntnis der Rechtswidrigkeit, daß die Behörde alle diejenigen Tatsachen kennt, welche die Rechtswidrigkeit begründen, und daraus wiederum die Rechtswidrigkeit des Verwaltungsakts entnimmt. Damit aber kennt die Behörde nur ein Tatbestandsmerkmal des § 48 Abs. 1 VwVfG, nämlich das Vorliegen eines rechtswidrigen Verwaltungsakts. § 48 Abs. 4 Satz 1 VwVfG fordert aber darüber hinaus für den Lauf der Jahresfrist, daß die Behörde alle *die Rücknahme des rechtswidrigen Verwaltungsakts rechtfertigenden Tatsachen* kennt. Zu diesen Tatsachen gehören aber auch etwa diejenigen, welche einen Ausschluß des Vertrauensschutzes bewirken können (§ 48 Abs. 2 Satz 3 Nr. 2, 3 VwVfG), ebenso alle Tatsachen, die für eine fehlerfreie Ausübung des in § 48 Abs. 1 VwVfG eingeräumten Rücknahmeermessens erforderlich sind. Erst alle diese Tatsachen zusammen können die (rechtsfehlerfreie) Rücknahme des Verwaltungsakts rechtfertigen. Ggf. muß sie die Behörde durch weitere Ermittlungen, etwa durch Anhörung des Begünstigten, erst feststellen. Beginn der Frist nach § 48 Abs. 4 Satz 1 VwVfG ist daher der Zeitpunkt, in welchem diese beschriebene Tatsachenbasis vollständig vorhanden ist, mit anderen Worten: *Die Frist des § 48 Abs. 4 Satz 1 VwVfG ist keine Bearbeitungs-, sondern eine Entscheidungsfrist*[129].

---

129 Zum Problem der „saumseligen" Behörde, die – möglicherweise bewußt – die erforderlichen Ermittlungen verschleppt, vgl. die Andeutungen bei BVerwG v. 5. 5. 1988 (o. Fn. 128), a.a.O.

Daraus ergibt sich zugleich, daß diese Frist niemals bereits mit dem Erlaß des rechtswidrigen Verwaltungsakts zu laufen beginnen kann, und zwar selbst dann, wenn die Behörde bewußt und gewollt eine solche rechtswidrig-begünstigende Entscheidung fällt. Ebenso kommt es darum nicht auf die Kenntnis der Behörde als solcher, sondern auf diejenige des entweder für die Entscheidung oder für deren rechtliche Überprüfung zuständigen Amtsträgers an; für den Beginn des Fristlaufs reicht mithin schlichte Aktenkundigkeit der die Rücknahme rechtfertigenden Tatsachen nicht aus.

Hat die Behörde in der beschriebenen Weise und in dem dargestellten Umfange Kenntnis von den die Rücknahme rechtfertigenden Tatsachen, kommt es für den Lauf der Frist des § 48 Abs. 4 Satz 1 VwVfG nicht mehr darauf an, ob sie daraus auch – etwa hinsichtlich einer teilweisen oder vollständigen Rücknahme des rechtswidrigen Verwaltungsakts – zutreffende Folgerungen zieht; ein insoweit eintretender (weiterer) Rechtsirrtum der Behörde geht zu ihren Lasten[130]. Anders liegen die Dinge aber dann, wenn ein rechtswidriger Verwaltungsakt zunächst unter Wahrung der Frist nach § 48 Abs. 4 Satz 1 VwVfG zurückgenommen, der Rücknahmebescheid aber – sei es im Widerspruchsverfahren, sei es im Verwaltungsrechtsstreit – wegen Ermessensfehlern aufgehoben wird. Dann beginnt die Entscheidungsfrist des § 48 Abs. 4 Satz 1 VwVfG mit der Rechtskraft bzw. der Unanfechtbarkeit der aufhebenden Entscheidung neu zu laufen. Denn die Ausübung des Rücknahmeermessens setzt eine zutreffende Würdigung und Bewertung der insoweit relevanten – nämlich die Rücknahme rechtfertigenden – Tatsachen voraus; an deren rechter Einstellung und Gewichtung im Rahmen der Ermessensbetätigung zeigt sich zudem, ob die Tatsachenkenntnis der Behörde, die § 48 Abs. 4 Satz 1 VwVfG für den Fristlauf voraussetzt, auch in dieser Beziehung vollständig ist[131].

4. Rücknahme und Widerruf im Rechtsbehelfsverfahren (§ 50 VwVfG)

§ 50 VwVfG enthält eine Sonderregelung für Rücknahme und Widerruf begünstigender Verwaltungsakte mit Drittwirkung aus Anlaß eines von dem belasteten Dritten eingeleiteten Rechtsschutzverfahrens (Widerspruch oder Anfechtungsklage). Für diese Fälle beseitigt die Vorschrift den besonderen Vertrauensschutz, auf den sich der von dem streitigen Verwaltungsakt Begünstigte ansonsten regelmäßig berufen darf. Anwendungsbereich und Reichweite der Regelung sind schon im Ansatz umstritten. Nach einer Auffassung genügt bereits die Einlegung eines *(nur) zulässigen* Widerspruchs bzw. die Erhebung einer (nur) zulässigen Anfechtungsklage durch den Dritten, um – ohne daß es auf die Begründetheit ankäme – der Behörde eine Rücknahme oder einen Widerruf des Verwaltungsakts ohne Rücksicht auf die ausgeschlossenen Vertrauensschutzregelungen zu

---
130 BVerwG, Urt. v. 22. 10. 1987 – 3 C 27.86 –, NVwZ 1988, 348 = BayVBl. 1988, 280.
131 BVerwG, Beschl. v. 20. 5. 1988 – 7 B 79.88 –, NVwZ 1988, 822 = BayVBl. 1989, 55.

gestatten[132]. Anderer Ansicht nach stellt § 50 VwVfG lediglich klar, daß bei der Aufhebung eines Verwaltungsakts mit Drittwirkung auf einen *sowohl zulässigen als auch begründeten* Rechtsbehelf eines Dritten hin es insoweit allein auf dessen Zulässigkeit und Begründetheit ankommt, nicht aber darüber hinaus auf etwaige Vertrauensschutzerwägungen. Die §§ 48 f. VwVfG lassen also – folgt man dieser Ansicht – die bisherigen Regelungen über das Widerspruchsverfahren und ebenso § 113 Abs. 1 Satz 1 VwGO unberührt, so daß dieselbe Rechtsfolge gilt, wenn der Verwaltungsakt nicht *im* Rechtsbehelfsverfahren, sondern lediglich *während* des Rechtsbehelfsverfahrens und *aus dessen Anlaß* aufgehoben wird[133]. Der in § 50 VwVfG verwendete Begriff der *Abhilfe* ist daher nicht in dem engeren Sinne des § 72 VwGO, sondern weit zu verstehen[134].

93 Zu folgen ist der letztgenannten Meinung. Denn ein Anhaltspunkt dafür, daß der Gesetzgeber die schon vor dem Inkrafttreten des VwVfG für derartige Fallgestaltungen geltenden Regeln hätte ändern wollen, besteht nicht. Dem steht insbesondere nicht entgegen, daß § 50 VwVfG sich nicht nur auf rechtswidrige, sondern auch auf rechtmäßige Verwaltungsakte bezieht. Denn auch letztere können in einem Widerspruchsverfahren aufgehoben werden, nämlich dann, wenn sie sich zwar nicht als rechtswidrig, wohl aber als zweckwidrig erweisen (vgl. § 68 Abs. 1 Satz 1 VwGO). Mittelbar gestützt wird die hier vertretene Auffassung auch durch die Rechtsprechung des BVerwG zur reformatio in peius[135] im Widerspruchsverfahren auf Drittwidersprüche, die § 50 VwVfG nicht einmal erwähnt[136].

II. Wiederaufgreifen des Verfahrens (§ 51 VwVfG)

1. Anwendungsbereich

94 § 51 VwVfG ergänzt § 48 Abs. 1 Satz 1, § 49 Abs. 1 VwVfG – also die Regelungen über Rücknahme und Widerruf belastender Verwaltungsakte – dahingehend, daß er – über den dort eingeräumten Rechtsanspruch auf fehlerfreie Ermessensentscheidung hinaus – in den von ihm erfaßten Fällen einen *Rechtsanspruch* auf Wiederaufgreifen des Verfahrens und damit auf Neuentscheidung gewährt. Die Vorschrift ist daher *nicht* etwa *abschließend* mit der Folge, daß außerhalb des Regelungskreises des § 51 VwVfG ein Wiederaufgreifen des Verwaltungsverfahrens (der Sache nach) nicht in Betracht käme. Vielmehr ist – wie sich auch aus

---

132 So mit eingehender Begründung OVG Nordrhein-Westfalen, Urt. v. 25. 4. 1988 – 13 A 464/87 –, NWVBl. 1988, 382 = NVwZ 1989, 72, das sich insoweit zu Unrecht auf BVerwG, Urt. v. 4. 8. 1982 – 4 C 42.79 –, NVwZ 1983, 285 beruft, als dort für die Anwendung des § 50 VwVfG zwar die Zulässigkeit des Rechtsbehelfs vorausgesetzt wird, zu etwaigen weiteren Voraussetzungen – wie der Begründetheit – aber eine Stellungnahme fehlt.
133 Pietzner/Ronellenfitsch, § 20 Rn. 6; Kopp, VwVfG, § 50 Rn. 10, jeweils m. w. N.
134 Kopp, VwVfG, § 50 Rn. 15.
135 Dazu unten Rn. 148 ff.
136 Vgl. BVerwG, Urt. v. 18. 5. 1982 – 7 C 42.80 –, BVerwGE 65, 313.

§ 51 Abs. 5 VwVfG ergibt – ein solches Wiederaufgreifen auch im übrigen möglich, dann allerdings mit dem Unterschied, daß es sich nicht um einen Rechtsanspruch auf eine derartige Neuentscheidung handelt, sondern eine solche Entscheidung im behördlichen Ermessen steht[137]. Dieses Ermessen kann allerdings im Einzelfall auf Null reduziert sein, wenn die Aufrechterhaltung des Erstbescheids schlechthin unerträglich wäre oder Umstände gegeben sind, welche die Berufung der Behörde auf die Unanfechtbarkeit des Erstbescheids als einen Verstoß gegen die guten Sitten oder gegen Treu und Glauben erscheinen lassen[138].

Das Wiederaufgreifen des Verfahrens ist von einem Tätigwerden der Behörde auf einen *Zweitantrag* hin zu unterscheiden. Ein Wiederaufgreifen ist nur dann sowohl sinnvoll als auch erforderlich, wenn der Verwaltungsakt, demgegenüber eine Neuentscheidung begehrt wird, noch zum Zeitpunkt des angestrebten Wiederaufgreifens des Verfahrens Wirkungen entfaltet, die einer dem Betroffenen günstigeren Regelung entgegenstehen. Wird beispielsweise ein Bauantrag abgelehnt, so steht der diese Baugenehmigung versagende Bescheid jedenfalls bei einer – neues Sachbescheidungsinteresse begründenden – Veränderung der Sach- und Rechtslage nicht der Stellung eines neuen Bauantrages mit gleichem Inhalt entgegen, über den dann die Bauaufsichtsbehörde ohne Bindung an ihren Erstbescheid in der Sache zu entscheiden hat. Ein Wiederaufgreifen des Verfahrens kommt daher nur in Betracht, wenn die geltend gemachten Gründe den bestandskräftigen Verwaltungsakt unmittelbar berühren, weil er kraft Gesetzes oder nach seinem Inhalt auch für den Fall einer Änderung der Sach- oder Rechtslage Geltung beansprucht[139].

95

§ 51 Abs. 1 VwVfG setzt – auch insoweit von § 48 Abs. 1 Satz 1, § 49 Abs. 1 VwVfG abweichend – das Vorliegen eines *unanfechtbaren Verwaltungsakts* voraus. Dieser Unterschied in den tatbestandlichen Voraussetzungen erklärt sich daraus, daß der noch nicht unanfechtbare belastende Verwaltungsakt von dem Betroffenen noch mit Rechtsbehelfen angegriffen werden kann und es deshalb für diese Fallgestaltung des außerordentlichen verfahrensrechtlichen Mittels des Wiederaufgreifens nicht bedarf. Dabei kommt es nicht darauf an, ob der Verwaltungsakt dadurch unanfechtbar geworden ist, daß er überhaupt nicht mit Rechtsbehelfen angegriffen worden ist, ob er durch einen Widerspruchsbescheid oder durch ein rechtskräftiges verwaltungsgerichtliches Urteil bestätigt worden ist[140], da der Wortlaut des § 51 Abs. 1 VwVfG insoweit nicht differenziert. Daß auch

96

---

137 BVerwG, Beschl. v. 25. 5. 1981 – 8 B 89, 93.80 –, NJW 1981, 2595; v. 22. 10. 1984 – 8 B 56.84 –, NVwZ 1985, 265.
138 BVerwG v. 22. 10. 1984 (o. Fn. 137), a.a.O.; zu einem Einzelfall (Bedeutung eines irrig verfrüht eingelegten Widerspruchs für die Ermessensausübung) OVG Nordrhein-Westfalen, Urt. v. 31. 5. 1985 – 1 A 1057/84 –, NVwZ 1986, 134.
139 BVerwG, Urt. v. 14. 3. 1984 – 6 C 107.82 –, NVwZ 1984, 727; v. 3. 12. 1986 – 6 C 50.85 –, NVwZ 1987, 321.
140 BVerwG, Urt. v. 5. 11. 1985 – 6 C 22.84 –, NVwZ 1986, 293; v. 13. 9. 1984 – 2 C 22.83 –, NJW 1985, 280.

die Rechtskraft des verwaltungsgerichtlichen Urteils (§ 121 VwGO) und die verwaltungsprozessualen Regelungen der Wiederaufnahme (§ 153 VwGO) dem Wiederaufgreifen in den letztgenannten Fällen nicht entgegenstehen, beruht darauf, daß es sich jeweils um unterschiedliche Streitgegenstände handelt: War im Verwaltungsrechtsstreit um den Erstbescheid dieser Streitgegenstand, ist es nunmehr der – davon zu unterscheidende – Rechtsanspruch auf Wiederaufgreifen nach § 51 VwVfG.

97 Eine *Änderung der Rechtslage* nach § 51 Abs. 1 Nr. 1 VwVfG liegt nur bei einer nachträglichen Änderung des positiven Rechts vor, hingegen nicht bereits dann, wenn sich die höchstrichterliche[141] oder gar nur die erst- und zweitinstanzliche verwaltungsgerichtliche Rechtsprechung[142] zugunsten des Betroffenen geändert haben. Dies folgt aus dem Wesen richterlicher Rechtserkenntnis. Diese beschränkt sich darauf, den Inhalt des Gesetzes richtig zu ermitteln und auf den je zur Entscheidung anstehenden Fall anzuwenden. Ändert sich die Rechtsprechung, so folgt daraus keine Änderung des Rechts; vielmehr wird – im Gegensatz zur früheren Rechtsprechung – nunmehr erst zutreffend erkannt, welcher Regelungsgehalt dem Gesetz tatsächlich innewohnt.

98 Setzt § 51 Abs. 1 Nr. 1 VwVfG eine *nachträgliche* Änderung der Sach- oder Rechtslage voraus, so fordert § 51 Abs. 1 Nr. 2 VwVfG lediglich das Vorliegen *neuer* Beweismittel. Neu in diesem Sinne sind auch Beweismittel, die bereits zum Zeitpunkt der Erstentscheidung existent waren, die der Betroffene aber ohne sein Verschulden nicht oder nicht rechtzeitig beigebracht hat (vgl. § 51 Abs. 2 VwVfG)[143].

2. Prüfungssystematik

99 Im einzelnen umstritten sind die Voraussetzungen für die Zulässigkeit und die Begründetheit eines Antrags auf Wiederaufgreifen des Verfahrens und im Zusammenhang damit die Frage, welche rechtliche Wirkung der Erfolg eines Wiederaufgreifensantrags für das weitere Vorgehen der Behörde hat, insbesondere, inwieweit eine positive Entscheidung über das Wiederaufgreifen die nachfolgend zu treffende neue Sachentscheidung bindet. Das BVerwG[144] hat dazu folgende Prüfungssystematik entwickelt:

100 *Zulässig* ist der Antrag auf Wiederaufgreifen dann, wenn der ins Feld geführte Wiederaufgreifensgrund eine dem Betroffenen günstigere Entscheidung *möglich* erscheinen läßt. Dabei muß der Betroffene den Wiederaufgreifensgrund so vorbringen, daß diese Möglichkeit *schlüssig* dargelegt ist.

---

141 BVerwG, Beschl. v. 25. 5. 1981 – 8 B 89, 93.80 –, NJW 1981, 2595; dazu krit. Stelkens, Die Änderung der höchstrichterlichen Rechtsprechung als nachträgliche Änderung der Rechtslage i. S. des § 51 Abs. 1 Nr. 1 VwVfG, NJW 1982, 492.
142 BVerwG, Beschl. v. 11. 9. 1987 – 7 B 309.87 –, NVwZ 1988, 143.
143 BVerwG, Urt. v. 21. 4. 1982 – 8 C 75.80 –, NJW 1982, 2204.
144 BVerwG v. 21. 4. 1982 (o. Fn. 143), a.a.O.; Urt. v. 13. 9. 1984 – 2 C 22.83 –, NJW 1985, 280; teilweise a. A. z. B. Kopp, VwVfG, § 51 Rn. 7, 38.

Begründet ist der Antrag auf Wiederaufgreifen des Verfahrens, wenn *feststeht*, 101
daß der Wiederaufgreifensgrund zu einem dem Betroffenen günstigeren Ergebnis führt (bei gebundenen Entscheidungen) bzw. im Rahmen einer dann von der Behörde vorzunehmenden erneuten Ermessensbetätigung zu einer günstigeren Entscheidung führen kann. Die bloße Möglichkeit einer günstigeren Entscheidung genügt also für die Begründetheit des Antrags auf Wiederaufgreifen nur bei Ermessensentscheidungen. Daraus folgt zugleich, daß bei gebundenen Entscheidungen der Erfolg des Antrags auf Wiederaufgreifen des Verfahrens die Behörde auch hinsichtlich ihrer neu zu treffenden Entscheidung bindet, während ihr bei Ermessensentscheidungen je nach Maßgabe der Reichweite des Wiederaufgreifensgrundes ein Entscheidungsspielraum verbleibt.

Diese Rechtsprechung des BVerwG bezieht sich ausdrücklich nur auf Wieder- 102
aufgreifensgründe nach § 51 Abs. 1 Nr. 2 VwVfG. In der obergerichtlichen Rechtsprechung wird die Auffassung vertreten, demgegenüber reiche in den Fällen des § 51 Abs. 1 Nr. 1 VwVfG auch für die Begründetheit des Antrags auf Wiederaufgreifen des Verfahrens generell die Möglichkeit einer dem Betroffenen günstigeren Entscheidung aus [145]. Diese Auffassung überzeugt jedenfalls insoweit nicht, als sie mit dem unterschiedlichen Wortlaut der beiden Regelungen begründet wird. Zwar spricht § 51 Abs. 1 Nr. 2 VwVfG von neuen Beweismitteln, die (also zum Zeitpunkt der Erstentscheidung) eine dem Betroffenen günstigere Entscheidung herbeigeführt haben würden, während § 51 Abs. 1 Nr. 1 VwVfG eine nachträgliche Änderung der Rechtslage zugunsten des Betroffenen voraussetzt. Aus diesem Unterschied läßt sich aber nicht entnehmen, daß § 51 Abs. 1 Nr. 1 VwVfG die Möglichkeit einer Begünstigung des Betroffenen durch eine Änderung der Rechtslage ausreichen lassen will.

III. Umdeutung (§ 47 VwVfG)

1. Abgrenzung

§ 47 VwVfG gestattet die Umdeutung eines fehlerhaften Verwaltungsakts in 103
einen anderen Verwaltungsakt[146]. Dabei ist die Umdeutung von anderen verwaltungsverfahrensrechtlichen Phänomenen abzugrenzen. Umdeutung „in einen anderen Verwaltungsakt" bedeutet nämlich, daß der neue Verwaltungsakt, in welchen der fehlerhafte umgedeutet wird, mit diesem ursprünglichen Verwaltungsakt nicht mehr identisch ist. Die Identität eines Verwaltungsakts wird aber durch seinen Regelungsgehalt bestimmt, mit anderen Worten: durch seinen Tenor, durch seinen „Spruch". Bleibt dieser unverändert, liegt keine Umdeutung

---

145 OVG Nordrhein-Westfalen, Beschl. v. 9. 1. 1984 – 19 B 21222/83 –, NVwZ 1984, 329; wohl auch OVG Hamburg, Beschl. v. 17. 5. 1984 – Bs VII 246/84 –, NVwZ 1985, 512.

146 Zur Vertiefung vgl. aus der aktuellen Diskussion z. B. Weyreuther, Zur richterlichen Umdeutung von Verwaltungsakten, DÖV 1985, 126; Laubinger, Die Umdeutung von Verwaltungsakten, VerwArch. 78 (1987), 207, 345; Schenke, Die Umdeutung von Verwaltungsakten, DVBl. 1987, 641; Fallbeispiel bei Jäde, S. 240, 244 ff.

vor[147]. Abzugrenzen ist die Umdeutung also vor allem gegenüber einem Auswechseln der Begründung – wenn etwa der streitige Verwaltungsakt auf eine andere, ihn rechtmäßig tragende Rechtsgrundlage gestellt wird – und vom Nachschieben von Gründen[148].

2. Rechtsnatur s/h. ⊂ Erkenntnisvorgang / VA

104 § 47 VwVfG positiviert die vormals im allgemeinen Verwaltungsrecht aus einer entsprechenden Anwendung des § 140 BGB abgeleitete Möglichkeit der Umdeutung fehlerhafter Verwaltungsakte in rechtmäßige. Letztlich daraus resultiert der Meinungsstreit darüber, ob die Umdeutung einen *Verwaltungsakt* darstellt oder nicht. Sieht man in der Umdeutung einen – der Auslegung ähnlichen – *Erkenntnisvorgang*, so bringt sie nicht eigentlich einen neuen Verwaltungsakt mit einem neuen und von demjenigen des ursprünglichen, fehlerhaften Verwaltungsakts verschiedenen Regelungsgehalt hervor, sondern fördert nur – gleichsam interpretierend – einen Regelungsgehalt zutage, der in dem ursprünglichen, fehlerhaften Verwaltungsakt bereits enthalten war. Stellt man demgegenüber auf das eingangs dargestellte Charakteristikum der Umdeutung ab, das – gegenüber dem Nachschieben von Gründen oder dem Austauschen der Begründung – gerade darin liegt, daß der Regelungsgehalt des Verwaltungsakts verändert wird, also im Wege der Umdeutung der Sache nach eine Neuregelung vorgenommen wird, gelangt man zu der Annahme, daß der Vorgang der Umdeutung als Verwaltungsakt zu bewerten ist.

105 Diese Meinungsverschiedenheit ist in zweierlei Hinsicht von praktischer Bedeutung: Wird die Umdeutung als reiner Erkenntnisakt angesehen, so hätte dies zur Folge, daß der ursprüngliche, fehlerhafte Verwaltungsakt unanfechtbar geworden wäre, gegen den neuen, im Wege der Umdeutung gewonnenen Verwaltungsakt aber – sähe man ihn mit dem ursprünglichen Verwaltungsakt als identisch an – gar nicht oder aber – mit Rücksicht auf die mangelnde Verwaltungsaktsqualität der Umdeutung und die daraus folgende Unanwendbarkeit der §§ 68 ff. VwGO – zeitlich unbeschränkt, nämlich im Wege der allgemeinen Leistungs- oder Feststellungsklage vorgegangen werden könnte. Zum anderen könnte die Qualifikation der Umdeutung als Verwaltungsakt aber zu der Konsequenz führen, daß die seit jeher anerkannte Befugnis auch der Verwaltungsgerichte zur Umdeutung entfiele[149]. Denn die Verwaltungsgerichte können zwar Erkenntnisakte vollziehen, nicht aber Verwaltungsakte erlassen.

106 Eine praktikable und sachgerechte Lösung dieses Konflikts läßt sich nur gewinnen, wenn man annimmt, daß die verwaltungsverfahrensrechtliche Umdeutung wie die verwaltungsgerichtliche zwar einen reinen Erkenntnisakt

---

147 BVerwG, Urt. v. 19. 8. 1988 – 8 C 29.87 –, NVwZ 1989, 471.
148 Dazu o. Rn. 39 ff.
149 So – entgegen BVerwG, Beschl. v. 1. 7. 1983 – 2 B 176.81 –, NVwZ 1984, 645 = BayVBl. 1984, 217 – BayVGH, Urt. v. 3. 6. 1983 – Nr. 23 B 81 A. 2063 –, BayVBl. 1984, 20 und noch v. 29. 8. 1986 – Nr. 23 B 85 A. 2268 –, BayVBl. 1987, 495.

darstellt, das Resultat der verwaltungsverfahrensrechtlichen Umdeutung aber durch einen *feststellenden Verwaltungsakt* fixiert wird[150]. Dann läßt sich auch die Anordnung der entsprechenden Anwendung des § 28 VwVfG in § 47 Abs. 4 VwVfG zwanglos dahingehend deuten, daß sie der Rechtsnatur der Umdeutung selbst als Nicht-Verwaltungsakt (ansonsten wäre § 28 VwVfG unmittelbar anwendbar) Rechnung trägt.

3. Einzelfragen

Setzt die Umdeutung – wie gezeigt – schon begrifflich voraus, daß der ursprüngliche, fehlerhafte Verwaltungsakt in einen anderen, neuen Verwaltungsakt transformiert wird, dessen Regelungsgehalt mit dem Ausgangs-Verwaltungsakt nicht identisch ist, so ergibt sich daraus, daß das gleiche Ziel, auf welches der durch Umdeutung gewonnene Verwaltungsakt gerichtet sein muß, nicht eng am Regelungsgehalt des ursprünglichen Verwaltungsakts orientiert verstanden werden darf, sondern sich am *Sachziel* des jeweiligen Verwaltungsverfahrens ausrichten muß. Deshalb kann etwa vor dem Hintergrund eines Erschließungsbeitragsbescheides die rechtswidrige Genehmigung eines Bebauungsplans (§ 11 Abs. 1 Halbs. 1 BauGB) in eine Zustimmung der – hierfür ebenso zuständigen[151] – Behörde nach § 125 Abs. 2 Satz 1 BauGB umgedeutet werden[152].

107

Die weiteren Voraussetzungen des § 47 Abs. 1 VwVfG dienen dem Schutz des Betroffenen. Wenn daher in dieser Vorschrift gefordert wird, daß der durch die Umdeutung gewonnene Verwaltungsakt in der gleichen Form und in der geschehenen Verfahrensweise hätte erlassen werden können, so garantiert dies insoweit jeweils nur denjenigen Standard, den der ursprüngliche Verwaltungsakt einzuhalten hatte. Ist für diesen beispielsweise Schriftform vorgeschrieben, so muß die Schriftform für den neuen Verwaltungsakt nicht gewahrt werden, wenn dafür eine Formvorschrift nicht besteht[153]. Das Gebot des Einhaltens der gleichen Verfahrensweise gestattet auch nicht die Umdeutung eines fehlerhaften Verwaltungsakts in einen anderen Verwaltungsakt, zu dessen Erlaß ein weiterer Verwaltungsakt Voraussetzung gewesen wäre[154].

108

Nach § 47 Abs. 3 VwVfG ist die Umdeutung einer gebundenen in eine Ermessensentscheidung unzulässig. Bei der Anwendung dieser Vorschrift ist besonders sorgfältig auf die Abgrenzung der Umdeutung vom Nachschieben von Gründen zu achten; denn auch wenn ein Verwaltungsakt irrig als gebundener erlassen worden ist, kann – grundsätzlich – die Ermessensbestätigung und ihre Begrün-

109

---

150 Vgl. auch Kopp, VwVfG, § 47 Rn. 5.
151 Zu einem Fall der Unzuständigkeit BayVGH, Beschl. v. 27. 11. 1985 – Nr. 20 CS 85 A. 2857 –, BayVBl. 1986, 402.
152 BVerwG, Urt. v. 10. 6. 1981 – 8 C 15.81 –, NVwZ 1982, 244.
153 Kopp, VwVfG, § 47 Rn. 9.
154 BayVGH, Urt. v. 17. 5. 1982 – Nr. 7 B 80 A. 1930 u. a. –, BayVBl. 1982, 754 (Umdeutung eines unstatthaften Zweitwiderspruchsbescheides in eine kommunalaufsichtliche Verfügung, die Beanstandung und Ersatzvornahme gleichzeitig umfassen würde).

dung nachgeschoben werden, soweit der Verwaltungsakt als solcher identisch bleibt[155]. Eine Ermessensentscheidung im Sinne dieser Regelung liegt im übrigen in den Fällen einer Ermessensreduzierung auf Null nicht vor[156]. Eine entsprechende Anwendung auf die Umdeutung einer Ermessensentscheidung in eine gebundene Entscheidung kommt nicht in Betracht; denn die – gewissermaßen überschießende – Ermessensbetätigung ist offensichtlich unschädlich[157].

---

155 Dazu o. Rn. 46, 48.
156 BayVGH, Urt. v. 11. 2. 1983 – Nr. 5 B 81 A. 2400 –, BayVBl. 1983, 467; Kopp, VwVfG, § 47 Rn. 15.
157 Kopp, VwVfG, § 47 Rn. 16.

ZWEITER TEIL
Widerspruchsverfahren

A. Erforderlichkeit des Widerspruchsverfahrens

I. Anfechtungs- und Verpflichtungsklage

1. Grundsatz (§ 68 VwGO)

Nach § 68 Abs. 1 Satz 1 VwGO sind vor Erhebung der Anfechtungsklage Rechtmäßigkeit und Zweckmäßigkeit[1] des Verwaltungsaktes grundsätzlich in einem Vorverfahren nachzuprüfen; Entsprechendes gilt für die Verpflichtungsklage, wenn der Antrag auf Vornahme des Verwaltungsaktes abgelehnt worden ist (§ 68 Abs. 2 VwGO). Ein Widerspruchsverfahren ist also regelmäßig dann – aber auch immer nur dann – durchzuführen und Voraussetzung für die Zulässigkeit der nachfolgenden Klage, wenn deren Streitgegenstand ein *Verwaltungsakt*[2] ist.

110

Von dieser Grundregel enthält § 68 Abs. 1 Satz 2 VwGO drei Ausnahmen. Eines Widerspruchsverfahrens bedarf es zunächst dann nicht, wenn eine solche Nachprüfung durch ein Gesetz für besondere Fälle – wobei es sich auch um Fallgruppen handeln kann –, ausgeschlossen ist. Praktisch bedeutsam ist insoweit vor allem der Ausschluß des Widerspruchsverfahrens für im förmlichen Verwaltungsverfahren (§§ 63 ff. VwVfG) erlassene Verwaltungsakte durch § 70 VwVfG, der nicht nur bewirkt, daß es eines Widerspruchsverfahrens vor Erhebung der Anfechtungsklage nicht bedarf, sondern daß darüber hinaus ein gleichwohl eingelegter Widerspruch unzulässig wäre[3]. Dabei ist aber zu beachten, daß im Einzelfall das Landesrecht Gegenausnahmen enthalten kann (vgl. z. B. Art. 83 Abs. 1 Nr. 5 BayWG).

111

Der Ausschluß des Vorverfahrens nach § 68 Abs. 1 Satz 2 1. Alt. VwGO muß sich nicht auf das Widerspruchsverfahren als Ganzes erstrecken, sondern kann sich auch darauf beschränken, den Umfang der Prüfung abweichend zu regeln. Dies erfolgt namentlich durch das *Kommunalrecht* der Länder, das bei gemeindlichen Verwaltungsakten im eigenen Wirkungskreis regelmäßig nur eine Rechtmäßigkeits-, nicht aber auch eine Zweckmäßigkeitsprüfung durch die Widerspruchsbehörde zuläßt. Einschränkungen dieser Art müssen in dem jeweiligen

112

---

1 Daß im Widerspruchsverfahren auch die Zweckmäßigkeit des Verwaltungsakts zu prüfen ist, hat zur Folge, daß – abweichend von § 42 Abs. 2 VwGO – der Widerspruch auch zulässig ist, wenn der Widerspruchsführer geltend macht, zwar nicht in Rechten, wohl aber möglicherweise in Interessen verletzt zu sein, die eine dem Verwaltungsakt zugrundeliegende Ermessensvorschrift schützt. Entsprechend kann der angefochtene Bescheid im Widerspruchsverfahren auch wegen Zweckwidrigkeit – und damit aus über § 113 Abs. 1 Satz 1 VwGO hinausgehenden Gründen – aufgehoben werden. In der Klausurpraxis spielt dieser Gesichtspunkt allerdings allenfalls sehr selten eine Rolle.
2 Zum Verwaltungsaktsbegriff näher u. Rn. 181 f.
3 Kopp, VwVfG, § 70 Rn. 2.

Gesetz *nicht ausdrücklich geregelt* sein. Das gilt beispielsweise für *Prüfungsentscheidungen*, wenn Widerspruchsbehörde nicht der Prüfungsausschuß selbst ist, sondern eine andere Stelle, der aufgrund ihrer personellen Besetzung der volle Nachvollzug der konkreten Prüfungsentscheidung nicht möglich und die daher auf eine Überprüfung dieser Entscheidung in dem Ausmaße beschränkt ist, in welchem sie auch einem Gericht zustünde[4].

113 Eines Widerspruchsverfahrens bedarf es ferner nicht, wenn der Verwaltungsakt von einer *obersten Bundesbehörde* oder von einer *obersten Landesbehörde* erlassen worden ist, außer wenn ein Gesetz die Nachprüfung vorschreibt (§ 68 Abs. 1 Satz 2 Nr. 1 VwGO). Für die Klausurpraxis wichtigster Fall einer solchen Gegenausnahme ist die Vorschrift des (unmittelbar auch für die Länder geltenden) § 126 Abs. 3 Nr. 1 BRRG[5].

114 Endlich bedarf es keines Widerspruchsverfahrens, wenn ein *Dritter* durch den Widerspruchsbescheid erstmals beschwert wird (§ 68 Abs. 1 Satz 2 Nr. 2 VwGO), also etwa auf Verpflichtungswiderspruch des Bauherrn eine – zunächst abgelehnte – Baugenehmigung erteilt wird oder auf Widerspruch des Bauherrn im Widerspruchsbescheid eine in der Genehmigung zunächst enthaltene, im nachbarlichen Interesse liegende Auflage aufgehoben wird. Dritter im Sinne dieser Vorschrift ist auch der durch den Ausgangsbescheid Begünstigte, wenn und soweit der Widerspruchsbescheid ihm gegenüber eine nachteiligere Regelung trifft[6]. Das ist aus § 79 Abs. 2 Satz 1 VwGO abzuleiten, der hinsichtlich der Möglichkeit, den Widerspruchsbescheid isoliert anzugreifen, nicht nach der Betroffenheit des ursprünglich Begünstigten oder eines Dritten differenziert, und entspricht zudem Sinn und Zweck des Widerspruchsverfahrens; denn sind Rechtmäßigkeit und Zweckmäßigkeit des Verwaltungsakts schon einmal – hier mit einem für den Begünstigten nachteiligen Ergebnis – von der Widerspruchsbehörde nachgeprüft worden, ist nicht ersichtlich, welchen zusätzlichen Ertrag eine erneute derartige Überprüfung bringen sollte.

2. Ausnahmen
a) Untätigkeitsklage (§ 75 VwGO)

115 Von diesen Grundregeln des § 68 VwGO schafft zunächst § 75 VwGO eine Ausnahme für den Fall der Untätigkeit der Behörde[7]. Die Anwendung der Vorschrift

---

4 BVerwG, Urt. v. 20. 7. 1984 – 7 C 28.83 –, NVwZ 1985, 577; BayVGH, Urt. v. 8. 3. 1982 – Nr. 22 B 81 A. 2570 –, NJW 1982, 2513 = BayVBl. 1982, 404.

5 Bei beamtenrechtlichen Widerspruchsverfahren ist zudem für die Zuständigkeit der Widerspruchsbehörde § 126 Abs. 3 Nr. 2 BRRG nebst den landesrechtlichen Ausführungsregelungen zu beachten. Bei Kommunalbeamten richtet sich die Zuständigkeit ergänzend nach dem jeweiligen Landeskommunalrecht, ggf. in Verbindung mit dem jeweiligen Landesbeamtenrecht.

6 Kopp, VwGO, § 68 Rn. 20.

7 Einen groben, gleichwohl immer wieder zu beobachtenden Fehler stellt es dar, die Untätigkeitsklage als eigenständige Klageart anzusehen. Es handelt sich vielmehr jeweils um eine Anfechtungs- oder Verpflichtungsklage, für die § 75 VwGO nur erleichterte Zulässigkeitsvoraussetzungen regelt. – Eingehend zur Untätigkeitsklage Weides/Bertrams, Die nachträgliche Verwaltungsentscheidung im Verfahren der Untätigkeitsklage, NVwZ 1988, 673.

bietet keine Schwierigkeiten, wenn ein Ausgangsbescheid bereits erlassen und mit Widerspruch angegriffen worden, die (Ausgangs- und/oder Widerspruchs-) Behörde also nur hinsichtlich des Widerspruchsbescheides untätig ist. Insoweit ist lediglich allgemein zu beachten, daß die Untätigkeitsklage nach Ablauf der Sperrfrist des § 75 Satz 2 VwGO auch dann zulässig ist, wenn ein zureichender Grund im Sinne des § 75 Satz 3 VwGO vorliegt[8], und daß es dafür nicht auf den Zeitpunkt der Klageerhebung, sondern auf denjenigen der letzten mündlichen Verhandlung bzw. der gerichtlichen Entscheidung ankommt[9].

Probleme wegen der Erforderlichkeit des Widerspruchsverfahrens ergeben sich hingegen dann, wenn bei einer als Untätigkeitsklage erhobenen Verpflichtungsklage zunächst über den vom Kläger gestellten Antrag nicht entschieden worden ist, dies aber während der Anhängigkeit der Klage erfolgt, und sodann gegen den ablehnenden Bescheid Widerspruch eingelegt wird. Solange indessen über diesen Widerspruch noch nicht entschieden ist, fehlt es an der für die Zulässigkeit der – zunächst unter den Voraussetzungen der Untätigkeitsklage – erhobenen Verpflichtungsklage erforderlichen Durchführung des Vorverfahrens (§ 68 Abs. 2 VwGO). Gleichwohl wäre es jedoch offensichtlich nicht interessengerecht, die Klage nunmehr als unzulässig abzuweisen. Denn dem Kläger war es ja bei Erhebung der zulässigen Untätigkeitsklage noch gar nicht möglich, ein Widerspruchsverfahren in Gang zu setzen. Deshalb hat das Gericht in diesen Fällen entweder zur Sache zu entscheiden oder – soweit dessen Voraussetzungen vorliegen – nach § 75 Satz 3 VwGO zu verfahren[10]. **116**

Anders liegen die Dinge demgegenüber bei einer – gewissermaßen „auf Vorrat" erhobenen – (zunächst) unzulässigen Verpflichtungsklage. Denn in diesem Falle wäre dem Kläger ein Abwarten der behördlichen Entscheidung und die nachfolgende Durchführung eines Widerspruchsverfahrens zuzumuten gewesen; ansonsten würde eine ungerechtfertigte Umgehung des § 68 Abs. 2 VwGO zugelassen[11]. **117**

b) Anderweitige Zweckerreichung

Im übrigen sieht die Rechtsprechung das Erfordernis des Vorverfahrens pragmatisch, an Sinn und Zweck des Widerspruchsverfahrens orientiert. Die – förmliche – Durchführung des Widerspruchsverfahrens wird daher für entbehrlich gehalten, wenn sein Zweck bereits auf andere Weise erreicht worden ist oder nicht mehr erreicht werden kann. In diesen Fällen ist – anders als beim gesetzlichen Ausschluß des Widerspruchsverfahrens – ein solches zwar zulässig, aber nicht zwingend geboten[12]. **118**

---

8 Kopp, VwGO, § 75 Rn. 9.
9 Kopp, VwGO, § 75 Rn. 11.
10 BVerwG, Urt. v. 22. 5. 1987 – 4 C 30.86 –, NVwZ 1987, 969.
11 BVerwG, Urt. v. 13. 1. 1983 – 5 C 114.81 –, NJW 1983, 2276 = BayVBl. 1983, 280.
12 Kopp, VwGO, § 68 Rn. 22.

119 Die Durchführung eines Widerspruchsverfahrens kann hiernach zunächst nicht verlangt werden, wenn im Wege der (zulässigen, soweit erforderlich vom Gegner gebilligten) *Klageänderung* anstelle des ursprünglich angefochtenen Verwaltungsakts ein neuer Verwaltungsakt Gegenstand des Rechtsstreits wird und das geänderte Klagebegehren im wesentlichen denselben Streitstoff betrifft wie das ursprünglich durchgeführte Vorverfahren[13]. Denn betrifft der neu in das Verfahren eingebrachte Verwaltungsakt dieselben Fragen wie der ursprüngliche Streitgegenstand, der seinerseits einer Rechts- und Zweckmäßigkeitsprüfung bereits in einem Widerspruchsverfahren unterzogen worden war, so ist nicht zu erwarten, daß ein erneutes Widerspruchsverfahren zu einem abweichenden Ergebnis führte, dies um so weniger, wenn sich der Gegner mit der Klageänderung einverstanden erklärt hat.

120 Entsprechendes kann gelten, wenn ein *Widerspruchsverfahren* bereits *von einem Dritten,* nicht aber vom Kläger *durchgeführt* worden ist, wobei der Kläger sich allerdings etwaige Mängel des Vorverfahrens zurechnen lassen muß. Voraussetzung dafür ist aber, daß ursprünglicher Widerspruchsführer und jetziger Kläger aus einem einheitlichen Rechtsgrund gegen den Bescheid vorgehen, etwa Eigentümer eines Nachbargrundstücks Mitglieder einer Erbengemeinschaft sind, von denen eines ein Widerspruchsverfahren durchgeführt hat, ein anderes nunmehr gegen die dem Bauherrn erteilte Baugenehmigung klagt. Denn nur dann sind Rechtmäßigkeit und Zweckmäßigkeit in dem durchgeführten Widerspruchsverfahren in einer Weise geprüft worden, als hätte der nunmehrige Kläger selbst Widerspruch eingelegt[14].

121 Auf die Durchführung eines Widerspruchsverfahrens kann als Zulässigkeitsvoraussetzung endlich dann verzichtet werden, wenn sich die Widerspruchsbehörde (bzw. deren Rechtsträger) *sachlich auf die Klage eingelassen und deren Abweisung beantragt* hat[15]. Darin liegt kein – unstatthafter – „Verzicht" auf eine Prozeßvoraussetzung; vielmehr rechtfertigt sich das Absehen von dem Erfordernis des Widerspruchsverfahrens aus dessen praktischem Zweck, der Verwaltung die Möglichkeit zu einer selbstkontrollierenden Überprüfung des streitgegenständlichen Verwaltungsakts zu geben. Wird dieser praktische Zweck außerhalb eines förmlichen Widerspruchsverfahrens erreicht, kann es dabei sein Bewenden haben.

122 Diese Ausnahme von dem gebotenen Widerspruchsverfahren darf jedoch nicht unkritisch verallgemeinert werden. Da das Widerspruchsverfahren sowohl der Ausgangs- als auch der Widerspruchsbehörde sowohl eine Rechtmäßigkeits- als auch eine Zweckmäßigkeitsprüfung gebietet, wird zweierlei vorauszusetzen

---

13 BVerwG, Urt. v. 23. 3. 1982 – 1 C 157.79 –, NJW 1982, 2513 = BayVBl. 1982, 471.
14 Vgl. (generell ablehnend) Kopp, VwGO, § 68 Rn. 29 m. w. N.; vgl. aber auch Rn. 26.
15 BVerwG, Urt. v. 2. 9. 1983 – 7 C 97.81 –, NVwZ 1984, 507 = BayVBl. 1984, 155; a. A. Kopp, VwGO, § 68 Rn. 32; vgl. aber auch BayVGH, Beschl. v. 9. 2. 1983 – Nr. 7 B 80 A. 2328 –, BayVBl. 1983, 309 (nicht bei nur hilfsweisem Vorbringen zur Sache im Eilverfahren).

sein: Sind Ausgangs- und Widerspruchsbehörde nicht identisch, hat der Kläger – führte er das Widerspruchsverfahren durch – eine doppelte Chance, in diesem Verfahren erfolgreich zu sein, nämlich auf beiden Verwaltungsebenen. Dabei kann es nicht darauf ankommen, ob bezüglich der Rechtmäßigkeitsprüfung – etwa aus der Sicht des Gerichts – auch Erfolgsaussichten bestehen; vielmehr besteht die beschriebene Chance unabhängig davon. Bei nicht bestehender Identität von Ausgangs- und Widerspruchsbehörde wird daher zu fordern sein, daß hinsichtlich beider klar ist, daß sie dem Widerspruch aus Rechtmäßigkeitsgründen nicht abhelfen würden[16].

Zudem wird man die sachliche Einlassung auf die Klage und den Abweisungsantrag nur dann als hinreichendes Surrogat für das unterbliebene Widerspruchsverfahren ansehen können, wenn ausschließlich eine Rechtmäßigkeitsprüfung in Frage kommt. Denn nur dann ginge der Kläger der Rechtsschutzchance nicht verlustig, die in der ihm im Widerspruchsverfahren zu gewährenden Zweckmäßigkeitsprüfung liegt, die im gerichtlichen Verfahren (vgl. § 113 Abs. 1 Satz 1, Abs. 4 Satz 1 VwGO) nicht mehr eingeräumt werden kann, weshalb auch eine sachliche Einlassung des Gegners unter gleichzeitiger Beantragung der Klageabweisung nicht als Stellungnahme zur etwaigen Zweckwidrigkeit des Verwaltungsakts gewertet werden kann[17].

123

Eine Einschränkung erfährt diese Ausnahmemöglichkeit zudem im *Sozialhilferecht*. Denn nach § 114 Abs. 2 BSHG sind vor dem Erlaß eines Widerspruchsbescheides, der eine Ablehnung von Sozialhilfe oder die Festsetzung von Sozialhilfe ihrer Art und Höhe nach betrifft, sozial erfahrene Personen im Sinne des § 114 Abs. 1 BSHG beratend zu beteiligen. Diese Beteiligung kann aber durch die bloße sachliche Einlassung des Beklagten nicht ersetzt werden[18].

124

Im übrigen kommt es auch bei der Durchführung des Widerspruchsverfahrens – wie allgemein für die Zulässigkeitsvoraussetzungen von Klagen – grundsätzlich auf den *Zeitpunkt der letzten mündlichen Verhandlung* an. Daher kann generell auch das Widerspruchsverfahren regelmäßig bis zu diesem Zeitpunkt nachgeholt werden. Dies stößt allerdings dann auf Schwierigkeiten, wenn die Nachholung des Widerspruchsverfahrens nach Abschluß der ersten Instanz erfolgt. Ist dort nämlich die Klage wegen des fehlenden Widerspruchsverfahrens als unzulässig abgewiesen worden, verliert der Kläger ebenso wie der Beklagte eine Instanz für die umfassende Rechtmäßigkeitsprüfung des Verwaltungshandelns. Im Berufungsrechtszug ist die Nachholung des Widerspruchsverfahrens daher nur noch unter besonderen Umständen möglich[19].

125

---

16 Dasselbe wird grundsätzlich auch dann zu gelten haben, wenn zwar Ausgangs- und Widerspruchsbehörde nicht identisch sind, aber demselben Rechtsträger angehören. Ist allerdings dieser Rechtsträger – und nicht aufgrund Landesrechts (vgl. § 61 Nr. 3 VwGO) eine Behörde – Beklagter, wird man seine Einlassung sowohl der Ausgangs- als auch der Widerspruchsbehörde zurechnen können.
17 So tendenziell auch BVerwG (o. Fn. 15), a.a.O.
18 BVerwG, Urt. v. 16. 1. 1986 – 5 C 36.84 –, NVwZ 1987, 412 = BayVBl. 1986, 406.
19 BVerwG (o. Fn. 15), a.a.O.

II. Andere Klagearten

126 Aus § 68 Abs. 1 Satz 1, Abs. 2 VwGO ist im Umkehrschluß zu entnehmen, daß für alle anderen Klagearten als Anfechtungs- und Verpflichtungsklagen – also allgemeine Leistungs- und Feststellungsklagen – die Durchführung eines Vorverfahrens nicht erforderlich ist. Davon gelten allerdings zwei wesentliche Ausnahmen, einmal für die Fortsetzungsfeststellungsklage, zum anderen für Klagen aus dem Beamtenverhältnis.

1. Fortsetzungsfeststellungsklage

127 Fortsetzungsfeststellungsklagen[20] stellen insofern eine Mischform zwischen Anfechtungs- bzw. Verpflichtungsklage einerseits, Feststellungsklage andererseits dar, als sie aus einer prozessualen Lage, die ursprünglich auf die Abwehr oder das Begehren eines Verwaltungsaktes abzielt, dadurch hervorgehen, daß der angegriffene oder zunächst abgelehnte Verwaltungsakt sich in der Hauptsache erledigt. Dabei gilt § 113 Abs. 1 Satz 4 VwGO – unmittelbar für die Anfechtungs-, in entsprechender Anwendung für die Verpflichtungsklage – seinem Wortlaut und sachlichen Zusammenhang nach für Fälle der Erledigung nach Klageerhebung; daß die Vorschrift auch auf Fälle der Erledigung vor Klageerhebung anzuwenden ist (analog), steht indessen außer Streit[21]. Aus dieser „Übergangslage" zwischen Anfechtungs- bzw. Verpflichtungsklage und Feststellungsklage resultiert die Frage, inwieweit für die Fortsetzungsfeststellungsklage Prozeßvoraussetzungen der erstgenannten Klagen erfüllt sein müssen, obwohl es sich – letztlich – um eine Feststellungsklage handelt.

128 Dabei wird grundsätzlich davon auszugehen sein, daß der potentielle Kläger vor Erledigung des Verwaltungsakts – je nachdem – mit der Anfechtungs- bzw. mit der Verpflichtungsklage vorzugehen hätte. Den sich daraus ergebenden prozessualen Obliegenheiten hat er nachzukommen, will er nach Erledigung auf die Fortsetzungsfeststellungsklage übergehen können. Daraus folgt hinsichtlich des Widerspruchsverfahrens, daß der potentielle Kläger den – sich später erledigenden – Verwaltungsakt nicht unanfechtbar werden lassen darf, also dagegen zulässigen, insbesondere fristwahrenden Widerspruch einzulegen hat. Nur wenn sich der Verwaltungsakt vor Ablauf der Widerspruchsfrist erledigt, ist ein Widerspruchsverfahren nicht mehr durchzuführen[22].

---

20 Dazu näher u. Rn. 221 ff.
21 Kopp, VwGO, § 113 Rn. 47.
22 Vgl. auch das Fallbeispiel bei Jäde, S. 71, 73, 78 f. – Höchstrichterlich nicht geklärt ist in diesem Zusammenhang die Anwendung des § 74 Abs. 1 VwGO. Nach der hier vertretenen Auffassung wäre es konsequent, bei Erledigung vor Ablauf der Klagefrist anzunehmen, daß eine solche nicht läuft. Demgegenüber neigt die h. M. wohl einer entsprechenden Anwendung von § 74 Abs. 1 Satz 2 VwGO – ggf. bezogen auf den Zeitpunkt der Erledigung – zu, vgl. Kopp, VwGO, § 74 Rn. 2. – Zum Widerspruchsverfahren wie hier z. B. BVerwG, Urt. v. 7. 6. 1978 – 7 C 45.74 –, NJW 1978, 1935; a. A. Kopp, VwGO, § 68 Rn. 34.

Erforderlichkeit des Widerspruchsverfahrens

129 Davon zu unterscheiden ist die weitere, lebhaft umstrittene Frage, ob trotz Erledigung des Verwaltungsakts gleichwohl noch ein Widerspruchsbescheid ergehen kann, also in entsprechender Anwendung des § 113 Abs. 1 Satz 4 VwGO im Widerspruchsverfahren eine Umstellung des ursprünglichen Anfechtungs- oder Verpflichtungswiderspruchs auf einen *Fortsetzungsfeststellungswiderspruch* möglich ist[23]. Dem steht entgegen, daß ein Widerspruch – und entsprechend die Entscheidung darüber – zwingend das Vorliegen eines Verwaltungsakts voraussetzt. Hat sich der Widerspruch in der Hauptsache erledigt, fehlt dem Widerspruchsverfahren das unerläßliche sachliche Substrat, der Gegenstand, über den in einem Widerspruchsbescheid noch entschieden werden könnte. Einer analogen Anwendung des § 113 Abs. 1 Satz 4 VwGO auf das Widerspruchsverfahren steht entgegen, daß – von den sogleich zu erörternden Ausnahmen im öffentlichen Dienstrecht abgesehen – die §§ 68 ff. VwGO einen Feststellungswiderspruch nicht kennen. Der – an sich durchaus gewichtige – praktische Einwand, man dürfe die Verwaltung auch nach Erledigung des Verwaltungsakts nicht daran hindern, zur besseren Erkenntnis der Rechtswidrigkeit ihres Handelns zu gelangen und dies in rechtserheblicher Weise festzustellen, greift nicht durch. Denn dazu bedarf es keines Fortsetzungsfeststellungswiderspruchs. Auch eine – wie auch immer zu qualifizierende – anderweitige Erklärung der Behörde, welche sich zu der Rechtswidrigkeit des Verwaltungsakts bekennt, wird jedenfalls einer späteren Fortsetzungsfeststellungsklage das erforderliche berechtigte Interesse an der Feststellung der Rechtswidrigkeit des erledigten Verwaltungsakts nehmen.

2. Klagen aus dem Beamtenverhältnis (§ 126 Abs. 3 BRRG)

130 Nach der (unmittelbar auch für das Landesbeamtenrecht geltenden) Vorschrift des § 126 Abs. 3 BRRG gilt der 8. Abschnitt der VwGO auch für allgemeine Leistungs- und (alle) Feststellungsklagen aus dem Beamtenverhältnis. Auch bezüglich beamtenrechtlicher Maßnahmen, die keine Verwaltungsakte sind, ist hiernach ein Widerspruchsverfahren – als Zulässigkeitsvoraussetzung der nachfolgenden Klage – durchzuführen, das sich grundsätzlich nach den Regeln der §§ 68 ff. VwGO richtet. <u>In beamtenrechtlichen Angelegenheiten gibt es also nicht nur Anfechtungs- und Verpflichtungs-, sondern auch allgemeine Leistungs-, Feststellungs- und Fortsetzungsfeststellungswidersprüche.</u> Dabei ist das Tatbestandsmerkmal „aus dem Beamtenverhältnis" (§ 126 Abs. 1 BRRG) weit auszulegen[24]. Das folgt nicht zuletzt aus § 127 Nr. 2 BRRG, der die Revisibilität auch von Landesbeamtenrecht zuläßt und dem sich als Gesetzeszweck entnehmen läßt, daß für beamtenrechtliche Fragen der bundesweiten Rechtseinheit

---

[23] Dies bejahen – entgegen der Rechtsprechung des BVerwG (zuletzt Urt. v. 20. 1. 1989 – 8 C 30.87 –, BayVBZ 1989, 441) – Pietzner/Ronellenfitsch, § 24 Rn. 29 f. und Kopp, VwGO, § 68 Rn. 34, jeweils m. umfassenden N. zum Streitstand.

[24] Dazu z. B. Hilg, S. 382 ff.

besondere Bedeutung zukommt. Als – gewiß vergröbernde – Faustregel läßt sich daher sagen: Kommt es in einem Verwaltungsrechtsfall auf Beamtenrecht an, ist im Zweifel § 126 BRRG anzuwenden.

131 Die in §§ 68 ff. VwGO getroffenen Regelungen dürfen jedoch nicht unbesehen auf jedes beamtenrechtliche Widerspruchsverfahren angewendet werden. Insbesondere gilt die Widerspruchsfrist des § 70 Abs. 1 VwGO nur für solche beamtenrechtlichen Maßnahmen, die Verwaltungsakte darstellen[25]. Das folgt aus dem insoweit eindeutigen, an die Bekanntgabe des Verwaltungsakts anknüpfenden Wortlaut dieser Vorschrift, und die Verweisung in § 126 Abs. 3 BRRG kann aus einem Nicht-Verwaltungsakt keinen Verwaltungsakt machen. Auch auf beamtenrechtliche Maßnahmen, die kein Verwaltungsakt sind, ist jedoch die Klagefrist nach § 74 Abs. 1 Satz 1 VwGO anzuwenden; denn diese hängt von der Zustellung des Widerspruchsbescheids, nicht von der Rechtsqualität der zugrundeliegenden Maßnahme ab.

B. Form und Frist (§ 70 VwGO)

I. Form

132 § 70 Abs. 1 Satz 1 VwGO fordert, daß der Widerspruch schriftlich oder zur Niederschrift bei der Ausgangs- oder der Widerspruchsbehörde (§ 70 Abs. 1 Satz 2 VwGO) einzulegen ist. An den *Inhalt* der Widerspruchsschrift sind keine hohen Anforderungen zu stellen. Namentlich ist nicht erforderlich, daß der Widerspruch auch ausdrücklich als solcher bezeichnet wird; vielmehr genügt auch, daß anderweitig ersichtlich ist, daß der Betroffene mit der Regelung nicht einverstanden ist und eine – ggf. durch die übergeordnete Behörde erfolgende – Überprüfung wünscht[26]. Zur Schriftform gehört grundsätzlich auch die *eigenhändige Unterschrift*. Von diesem Erfordernis kann jedoch abgesehen werden, wenn ohne weitere Ermittlungen hinreichend sicher ist, daß die Widerspruchsschrift vom Widerspruchsführer stammt. Das ist etwa der Fall, wenn sich die Urheberschaft aus Briefkopf und maschinenschriftlicher Unterschrift, ferner aus einschlägiger Sachkenntnis – wie präziser Betreff, Angabe der richtigen Behörde, Benennung des Sachbearbeiters, Bezugnahme auf Vorkorrespondenz oder eine stattgefundene Ortseinsicht – ergibt. Liegen keine in eine andere Richtung weisende Indizien vor, kann dann auch davon ausgegangen werden, daß die Widerspruchsschrift mit dem Willen des Widerspruchsführers in den Verkehr gebracht worden ist[27].

---

25 Kopp, VwGO, Vorb § 68 Rn. 2; die dort zitierte a. A. des VG München ist im Rechtsmittelzug nicht mehr nachgeprüft worden.

26 Kopp, VwGO, § 70 Rn. 5.

27 BVerwG, Urt. v. 26. 5. 1978 – 4 C 11.78 –, NJW 1979, 120 = BayVBl. 1978, 737; ähnlich zur Klageschrift: BVerwG, Urt. v. 29. 8. 1983 – 6 C 89.82 –, NVwZ 1985, 34; Kopp, VwGO, § 70 Rn. 2.

Die Schriftform kann auch durch Einlegung des Widerspruchs zur *Niederschrift* der Ausgangs- bzw. der Widerspruchsbehörde gewahrt werden. Hierfür reicht jedoch ein vom Sachbearbeiter gefertigter Aktenvermerk über ein Telefongespräch nicht aus[28].

133

II. Frist

1. Fristlauf

Die Wahrung der Widerspruchsfrist ist *Zulässigkeitsvoraussetzung* der verwaltungsgerichtlichen Klage[29]. Die Widerspruchsfrist beginnt mit der Bekanntgabe des Verwaltungsakts (§ 70 Abs. 1 Satz 1). Wann die Bekanntgabe erfolgt, richtet sich zunächst und grundsätzlich nach § 41 VwVfG. Häufig allerdings werden diese Regelungen durch spezielle (vgl. § 41 Abs. 5 VwVfG) Vorschriften des (Landes-)Zustellungsrechts verdrängt, die dann für den Beginn des Fristlaufs zugrunde zu legen sind. Das (Bundes-)VwZG gilt nur in den in § 1 Abs. 1 und 2 VwZG ausdrücklich genannten Fällen. Ausnahmslos nach diesem Gesetz werden aber wegen § 56 Abs. 2 VwGO Widerspruchsbescheide zugestellt. Es ist schon wegen der ggf. unterschiedlichen Fehlerfolgen angezeigt, im Einzelfall sorgfältig darauf zu achten, nach welchen Vorschriften der Verwaltungsakt bekanntzugeben bzw. zuzustellen ist. Wird bei der Zustellung nach VwZG gegen eine zwingende Zustellungsvorschrift verstoßen, so ist dieser Verstoß nach näherer Maßgabe des § 9 Abs. 1 VwZG heilbar und die Heilungsmöglichkeit nach § 9 Abs. 2 VwZG nicht für die Zustellung eines Ausgangsbescheides und damit den Lauf der Widerspruchsfrist ausgeschlossen, während das Landesrecht teilweise abweichende Regelungen enthält (vgl. z. B. Art. 9 Abs. 2 BayVwZVG).

134

Daraus, daß die Widerspruchsfrist mit der Bekanntgabe des Verwaltungsakts beginnt, ist zugleich zu schließen, daß – sieht man von den Fällen eines anderweitigen Bekanntwerdens ab[30] – *vor* dieser *Bekanntgabe* die Einlegung eines Widerspruchs *unzulässig* ist, und zwar auch dann, wenn der Betroffene mit dem Ergehen eines derartigen Verwaltungsakts mehr oder minder sicher rechnen durfte[31]. Dabei würde es sich nämlich um einen – unstatthaft – bedingten Rechts-

135

---

28 Kopp, VwGO, § 70 Rn. 2, § 80 Rn. 11 ff. – BGH, Beschl. v. 20. 12. 1979 – 1 StR 164/79 –, NJW 1980, 1290 bezieht sich auf Besonderheiten des Bußgeldverfahrens und ist nicht darüber hinaus verallgemeinerungsfähig.

29 So die ganz h. M., vgl. Kopp, VwGO, § 70 Rn. 6 m. w. N.

30 Dazu Kopp, VwGO, § 70 Rn. 6. – Bekanntgegeben ist regelmäßig auch ein Verwaltungsakt, der unter Verletzung zwingender Zustellungsvorschriften zugestellt worden ist; nach h. M. (vgl. Kopp, VwGO, § 70 Rn. 8, § 56 Rn. 12 ff.) führt dies nur dazu, daß die Rechtsbehelfsfrist nicht läuft, so daß der Zulässigkeit des Widerspruchs insoweit ggf. nur Verwirkung entgegengehalten werden kann; Fallbeispiel bei Jäde, S. 168, 172, 175.

31 BVerwG, Beschl. v. 8. 12. 1977 – VII B 76.77 –, NJW 1978, 1870; Urt. v. 6. 2. 1985 – 8 C 53, 54.83 –, BayVBl. 1985, 605.

behelf handeln; soweit der nach der VwGO regelmäßig ausreichende nachgängige Rechtsschutz im Einzelfall nicht ausreicht, ist Art. 19 Abs. 4 GG durch die Möglichkeit der vorbeugenden Unterlassungsklage[32] Genüge getan.

136 Darüber, wie die *Widerspruchsfrist* zu *berechnen* ist, läßt sich trefflich streiten. Je nachdem, ob man das Widerspruchsverfahren vorrangig als Verwaltungs- oder als verwaltungsgerichtliches (Vorschalt-)Verfahren ansieht, kann man sich an § 79 Halbs. 2, § 31 VwVfG, §§ 187 ff. BGB oder an § 57 Abs. 2 VwGO, §§ 222, 224 Abs. 2 und 3, §§ 225 f. ZPO, §§ 187 ff. BGB halten. Da das Ergebnis immer dasselbe ist, empfiehlt es sich im praxisbezogenen Zweiten Juristischen Staatsexamen nicht, darüber auch nur ein Wort zu verlieren[33]. Um so peinlicher ist es, wenn zu dieser Frage tiefschürfende Erwägungen angestellt werden, aber die Frist falsch berechnet wird. Bei der Widerspruchsfrist handelt es sich um eine *Ereignisfrist*[34]. Ihre Berechnung richtet sich daher im Grundsatz nach § 187 Abs. 1 BGB, so daß der Tag der Bekanntgabe nicht mitzählt. Wem das noch zu kompliziert ist (und das sind – allen Klausurerfahrungen nach – nicht wenige): Die Widerspruchsfrist endet mit Ablauf des Tages gleichen Datums des auf die Bekanntgabe folgenden Monats; ist der Verwaltungsakt also am 16. 5. 1989 bekanntgegeben worden, endet die Widerspruchsfrist mit Ablauf des 16. 6. 1989.

137 Besonderheiten gelten für den Lauf der Widerspruchsfrist bei *Nachbarwidersprüchen* gegen Baugenehmigungen, wenn diese dem Nachbarn nicht bekanntgegeben worden sind. In solchen Fällen gilt nicht etwa über die Verweisung in § 70 Abs. 2 VwGO § 58 Abs. 2 VwGO unmittelbar. Denn die letztgenannte Vorschrift bezieht sich ausschließlich auf Fälle der fehlenden oder fehlerhaften Rechtsmittelbelehrung, nicht aber auch darauf, daß der fragliche Verwaltungsakt überhaupt nicht bekanntgegeben worden ist. Daher läuft gegen den auf solche Weise übergangenen Nachbarn zunächst überhaupt keine Widerspruchsfrist. Der Nachbar ist jedoch – auch mit Rücksicht auf das nachbarliche Gemeinschaftsverhältnis – gehalten, sich in geeigneter Weise über das Vorliegen einer Baugenehmigung zu unterrichten, wenn sich dafür Anhaltspunkte – etwa der Beginn offenkundig genehmigungspflichtiger Bauarbeiten auf dem angrenzenden Grundstück – ergeben. Erlangt der Nachbar aufgrund solcher Erkundigungen von der erteilten Baugenehmigung Kenntnis, so läuft die Frist nach § 70 Abs. 2, § 58 Abs. 2 VwGO. Unterläßt er entsprechende Nachfragen usw., muß er sich so stellen lassen, als hätte er zu dem fraglichen Zeitpunkt Kenntnis erlangt, so daß auch dann die Jahresfrist nach den genannten Vorschriften in Lauf gesetzt ist. Da diese Jahresfrist in der Praxis häufig zu unbefriedigenden Ergebnissen führen würde – der Bau eines Einfamilienhauses etwa wird inner-

---

32 Dazu unten Rn. 241 f.
33 Im Ergebnis ebenso, wenn auch mit höflicherer Formulierung Pietzner/Ronellenfitsch, § 26 Rn. 7.
34 Ein häufiger Fall einer *Ablaufsfrist* (§ 187 Abs. 2 BGB) ist die Auslegungsfrist im Bauleitplanungsverfahren (§ 3 Abs. 2 Satz 1 BauGB): GemSOGB, Beschl. v. 6. 7. 1972 – GmS OGB 2/71 –, BGHZ 59, 396 = BVerwGE 340, 363 = NJW 1972, 2035 = DVBl. 1972, 30 = DÖV 1972, 820 = BayVBl. 1973, 14.

halb dieses Zeitraumes häufig weitestgehend vollendet sein –, ist im Einzelfall besonders sorgfältig zu prüfen, ob nicht eine *Verwirkung* der Widerspruchsbefugnis vorliegt[35]. Dabei wird dem Nachbarn aber jedenfalls eine Überlegungsfrist zuzugestehen sein, die hinter der Widerspruchsfrist des § 70 Abs. 1 Satz 1 VwGO nicht zurückbleibt.

Die fristwahrende Einlegung des Widerspruchs kann nach der ausdrücklichen Regelung des § 70 Abs. 1 VwGO *nur* entweder *bei* der *Ausgangs- oder Widerspruchsbehörde* erfolgen. Die etwaige Einlegung bei einer anderen Behörde – und sei es desselben Rechtsträgers – wahrt die Widerspruchsfrist nicht. Ob sich eine derartige Annahme möglicherweise unter dem Gesichtspunkt der Einheit der Verwaltung rechtfertigen ließe, bedarf angesichts des klaren Wortlauts des Gesetzes keiner Diskussion. Wird der Rechtsbehelf bei einer in diesem Sinne falschen Behörde eingelegt, kann allenfalls verlangt werden, daß diese den Widerspruch weiterleitet; damit verbundene Risiken gehen aber notwendig stets zu Lasten des Widerspruchsführers. **138**

2. Wiedereinsetzung

Ist die Widerspruchsfrist versäumt, so ist – allerdings nur, soweit sich insoweit im Sachverhalt prüfungswürdige Anhaltspunkte ergeben – zu untersuchen, ob eine Wiedereinsetzung in den vorigen Stand (§ 70 Abs. 2, § 60 Abs. 1–4 VwGO) in Betracht kommt. Bei der Entscheidung über die Wiedereinsetzung ist § 45 Abs. 3 VwVfG zu beachten. **139**

Anders als im gerichtlichen Verfahren[36] bedarf es im Widerspruchsverfahren keiner ausdrücklichen Entscheidung über die Wiedereinsetzung; diese kann vielmehr auch konkludent gewährt oder versagt werden. Wird die Wiedereinsetzung im Widerspruchsverfahren zu Unrecht versagt, kann sie das Gericht gewähren[37]. Denn das Gericht hat die Zulässigkeit der Klage und damit die Fristgemäßheit des Widerspruchs, mithin auch die Frage der Wiedereinsetzung von Amts wegen zu prüfen. Eine andere Frage ist, ob eine isolierte Verpflichtungsklage auf Gewährung der Wiedereinsetzung im Widerspruchsverfahren erhoben werden kann[38]. Das wird abzulehnen sein; denn wird die Wiedereinsetzung zu Unrecht verwehrt, leidet der Widerspruchsbescheid an einem wesentlichen Verfahrensfehler im Sinne des § 79 Abs. 2 Satz 2 VwGO, so daß er mit isolierter Anfechtungsklage angegriffen werden kann; einer gesonderten Klage auf Wiedereinsetzung fehlt daher das Rechtsschutzbedürfnis. **140**

---

35 BVerwG, Urt. v. 25. 1. 1974 – IV C 2.72 –, BVerwGE 44, 294 = NJW 1974, 1260 = DÖV 1974, 385 = BayVBl. 1974, 473; Beschl. v. 28. 8. 1987 – 4 N 3.86 –, DVBl. 1987, 1276 = BayVBl. 1988, 89 (Grundsätze gelten für alle Nachbarn, nicht nur für den unmittelbaren Grenznachbarn).
36 Kopp, VwGO, § 70 Rn. 11.
37 Ganz h. M., vgl. BVerwG, Beschl. v. 21. 10. 1976 – VII B 94.76 –, NJW 1977, 542; Urt. v. 8. 3. 1983 – 1 C 34.80 –, NJW 1983, 1923 = BayVBl. 1983, 476; a. A. Kopp, VwGO, § 70 Rn. 13.
38 So für den Fall einer gesonderten Entscheidung über die Wiedereinsetzung VGH Baden-Württemberg, Urt. v. 26. 10. 1981 – 5 S 1387/80 –, VBlBW 1982, 129 = NVwZ 1982, 316.

141 Wird Wiedereinsetzung zu Unrecht gewährt, ist demgegenüber das Gericht – im Ergebnis – an diese Entscheidung gebunden[39]. Denn die – mag sie auch rechtswidrig eingeräumt worden sein – Wiedereinsetzung führt notwendigerweise dazu, daß die Widerspruchsbehörde – liegen nicht andere Unzulässigkeitsgründe vor – in der Sache entscheidet. Die Sachentscheidung trotz Verfristung heilt aber – regelmäßig – die Versäumung der Widerspruchsfrist[40]. Nur wenn dies nicht gilt, wird man – auch mit Rücksicht auf die Rechtsposition des Dritten – eine Bindung des Gerichts verneinen müssen.

3. Sachentscheidung bei versäumter Widerspruchsfrist

142 Entscheidet die Widerspruchsbehörde trotz Verfristung des Widerspruchs über den Widerspruch in der Sache, ist die Versäumung der Widerspruchsfrist für ein nachfolgendes verwaltungsgerichtliches Verfahren ohne Bedeutung, wenn man so will: geheilt[41]. Dabei ist die Befugnis der Widerspruchsbehörde, sich über die Fristversäumnis hinwegzusetzen, nicht aus einer vagen „Sachherrschaft" abzuleiten, was im übrigen das geläufige Gegenargument provoziert, die Sachherrschaft der Widerspruchsbehörde erstrecke sich zwar auf den Verfahrensgegenstand, nicht hingegen auf zwingende gesetzliche Vorschriften wie § 70 Abs. 1 VwGO. Vielmehr ist darauf abzustellen, daß diese Fristvorschrift nicht den Widerspruchsführer, sondern den Rechtsträger der (Ausgangs- und Widerspruchs-) Behörde schützt und auf diesen Schutz – wie grundsätzlich auf alle verfahrensrechtlichen Schutzvorschriften – verzichtet werden kann[42].

143 Daraus ergibt sich zunächst, daß die Widerspruchsbehörde sich über die Verfristung des Widerspruchs – mit die Zulässigkeit der nachfolgenden verwaltungsgerichtlichen Klage eröffnender Entscheidung zur Sache – hinwegsetzen kann, aber nicht muß. Insoweit trifft sie eine *Ermessensentscheidung*. Diese Entscheidung betrifft aber ausschließlich ihre eigenen Interessen; sie erfolgt auch nicht teilweise im Interesse des Widerspruchsführers. Mag daher auch möglicherweise objektiv-rechtlich eine Begründungspflicht für die Wahl der Sachentscheidung anstelle der Zurückweisung des Widerspruchs bestehen (vgl. § 39 Abs. 1 Satz 3 VwVfG), so kann sich darauf – oder auf einen inhaltlichen Ermessensfehler (§ 40 VwVfG) – jedenfalls nicht der Widerspruchsführer berufen[43].

---

39 A. A. Kopp, VwGO, § 70 Rn. 13 m. w. N. zum Streitstand.
40 Dazu sogleich u. Rn. 142 ff.
41 So die st. Rspr. des BVerwG, vgl. BVerwG, Urt. v. 28. 10. 1982 – 2 C 4.80 –, NVwZ 1983, 608 = BayVBl. 1983, 311; a. A. Kopp, § 70 Rn. 9; Pietzner/Ronellenfitsch, § 35 Rn. 3 ff. m. w. N. zum Streitstand.
42 Entsprechendes nimmt die Rechtsprechung bei einer (als Quasi-Prozeßhandlung wegen Willensmängeln unanfechtbaren) Widerspruchsrücknahme (BVerwG, Urt. v. 21. 3. 1979 – 6 C 10.78 –, NJW 1980, 135 m. krit. Anm. Renck, NJW 1980, 1011) und bei Widerspruchsverzicht (OVG Nordrhein-Westfalen, Urt. v. 9. 11. 1982 – 18 A 1750/82 –, NVwZ 1983, 681) an.
43 A. A. VGH Baden-Württemberg, Urt. v. 31. 8. 1979 – V 3404/78 –, NJW 1980, 2270; v. 26. 10. 1981 – 5 S 1387/80 –, NVwZ 1982, 316.

Hängt die Befugnis der Widerspruchsbehörde, sich über die Verfristung des **144**
Widerspruchs hinwegzusetzen, von der ausschließlich ihr dienenden Schutzfunktion der Widerspruchsfrist ab, so kommt ein solches Verfahren naturgemäß nicht bei *Verwaltungsakten mit Drittwirkung* in Betracht. Denn hier schützt die Widerspruchsfrist auch den anderen Verfahrensbeteiligten, etwa den Bauherrn gegen einen verspäteten Nachbarwiderspruch. Dieser hat mit der nach Ablauf der Widerspruchsfrist eintretenden Bestandskraft des Verwaltungsaktes eine gesicherte Rechtsposition erlangt, die nicht mehr zur Disposition der Widerspruchsbehörde steht[44].

C. Selbsteintritt und reformatio in peius

I. Selbsteintritt

Selbsteintritt und reformatio in peius ist gemeinsam, daß beide die Frage betref- **145**
fen, ob und ggf. in welchem Umfange die Widerspruchsbehörde im Widerspruchsbescheid dem Widerspruchsführer selbst oder einem Dritten im Vergleich zum Ausgangsbescheid nachteilige Regelungen treffen darf. In beiden Fällen geht es darum, ob die Widerspruchsbehörde zu solchen Verböserungen (1) instanziell zuständig und (2) materiell-rechtlich befugt ist. Gleichwohl müssen Selbsteintritt einerseits, reformatio in peius andererseits sorgfältig unterschieden werden. Denn der mit der Zuständigkeit der Widerspruchsbehörde zur Entscheidung über den Widerspruch einhergehende Devolutiveffekt (§ 73 Abs. 1 Satz 1 VwGO) erfaßt naturgemäß nur denjenigen (entsprechend dem Streitgegenstand zu definierenden) Verfahrensgegenstand, der Gegenstand des Ausgangsverfahrens und damit des Ausgangsbescheides gewesen ist. Nur darauf bezieht sich eine etwaige Befugnis zur reformatio in peius. Überschreitet hingegen die Widerspruchsbehörde die Grenzen, die durch Ausgangsverfahren und Ausgangsbescheid sowie diesen zugrundeliegenden Verfahrensgegenstand gezogen sind, nimmt sie das Widerspruchsverfahren gewissermaßen *nur zum Anlaß,*

---

44 Konsequent müßte dies auch in allen Fällen gelten, in denen Ausgangs- und Widerspruchsbehörde einem unterschiedlichen Rechtsträger angehören, etwa dann, wenn die staatliche Rechtsaufsichtsbehörde als Widerspruchsbehörde über einen Widerspruch gegen einen gemeindlichen Verwaltungsakt (zumindest im eigenen Wirkungskreis) entscheidet (so OVG Saar, Urt. v. 9. 11. 1982 – 18 A 1750/82 –, NVwZ 1986, 578). Das BVerwG hat sich bisher nur zur Problematik von Nachbarwidersprüchen geäußert, vgl. BVerwG, Urt. v. 4. 8. 1982 – 4 C 42.79 –, NVwZ 1983, 285 = BayVBl. 1983, 27; Beschl. v. 28. 8. 1987 – 4 N 3.86 –, NJW 1988, 839; zur Wirkung der Verfristung des Nachbarwiderspruchs gegen den Rechtsnachfolger des Nachbarn VGH Baden-Württemberg, Urt. v. 30. 11. 1978 – III 571/78 –, NJW 1979, 997. – In den vorstehenden Darlegungen zu einigen Zulässigkeitsfragen des Widerspruchs klingt an, daß namentlich die Rechtsprechung hier relativ großzügig und pragmatisch verfährt. Das darf in der Klausurbearbeitung aber nicht zur Oberflächlichkeit verleiten, namentlich nicht dazu, einen Widerspruch gleichsam um jeden Preis „zulässig zu machen". Auch in der Klausurpraxis sind unzulässige Widersprüche nämlich durchaus nicht selten; sie sind dann in formlose Rechtsbehelfe, etwa in eine Aufsichtsbeschwerde umzudeuten (vgl. das Fallbeispiel bei Jäde, S. 19, 22 f.).

einen gegenüber dem ursprünglichen Verfahrensgegenstand selbständigen Verwaltungsakt zu erlassen, liegt keine reformatio in peius, sondern ein Fall des Selbsteintritts vor.

146 Reformatio in peius und Selbsteintritt voneinander abzugrenzen, kann im Einzelfall Schwierigkeiten bereiten, wie sie etwa auch von der Bestimmung des Streitgegenstandes eines verwaltungsgerichtlichen Verfahrens her bekannt sind. So hat die Rechtsprechung beispielsweise angenommen, daß ein Fall der reformatio in peius vorliege, wenn die Ausgangsbehörde zunächst nur die Teilbeseitigung eines formell und materiell insgesamt illegalen Gebäudes anordne, auf den Widerspruch des Betroffenen hin die Widerspruchsbehörde dann aber den Abbruch des gesamten Bauwerks anordne[45]. Wird einem Fahrerlaubnisinhaber von der Ausgangsbehörde zunächst die Fahrerlaubnis der Klasse 3, im Widerspruchsbescheid zusätzlich diejenige der Klasse 1 entzogen, dürfte demgegenüber ein Fall des Selbsteintritts vorliegen[46]. In der Klausurpraxis häufig ist der Fall der Androhung eines Zwangsmittels (erst) im Widerspruchsbescheid – gewissermaßen ein Schulfall des Selbsteintritts[47]. Über die soeben gegebenen Hinweise zur Abgrenzung von reformatio in peius und Selbsteintritt hinaus lassen sich insoweit allgemeine Regeln schwerlich aufstellen; im problematischen Einzelfall kommt es dann auf eine problembewußte und sachgerechte Argumentation an, bei der verschiedene Ergebnisse häufig vertretbar sind[48].

147 Der Selbsteintritt ist *grundsätzlich unzulässig* und führt zur Rechtswidrigkeit des dann isoliert anfechtbaren Widerspruchsbescheids (vgl. § 79 Abs. 2 VwGO). Denn da der Devolutiveffekt des Widerspruchs nur den Gegenstand des Ausgangsverfahrens erfaßt, kann dadurch eine instanzielle Zuständigkeit der Widerspruchsbehörde nicht begründet werden, ganz abgesehen von der weiteren Frage, ob dieser jeweils auch eine materiell-rechtliche Befugnisnorm zur Seite steht. Mit anderen Worten ist der Selbsteintritt nur dann zulässig, wenn er aufgrund einer spezialgesetzlichen Vorschrift ausdrücklich zugelassen ist, wie etwa durch Art. 3a BayVwVfG[49].

II. Reformatio in peius

148 Lebhaft umstritten ist demgegenüber – sieht man von dem unproblematischen Fall der Identität von Ausgangs- und Widerspruchsbehörde ab – die Zulässigkeit der reformatio in peius. Die in diesem Zusammenhang in der Literatur zu ver-

---

45 BVerwG, Urt. v. 12. 11. 1976 – IV C 34.75 –, BVerwGE 51, 310 = NJW 1977, 894; Vorinstanz: VGH Baden-Württemberg, Urt. v. 3. 5. 1974 – III 908/73 –, BRS 28 Nr. 157.
46 A. A. BayVGH, Urt. v. 23. 5. 1977 – Nr. 99 XI 75 –, NJW 1978, 443 = BayVBl. 1978, 16 m. abl. Anm. Theuersbacher, BayVBl. 1978, 18 und Renck-Laufke, BayVBl. 1978, 247.
47 BayVGH, Urt. v. 19. 3. 1981 – Nr. 22 B 80 A. 989 –, NJW 1982, 460 = BayVBl. 1982, 54.
48 Das zeigt schon die Diskussion zu BayVGH (o. Fn. 46), a.a.O.
49 Dazu BayVGH (o. Fn. 47), a.a.O.; OVG Berlin, Urt. v. 7. 1. 1977 – III B 7/76 –, NJW 1977, 1166.

zeichnenden lebhaften Meinungsverschiedenheiten decken ein breites Spektrum zwischen grundsätzlicher Zulässigkeit eines solchen Vorgehens der Widerspruchsbehörde[50] bis zur ausdrücklichen Verabschiedung dieses Rechtsinstituts[51] ab. Daß die Rechtsprechung des BVerwG zu einer Klärung entscheidend beigetragen haben könnte, läßt sich mit guten Gründen bestreiten; andererseits leidet die literarische Diskussion ersichtlich darunter, daß sie – wenngleich prägnante – Einzelaussagen des BVerwG aus ihrem je konkreten Zusammenhang reißt und unzulässig verallgemeinert. Diese ebenso lebhafte wie sachlich wenig befriedigende Debatte hat für den Examenskandidaten den Vorzug, daß vielerlei Ergebnisse vertretbar sind. Das darf aber nicht auf Kosten der Argumentation gehen und zu den immer wieder zu verzeichnenden pauschalierenden Wendungen führen, wie etwa, daß die Zulässigkeit der reformatio in peius allgemein anerkannt sei. Daher soll im folgenden dennoch versucht werden, einige systematische Erwägungen aus der Rechtsprechung des BVerwG abzuleiten und darzustellen.

Ein *grundsätzliches Verbot* der reformatio in peius kann jedenfalls nicht aus der Eigenschaft des Widerspruchsverfahrens als (auch) eines Rechtsschutzverfahrens abgeleitet werden. Denn ein solches Verbot ist keineswegs Wesensmerkmal eines jeden Rechtsbehelfs und Rechtsmittels, wie im übrigen auch die Figur der Anschlußberufung (§ 127 VwGO) zeigt. Allein daraus, daß der Gesetzgeber die Zulässigkeit der reformatio in peius nicht ausdrücklich geregelt hat, kann weder dafür noch dagegen etwas entnommen werden; da auch ein sich anderweitig aus dem Gesetz ergebender gesetzgeberischer Wille nicht ersichtlich ist, muß von einer anderweitig auszufüllenden Regelungslücke ausgegangen werden[52]. **149**

Dazu hat das BVerwG[53] rechtsgrundsätzlich ausgeführt: „Die Vorschriften der Verwaltungsgerichtsordnung über das Widerspruchsverfahren (§§ 68 bis 79 VwGO) enthalten keine verbindliche Entscheidung des Gesetzgebers darüber, ob die Widerspruchsbehörde einen durch den Widerspruch des Betroffenen angefochtenen Verwaltungsakt zu seinen Ungunsten abändern darf oder nicht. Sie bestimmen weder, daß eine solche Schlechterstellung zulässig sein müsse – und deshalb nicht durch Rechtsnormen niedrigeren Ranges verboten werden dürfe –, noch schließen sie die Zulässigkeit einer solchen Schlechterstellung mit der Folge aus, daß sie nicht durch Recht niedrigeren Ranges zugelassen werden dürfte... Die Zurückhaltung des Bundesgesetzgebers mag sich daraus erklären, daß er nicht befugt ist, das Verwaltungsverfahren der Bundesländer in vollem Umfange zu regeln, sondern insoweit nur die erforderlichen Regelungen über **150**

---

50 Kopp, VwGO, § 68 Rn. 10; Pietzner/Ronellenfitsch, § 33 Rn. 7 ff.; Tschira/Schmitt Glaeser, Rn. 289 ff.
51 Greifeld, Abschied von der reformatio in peius im Widerspruchsverfahren?, NVwZ 1983, 725.
52 BVerwG, Urt. v. 23. 5. 1962 – V C 73.61 –, BVerwGE 14, 175.
53 BVerwG, Urt. v. 12. 11. 1976 – IV C 34.75 –, BVerwGE 51, 310 = NJW 1977, 894.

das Verwaltungsvorverfahren als Voraussetzung der Klageerhebung treffen durfte (Art. 74 Nr. 1 GG). Den verschiedentlich vertretenen Auffassungen, die ‚reformatio in peius' im Widerspruchsverfahren der §§ 68 ff. VwGO bei bundesrechtlich für zulässig erklärt oder sei – umgekehrt – bundesrechtlich ausgeschlossen worden, vermag der Senat nicht zu folgen. Er ist vielmehr der Auffassung, daß der Bundesgesetzgeber *insoweit die Regelung der anderweitigen Normierung* — sei es im Verwaltungsverfahrensrecht oder in Spezialgesetzen der Länder, sei es in Spezialregelungen des Bundes – *überlassen hat.* § 79 Abs. 2 VwGO enthält zwar eine Regelung für den Fall, daß der Widerspruchsbescheid ‚gegenüber dem ursprünglichen Verwaltungsakt eine *zusätzliche selbständige Beschwer* enthält', geht aber nur von dieser Möglichkeit aus, ohne zu bestimmen, ob und inwieweit der Widerspruchsbescheid eine solche zusätzliche Beschwer enthalten darf. Daß die Widerspruchsbehörde gemäß § 68 Abs. 1 Satz 1 VwGO ‚*Rechtmäßigkeit und Zweckmäßigkeit des Verwaltungsakts . . . nachzuprüfen*' und damit, worauf auch § 79 Abs. 1 VwGO hindeuten mag, eine eigene Verwaltungsentscheidung zu treffen befugt ist, besagt ebenfalls nicht, daß sie – schlechthin – den Widerspruchsführer schlechterstellen darf oder daß ihr dies – schlechthin – verboten ist. Auch aus den *Zwecken des* der Klageerhebung vorgeschalteten *Widerspruchsverfahrens*, nämlich verbessertem Rechtsschutz für den Betroffenen, Entlastung der Verwaltungsgerichte und Selbstkontrolle der Verwaltung, läßt sich weder für das eine noch für das andere verbindlich etwas herleiten. Der Gedanke der Selbstkontrolle der Verwaltung – auch in Verbindung mit dem *Grundsatz der Gesetzmäßigkeit der Verwaltung* – mag für die Zulässigkeit der ‚reformatio in peius' im Widerspruchsverfahren sprechen, ohne doch zu dieser Folgerung zu zwingen. Schließlich bringt auch der Rechtsschutzzweck des Widerspruchsverfahrens keine eindeutige Entscheidung; denn das Verbot der ‚reformatio in peius' ist nicht ein Wesensmerkmal jedes dem Individualrechtsschutz dienenden Rechtsbehelfs, vielmehr muß sogar im Gerichtsverfahren der Rechtsmittelführer damit rechnen, daß die gerichtliche Entscheidung, deren Verbesserung er erstrebt, aufgrund eines Anschlußrechtsmittels seines Gegners zu seinen Ungunsten verschlechtert wird. Deshalb führt auch der Gedanke, daß die Möglichkeit einer Schlechterstellung des Betroffenen von einer vielleicht erfolgversprechenden Widerspruchseinlegung abhalten und so den ihm zustehenden Rechtsschutz praktisch verkürzen könnte, nicht zu dem Ergebnis, daß die VwGO hier die Schlechterstellung ausschließe." Im entschiedenen Falle habe das Berufungsgericht aus einer landesrechtlichen Befugnisnorm in revisionsgerichtlich nicht zu beanstandender Weise – namentlich auch ohne Verstoß gegen den bundesverfassungsrechtlich geschützten und insoweit revisiblen Kernbestand der Rechtsgrundsätze über Treu und Glauben sowie den Vertrauensschutz – die Zulässigkeit der reformatio in peius durch die Widerspruchsbehörde bejaht.

151 Läßt sich also die *materielle Befugnis* zur reformatio in peius nicht aus der VwGO entnehmen, so ist auf Bundes- oder Landesspezialgesetze, soweit es an solchen fehlt, auf die verwaltungsverfahrensrechtlichen Regelungen über Widerruf und Rücknahme von Verwaltungsakten (§§ 48 f. VwVfG) und ggf. auf allgemeine verwaltungsrechtliche Grundsätze zurückzugreifen. Ausgangspunkt ist dabei immer die Frage, ob und in welchem Umfang der Betroffene Vertrauensschutz auf den Bestand des ihn begünstigenden bzw. ihn weniger als die in Aussicht genommene Widerspruchsentscheidung belastenden Verwaltungsakts hat. Deshalb muß – und das wird bei der Analyse der Rechtsprechung des BVerwG weitgehend übersehen – differenziert werden zwischen den Fällen des zweipoligen Verwaltungsrechtsverhältnisses und denjenigen des Verwaltungsakts mit Drittwirkung.

152 Für das *zweipolige Verwaltungsrechtsverhältnis* geht das BVerwG in gefestigter Rechtsprechung davon aus, daß eine materielle Befugnis zur reformatio in peius besteht. Denn habe der durch den Verwaltungsakt Begünstigte oder minder schwer Belastete diesen Verwaltungsakt angefochten, so habe er selbst die Ursache für die Unbeständigkeit des Verwaltungsakts gesetzt. Er kenne diese Unbeständigkeit und könne sein Verhalten darauf einrichten; er verdiene daher einen geringeren Schutz, ja, in aller Regel überhaupt keinen. Überdies sei der Verwaltungsakt vom Rechtsschutz her gesehen erst perfekt in der Gestalt, die er bei Abschluß des verwaltungsbehördlichen Verfahrens – unter Einschluß des Vorverfahrens – erhalten habe, wie sich aus § 79 VwGO ergebe[54].

153 Anders können die Dinge demgegenüber bei *Verwaltungsakten mit Drittwirkung* liegen. Zwar ändert sich an der soeben dargestellten Schwäche der Position des Begünstigten gegenüber einer etwaigen reformatio in peius nichts, wenn er selbst – sei es allein, sei es zugleich mit einem belasteten Dritten – diesen Verwaltungsakt mit dem Rechtsbehelf des Widerspruchs angreift[55]. Wird der Verwaltungsakt jedoch nur von dem belasteten Dritten angefochten, verändert sich ganz offenkundig die Interessenlage. Denn dann wird die Ursache für die rechtliche Unbeständigkeit eben gerade nicht von dem Begünstigten, sondern von dem Dritten gesetzt, so daß zu Lasten des Begünstigten ein Ausschluß des Vertrauens auf den Bestand des Verwaltungsakts nicht ohne weiteres und in vollem Umfange eintritt. Daß die Widerspruchsbehörde auch in diesem Falle gemäß § 68 Abs. 1 VwGO Rechtmäßigkeit und Zweckmäßigkeit des angefochtenen Verwaltungsakts zu überprüfen hat, sagt über Umfang und Schranken dieser Überprüfung nichts aus. Vielmehr reicht diese nur so weit wie die durch den angegriffenen Verwaltungsakt verletzten Rechte des Dritten und ggf. sein Anspruch auf fehlerfreie Ermessensausübung, dem im Rahmen der Zweckmäßigkeitsprüfung Genüge zu tun ist. Nur in diesem Umfang muß sich daher der Begünstigte auf die mangelnde Unanfechtbarkeit des Verwaltungsakts einstellen;

---

54 BVerwG, Urt. v. 23. 5. 1962 – V C 73.61 –, BVerwGE 14, 175; v. 12. 7. 1968 – VII C 48.66 –, BVerwGE 30, 132; v. 21. 11. 1968 – V C 153.66 –, BVerwGE 31, 67; v. 12. 11. 1976 – IV C 34.75 –, BVerwGE 51, 310 = NJW 1977, 894 (i. V. m. den vom BVerwG gebilligten Ausführungen der Vorinstanz!); v. 15. 4. 1983 – 8 C 170.81 –, BayVBl. 1984, 408.
55 BVerwG, Urt. v. 21. 1. 1972 – IV C 34.68 –, DÖV 1972, 789.

im übrigen ist sein Vertrauen geschützt und zudem eine weiterreichende Entscheidungsbefugnis der Widerspruchsbehörde nicht allgemein begründet[56].

154 Im Widerspruchsverfahren des Dritten gegen einen ihn belastenden, einen anderen hingegen begünstigenden Verwaltungsakt ist daher zunächst zu prüfen, ob der Verwaltungsakt – abgesehen von der Frage der Zweckmäßigkeit – rechtswidrig ist und den Widerspruchsführer in seinen Rechten verletzt (§ 113 Abs. 1 Satz 1 VwGO analog). Ist dies nicht der Fall, so ist zu fragen, ob ein Widerruf (§ 49 VwVfG) oder eine Rücknahme (§ 48 VwVfG) des Verwaltungsakts – ggf. aufgrund spezialgesetzlicher, §§ 48 f. VwVfG vorgehender Regelungen – zulässig ist. Fehlt es auch daran, kommt eine reformatio in peius nicht in Betracht[57]. Der anfechtende Dritte wiederum ist, weil er selbst die Ursache für die Unbeständigkeit des Verwaltungsakts durch Einlegung des Widerspruchs gesetzt hat, seinerseits nicht gegen eine verbösernde Entscheidung geschützt[58]. Man mag daraus den Schluß ziehen, daß die reformatio in peius als eigenständige Rechtsfigur des Verwaltungsrechts verabschiedet ist, soweit es um die Möglichkeit einer Belastung des Begünstigten über die Reichweite des Widerspruchs des belasteten Dritten hinaus geht; im übrigen aber hält die Rechtsprechung des BVerwG an ihrer ursprünglichen Konzeption der reformatio in peius fest.

155 Damit ist aber zunächst nur die Frage der materiellen Befugnis der Widerspruchsbehörde zur reformatio in peius geklärt. Noch offen ist die weitere Frage, weshalb die Widerspruchsbehörde auch über die *instanzielle Zuständigkeit* hierzu verfügt, weshalb sie also etwa nach Maßgabe der Regelungen über die Rücknahme und den Widerruf von Verwaltungsakten verbösernde Entscheidungen treffen darf. Die Äußerungen der BVerwG zu dieser Problematik sind – vorsichtig ausgedrückt – zurückhaltend. Ersichtlich geht die Rechtsprechung von – gewissermaßen – einer Kombination landes- und bundesrechtlicher Erwägungen aus. Dabei wird zunächst gefragt, ob die Widerspruchsbehörde nach der landesrechtlich (oder ggf. auch bundesrechtlich) geregelten Zuständigkeitsordnung der Ausgangsbehörde in einer Weise übergeordnet ist, daß sie auf deren Entscheidung inhaltlich Einfluß nehmen kann. Ist dies der Fall, so ergibt sich daraus allerdings noch nicht unmittelbar auch die Zuständigkeit der Widerspruchsbehörde zur reformatio in peius. Dies wird – unter der genannten Voraussetzung – aus §§ 68, 73 VwGO, letztlich also aus dem Devolutiveffekt des Widerspruchs, abgeleitet. Aufgrund solcher Überlegungen hat das BVerwG die Zuständigkeit einer Fachaufsichtsbehörde als Widerspruchsbehörde zur reformatio in peius bejaht[59].

---

56 BVerwG (o. Fn. 55), a.a.O.; Urt. v. 18. 5. 1982 – 7 C 42.80 –, BVerwGE 65, 313 = NVwZ 1983, 22 = BayVBl. 1982, 601.
57 BVerwG v. 18. 5. 1982 (o. Fn. 56), a.a.O.
58 Dazu BVerwG (o. Fn. 55), a.a.O.
59 BVerwG, Urt. v. 29. 8. 1986 – 7 C 51.84 –, NVwZ 1987, 215.

D. Der Widerspruchsbescheid als isolierter Klagegegenstand

I. Einheitsklage

Nach § 79 Abs. 1 Nr. 1 VwGO ist Gegenstand der Anfechtungsklage grundsätzlich der ursprüngliche Verwaltungsakt in der Gestalt, die er durch den Widerspruchsbescheid gefunden hat. In diesen Fällen ist nur der – sei es durch den Widerspruchsbescheid bestätigte, sei es durch ihn in seinem Inhalt veränderte – Ausgangsbescheid Gegenstand der Anfechtungsklage. Wenn das Gericht nach § 113 Abs. 1 Satz 1 VwGO, soweit der Verwaltungsakt rechtswidrig und der Kläger dadurch in seinen Rechten verletzt ist, den Verwaltungsakt *und den etwaigen Widerspruchsbescheid* aufhebt, so kommt dieser Aufhebung des Widerspruchsbescheids neben derjenigen des Verwaltungsakts – des Ausgangsbescheids – keine rechtlich selbständige, sondern nur deklaratorische Bedeutung zu. Denn wird der Ausgangsbescheid (und sei es in der Gestalt des Widerspruchsbescheids) aufgehoben, so wird damit dem Widerspruchsbescheid (im übrigen) sein Objekt entzogen und er wird gewissermaßen gegenstandslos. **156**

Daraus müssen für die Klausurpraxis wichtige Konsequenzen gezogen werden. Stellt die sogenannte *Einheitsklage* nach § 79 Abs. 1 Nr. 1 VwGO, die zum Klagegegenstand nur den entweder durch den Widerspruchsbescheid unverändert gelassenen oder auch inhaltlich veränderten Ausgangsbescheid hat, den Regelfall dar, so sind auch die Klageanträge entsprechend zu interpretieren. Wird also im Verwaltungsrechtsstreit beantragt, den Ausgangs- und den Widerspruchsbescheid aufzuheben, so bedeutet dies – im Sinne einer Auslegungsregel –, daß Klagegegenstand nur der Ausgangsbescheid ist (und sei es in der veränderten Gestalt, die ihm der Widerspruchsbescheid etwa gegeben hat), nicht aber zugleich der Ausgangsbescheid und zusätzlich im Wege der isolierten Anfechtung nach § 79 Abs. 1 Nr. 2, Abs. 2 VwGO der Widerspruchsbescheid angegriffen wird. Daraus folgt, daß bei einem so gestellten Klageantrag ausschließlich auf die Rechtmäßigkeit des Ausgangsbescheids – ggf. in der ihm durch den Widerspruchsbescheid gegebenen Fassung – abzustellen ist, nicht aber (auch) auf etwaige selbständige Mängel des Widerspruchsbescheids im Sinne des § 79 Abs. 2 VwGO. Diese sind dann erforderlichenfalls im Hilfsgutachten zu erörtern. **157**

Diese Auslegungsregel gilt allerdings nur, wenn sowohl von der Antragstellung her als auch nach dem Inhalt der Klagebegründung Angriffe nur gegen den Ausgangsbescheid (unter Einschluß seiner etwaigen inhaltlichen Veränderungen durch den Widerspruchsbescheid) gerichtet werden. Werden hingegen selbständige Mängel des Widerspruchsbescheids im Sinne des § 79 Abs. 2 VwGO ausdrücklich gerügt, ist davon auszugehen, daß dann nebeneinander eine Klage gegen den Ausgangsbescheid (ggf. in der Gestalt des Widerspruchsbescheids, § 79 Abs. 1 Nr. 1 VwGO) und eine isolierte Anfechtung des Widerspruchsbe- **158** scheids nach § 79 Abs. 2 VwGO vorliegen[60]. Dabei kommt die isolierte Anfechtung des Widerspruchsbescheids für die verwaltungsgerichtliche Entscheidung aber wiederum nur dann zum Tragen, wenn nicht schon die Anfechtungsklage gegen den (möglicherweise durch den Widerspruchsbescheid inhaltlich umgestalteten) Ausgangsbescheid zum Erfolg führt; andernfalls ist für eine Erörterung der im Rahmen der isolierten Anfechtung des Widerspruchsbescheides aufgeworfenen Fragen wie bei der Einheitsklage nach § 79 Abs. 1 Nr. 1 VwGO nicht in den Entscheidungsgründen Raum, sondern eine Behandlung im Hilfsgutachten geboten.

II. Isolierte Anfechtung des Widerspruchsbescheids

1. Erstmalige Beschwer eines Dritten (§ 79 Abs. 1 Nr. 2 VwGO)

159 Regelmäßig unproblematisch ist die isolierte Anfechtung des Widerspruchsbescheides dann, wenn dieser einen Dritten erstmalig beschwert (§ 79 Abs. 1 Nr. 2 VwGO). Hauptanwendungsfälle dieser Vorschrift sind einmal die Aufhebung (oder Einschränkung) eines begünstigenden Verwaltungsakts auf Drittwiderspruch, zum anderen die Aufhebung (oder Einschränkung) einer einen Dritten begünstigenden Nebenbestimmung auf Widerspruch durch den von der Nebenbestimmung nachteilig Betroffenen. Zu beachten ist in diesen Fällen nur, daß – anders als bei der isolierten Anfechtung des Widerspruchsbescheids nach § 79 Abs. 2 Satz 2 VwGO – die Aufhebung des Widerspruchsbescheids nicht etwa dazu führt, daß das Verfahren in den status quo ante zurückversetzt, also der Widerspruch wieder anhängig und ein neuer Widerspruchsbescheid erforderlich würde; vielmehr ist mit der Aufhebung des Widerspruchsbescheids in der Sache abschließend entschieden. Wird etwa eine Baugenehmigung auf Nachbarwiderspruch hin zu Unrecht durch den Widerspruchsbescheid aufgehoben, so führt der Erfolg der isolierten Anfechtungsklage gegen den Widerspruchsbescheid (§ 79 Abs. 1 Nr. 2 VwGO) definitiv zur Wiederherstellung der Baugenehmigung, ohne daß es einer erneuten Widerspruchsentscheidung der Widerspruchsbehörde bedürfte.

2. Zusätzliche selbständige Beschwer (§ 79 Abs. 2 VwGO)

160 Alleiniger Gegenstand der Anfechtungsklage kann nach § 79 Abs. 2 Satz 1 VwGO der Widerspruchsbescheid auch dann sein, wenn und soweit er gegenüber dem ursprünglichen Verwaltungsakt eine zusätzliche selbständige Beschwer enthält. Wie der Vergleich mit § 79 Abs. 2 Satz 2 VwGO zeigt, betrifft § 79 Abs. 2 Satz 1 VwGO unmittelbar nur eine selbständige *materielle Beschwer;* die Vorschrift erfaßt also namentlich die Fälle des Selbsteintritts und der reformatio in peius.

---

60 BVerwG, Beschl. v. 26. 3. 1980 – 8 B 19.80 –, Buchholz 310 § 79 VwGO Nr. 13; Urt. v. 25. 8. 1982 – 8 C 50.80 –, Buchholz 310 § 79 VwGO Nr. 18.

161 Als eine zusätzliche Beschwer im Sinne des § 79 Abs. 2 Satz 1 VwGO gilt auch die Verletzung einer wesentlichen Verfahrensvorschrift, sofern der Widerspruchsbescheid auf dieser Verletzung beruht (§ 79 Abs. 2 Satz 2 VwGO). Wesentlich ist jede Verfahrensvorschrift, die nicht bloße Ordnungsvorschrift ist[61]. Dabei kann die Verletzung einer solchen wesentlichen Verfahrensvorschrift nur mit Erfolg gerügt werden, wenn die Möglichkeit besteht, daß dieser formelle Mangel für die im Widerspruchsbescheid getroffene Entscheidung kausal gewesen sein könnte. Dieser Maßstab entspricht dem Beruhenkönnen im Sinne des § 132 Abs. 2 Nr. 3 VwGO[62] oder – nach der hier vertretenen Auffassung[63] – des § 46 VwVfG[64]. Wegen isolierter Verfahrensmängel des Widerspruchsverfahrens kann ein Widerspruchsbescheid mithin jedenfalls dann nicht aufgehoben werden, wenn im Widerspruchsverfahren keine Zweckmäßigkeits-, sondern nur eine reine Rechtmäßigkeitsprüfung stattfindet[65], einer gleichwohl erhobenen isolierten Anfechtungsklage mangelt das erforderliche Rechtsschutzbedürfnis.

162 Eine entsprechende Anwendung dieser – dem ausdrücklichen Wortlaut zufolge nur für die Anfechtungsklage geltenden – Vorschrift auch auf *Verpflichtungsklagen* scheidet aus. Nach § 113 Abs. 4 Satz 1 VwGO spricht das Gericht die Verpflichtung der Verwaltungsbehörde aus, die beantragte Amtshandlung vorzunehmen, wenn die Sache spruchreif ist, soweit die Ablehnung oder Unterlassung des Verwaltungsaktes rechtswidrig und der Kläger dadurch in seinen Rechten verletzt ist; bei fehlender Spruchreife kommt es zu einem Bescheidungsausspruch (§ 113 Abs. 4 Satz 2 VwGO). Wie sich schon aus dem Vergleich zu der Fassung des § 113 Abs. 1 Satz 1 VwGO („. . . hebt das Gericht den Verwaltungsakt und den etwaigen Widerspruchsbescheid auf.") ergibt, steht bei der Verpflichtungsklage das Verpflichtungsbegehren im Vordergrund. Demgegenüber kommt dem darin notwendig enthaltenen Aufhebungsbegehren hinsichtlich der versagenden Verwaltungsentscheidung und eines diese bestätigenden Widerspruchsbescheids keine selbständige Bedeutung zu. Vielmehr hat das Gericht stets in der Sache – und sei es im Wege des Bescheidungsurteils – darüber zu entscheiden, ob dem Kläger ein Anspruch auf den begehrten Verwaltungsakt zusteht oder nicht. Bei dieser Sachlage ist für eine isolierte Anfechtung des Widerspruchsbescheides kein Raum.[66]

163 Wird auf eine isolierte Anfechtungsklage nach § 79 Abs. 2 Satz 2 VwGO oder auf eine kombinierte Einheits- und isolierte Anfechtungsklage nach § 79 Abs. 1

---

61 BVerwG, Urt. v. 11. 10. 1984 – 5 C 144.83 –, BayVBl. 1985, 313 (zu § 114 Abs. 2 BSHG – wesentliche Verfahrensvorschrift).
62 Kopp, VwGO, § 79 Rn. 14.
63 Dazu o. Rn. 52 f.
64 Pietzner/Ronellenfitsch, § 7 Rn. 16; a. A. Kopp, VwGO, § 79 Rn. 14.
65 BVerwG, Urt. v. 7. 10. 1980 – 6 C 39.80 –, NJW 1981, 1683.
66 BVerwG, Urt. v. 6. 2. 1986 – 5 C 23.85 –, NVwZ 1987, 320 = BayVBl. 1987, 216.

Nr. 1, Abs. 2 Satz 2 VwGO (nur) der Widerspruchsbescheid aufgehoben, so fragt sich, wie das Verwaltungsgericht zu entscheiden hat. Mit der (alleinigen) Aufhebung des Widerspruchsbescheides wird in diesen Fällen das Verfahren in den status quo ante zurückversetzt: Der Widerspruch ist wieder bei der Widerspruchsbehörde anhängig, die (erneut) über ihn zu entscheiden hat. Dabei ergeben sich für den Ausspruch des Verwaltungsgerichts keine Probleme, wenn nur der Widerspruchsbescheid nach § 79 Abs. 2 Satz 2 VwGO Klagegegenstand gewesen ist; denn dann hat es ohne weiteres bei dem Ausspruch der Aufhebung des Widerspruchsbescheids durch Urteil sein Bewenden. Umstritten ist hingegen, wie bei einer in dem eben dargestellten Sinne „kombinierten" Klage zu verfahren ist. Ausgangspunkt der Überlegungen muß dabei sein, daß dann nur die Rechtswidrigkeit des Widerspruchsbescheides feststeht, über den Ausgangsbescheid (ggf. in der Gestalt des Widerspruchsbescheides) aber (noch) nicht entschieden werden kann. Nach Auffassung des BVerwG stehen in diesem Falle verschiedene Möglichkeiten offen: Das Verwaltungsgericht kann den Widerspruchsbescheid aufheben und die Klage im übrigen als zur Zeit unbegründet abweisen; es kann aber auch über den Widerspruchsbescheid durch Teilurteil (§ 110 VwGO)[67] entscheiden und im übrigen das Ruhen des Verfahrens herbeiführen (§ 173 VwGO i. V. m. § 251 ZPO) oder das Verfahren aussetzen (§ 94 VwGO)[68].

3. Passivlegitimation

164 Wird der Widerspruchsbescheid isoliert angefochten, so ist passivlegitimiert der Rechtsträger der Widerspruchsbehörde bzw. – soweit das Landesrecht von der Ermächtigung des § 78 Abs. 1 Nr. 2 VwGO Gebrauch gemacht hat – diese selbst. Das ergibt sich unproblematisch für den Fall des § 79 Abs. 1 Nr. 2 VwGO aus § 78 Abs. 2 VwGO, für die Fälle des § 79 Abs. 2 VwGO aus § 79 Abs. 3 i. V. m. § 78 Abs. 2 VwGO. Auch bei isolierter Anfechtung des Widerspruchsbescheids (allein) wegen einer zusätzlichen selbständigen Beschwer (§ 79 Abs. 2 Satz 1 VwGO) gilt nichts anderes[69].

165 Davon zu unterscheiden ist die Konstellation, daß der Widerspruchsbescheid den Ausgangsbescheid inhaltlich verändert hat und nunmehr der Ausgangsbescheid in Gestalt des Widerspruchsbescheides im Wege der Einheitsklage angefochten wird (§ 79 Abs. 1 Nr. 1 VwGO). Dann muß sich der Rechtsträger der Ausgangsbehörde (bzw. – im Hinblick auf § 78 Abs. 1 Nr. 2 VwGO – diese selbst) den Ausgangsbescheid auch in seiner durch den Widerspruchsbescheid

---

67 Dagegen Kopp, VwGO, § 110 Rn. 4.
68 BVerwG, Urt. v. 11. 10. 1984 – 5 C 144.83 –, NVwZ 1985, 901.
69 BVerwG, Urt. v. 29. 8. 1986 – 7 C 51.84 –, NVwZ 1987, 215; BayVGH, Urt. v. 10. 1. 1983 – Nr. 22.B–1520/79 –, BayVBl. 1983, 530 m. w. N.; a. A. BayVGH, Urt. v. 23. 5. 1977 – Nr. 99 XI 75 –, NJW 1978, 443 = BayVBl. 1978, 16 m. abl. Anm. Theuersbacher, BayVBl. 1978, 18 und Renck-Laufke, BayVBl. 1978, 247.

veränderten Fassung zurechnen lassen (§ 78 Abs. 1 Nr. 1 VwGO). Daran ändert sich – mit Rücksicht nicht zuletzt auf die dann entstehenden erheblichen praktischen Schwierigkeiten (Parteiwechsel!) – auch nichts, wenn während des verwaltungsgerichtlichen Verfahrens die ursprünglich auf den (durch den Widerspruchsbescheid veränderten) Ausgangsbescheid insgesamt erstreckte Anfechtungsklage nunmehr auf die im Widerspruchsbescheid enthaltene isolierte Beschwer beschränkt wird[70]. Eine Ausnahme hiervon wird nur in den Fällen des Selbsteintritts zu machen sein: Denn dann beschränkt sich die Widerspruchsbehörde unter Überschreitung der Grenzen des Verfahrensgegenstandes nicht auf eine Änderung des Ausgangsbescheides, sondern erläßt einen neuen selbständigen Verwaltungsakt, so daß sie bzw. ihr Rechtsträger wegen § 78 Abs. 1 VwGO passiv legitimiert ist[71].

---

[70] BVerwG v. 29. 8. 1986 (o. Fn. 69), a.a.O.

[71] Aufbauhinweis: Die Passivlegitimation ist als erste Frage bei der Begründetheitsprüfung zu untersuchen (vgl. auch Kopp, VwGO, Vorb § 40 Rn. 28). So verfährt – soweit ersichtlich – auch ganz allgemein die Praxis; in der Lehre vertretene abweichende Auffassungen, wonach die Passivlegitimation ein Problem der Zulässigkeit darstelle, mögen diskutabel sein, sollten aber der Assessorklausur nicht zugrundegelegt werden.

DRITTER TEIL
Verwaltungsprozeßrecht

A. Hauptsacheverfahren

I. Allgemeines

166 Die nachfolgende Darstellung befaßt sich vor allem mit *Zulässigkeitsproblemen* verwaltungsgerichtlicher Klagen. Die Behandlung solcher Fragen in der öffentlich-rechtlichen Klausur des Assessorexamens muß in besonderem Maße dem Umstand Rechnung tragen, daß hier eine praxisbezogene, eine praktisch verwertbare Leistung gefordert wird. Nicht zuletzt von der Universitätsausbildung her sind viele Bearbeiter daran gewöhnt, ausnahmslos sämtliche nur erdenklichen Zulässigkeitsvoraussetzungen nicht nur gedanklich zu prüfen, sondern das Ergebnis dieser Erwägungen auch niederzuschreiben, ganz unabhängig davon, ob damit auch echte Fallprobleme gelöst werden. Kommt wohl niemand auf den Gedanken, etwa bei einer Mietstreitigkeit zu untersuchen, ob für diese der Rechtsweg zu den ordentlichen Gerichten eröffnet ist, so kann man gleichwohl beispielsweise bei Klagen auf Erteilung einer Baugenehmigung häufig erschöpfende Ausführungen dazu finden, daß hierfür die Zuständigkeit der Verwaltungsgerichte gegeben ist und es sich bei dem begehrten hoheitlichen Handeln um einen Verwaltungsakt dreht. Derlei Banalitäten sind fehl am Platze; günstigstenfalls kosten sie nur Zeit, häufig aber verärgern sie den Korrektor. Niemand wird beanstanden, wenn bei einer unproblematisch zulässigen Klage die Entscheidungsgründe des zu entwerfenden Urteils mit dem lapidaren Satz beginnen: „Die zulässige Klage ist auch begründet" (oder nicht, oder nur zum Teil). So verfährt die Praxis auch der Obergerichte, und daran sollte man sich halten. Mit anderen Worten: Unproblematische Zulässigkeitsvoraussetzungen haben schlicht unerörtert zu bleiben. Das gilt grundsätzlich auch für das Gutachten.

167 Erweist sich die Klage als unzulässig, so hängt das weitere Vorgehen von der Aufgabenstellung ab. Ist ein Gutachten zu erstatten, so ist darin – was auch ohne besonderen Hinweis im Bearbeitervermerk aus dem Wesen des Gutachtens folgt – auf alle von der jeweiligen Aufgabe aufgeworfenen Rechtsfragen einzugehen, also unabhängig von der festgestellten Unzulässigkeit der Klage auch auf deren – etwaige – Begründetheit[1]. Ist ein Urteilsentwurf zu fertigen, ist die Klage abzuweisen und in den Entscheidungsgründen regelmäßig allein auf deren Unzulässigkeit abzustellen. Mit den Begründetheitsfragen muß man sich im Hilfsgutachten auseinandersetzen. Keinesfalls aber darf man in einem Urteilsentwurf die Frage der Zulässigkeit offenlassen und die Klage jedenfalls als unbegründet

---

1 Ob man diese Ausführungen dann als „Hilfsgutachten" bezeichnet, ist wohl Geschmackssache, aber zumindest nicht erforderlich.

abweisen. Denn davon, ob die Klage als unzulässig oder als unbegründet abgewiesen wird, hängt die Reichweite der Rechtskraft (§ 121 VwGO) ab[2].

Ob eine Klage *begründet* ist, hängt weitestgehend nicht vom Prozeß-, sondern vom materiellen Recht ab. Prozessualer Ausgangspunkt dieser Prüfung müssen aber stets die einschlägigen Vorschriften der VwGO sein. Es empfiehlt sich, sie sowohl gedanklich als auch bei der Niederschrift stets an den Anfang der Darlegungen zu stellen. Sonst vergißt man nur zu leicht, daß eine Anfechtungsklage eben nur begründet ist, wenn der angegriffene Verwaltungsakt sowohl rechtswidrig ist als auch den Kläger in seinen Rechten verletzt (§ 113 Abs. 1 Satz 1 VwGO), oder daß eine Verpflichtungsklage nur dann in vollem Umfange Erfolg hat, wenn dem Kläger ein Anspruch auf den begehrten Verwaltungsakt zusteht, nicht etwa schon dann, wenn sich die Versagung dieses Verwaltungsakts als rechtswidrig erweist (§ 113 Abs. 4 Satz 1 VwGO).

168

II. Verwaltungsrechtsweg

Daß für eine Klage der Verwaltungsrechtsweg (§ 40 VwGO) eröffnet ist, ist in der ganz großen Mehrzahl der Fälle unproblematisch und bedarf daher keiner näheren Diskussion. Erwähnen sollte man diese Selbstverständlichkeit allenfalls dann, wenn sich dies nicht aus § 40 VwGO unmittelbar, sondern aus sondergesetzlichen Zuweisungen ergibt, etwa bei *beamtenrechtlichen Streitigkeiten* (§ 126 Abs. 1 BRRG). Insoweit ergibt sich der Verwaltungsrechtsweg aus § 40 Abs. 1, Abs. 2 Satz 2, § 126 Abs. 1 BRRG auch bei Schadensersatzansprüchen, die auf eine Verletzung der Fürsorgepflicht des Dienstherrn gestützt werden; wird dagegen ein Amtshaftungsanspruch (§ 839 BGB, Art. 34 GG) geltend gemacht, ist der Rechtsweg zu den ordentlichen Gerichten gegeben (§ 40 Abs. 2 Satz 1 VwGO)[3], wobei diese Rechtswegzuweisung auch etwaige Auskunfts- und andere Nebenansprüche mit umfaßt[4]. Bei Streitigkeiten aus dem *Sozialhilferecht* mag man ergänzend auf § 188 VwGO hinweisen.

169

Eine Reihe gängiger Probleme ist inzwischen von der Rechtsprechung befriedigend geklärt worden. So nimmt die verwaltungsgerichtliche Rechtsprechung für *Stellplatzablösungsverträge* deren öffentlich-rechtliche Natur an[5]. Schlägt ein öffentlich-rechtlicher Vertrag fehl, so ist für Streitigkeiten über die Rückabwicklung des Vertragsverhältnisses nach *Bereicherungsrecht* (§§ 812 ff. BGB) ebenfalls der Verwaltungsrechtsweg eröffnet[6].

170

---

2 Vgl. dazu OLG Zweibrücken, Urt. v. 10. 2. 1982 – 7 U 81/81 –, NVwZ 1982, 332.
3 BVerwG, Urt. v. 20. 4. 1977 – VI C 3.74 –, NJW 1978, 717.
4 BGH, Urt. v. 25. 9. 1980 – III ZR 74/78 –, NJW 1981, 675.
5 BVerwG, Urt. v. 13. 7. 1979 – 4 C 67.75 –, NJW 1980, 1294; offen gelassen entgegen der früher die Eröffnung des Rechtswegs zu den ordentlichen Gerichten annehmenden Rechtsprechung nunmehr bei BGH, Urt. v. 28. 2. 1979 – VI ZR 246/76 –, NJW 1979, 1860.
6 BVerwG, Urt. v. 1. 2. 1980 – 4 C 40.77 –, NJW 1980, 2538 (unzulässige Verpflichtung zur Bauleitplanung).

171 Für *öffentlich-rechtliche Unterlassungsansprüche* ist ebenfalls der Verwaltungsrechtsweg eröffnet. Das gilt für Erklärungen von Hoheitsträgern, deren *Widerruf und Unterlassung* gefordert wird, auch dann, wenn sich diese Erklärungen auf den fiskalischen Bereich beziehen, aber zur Darstellung von und Rechenschaftslegung über hoheitliche Verwaltungstätigkeiten abgegeben werden[7]. Von steigender praktischer Bedeutung sind öffentlich-rechtliche Unterlassungsansprüche gegen *emittierende hoheitliche Betätigungen*. Auch für sie ist der Verwaltungsrechtsweg eröffnet[8], und zwar auch dann, wenn der Anspruchsgegner eine Religionsgemeinschaft nach Art. 137 Abs. 5 WRV i. V. m. Art. 140 GG darstellt[9].

172 Schwierigkeiten kann im Einzelfall die Abgrenzung des Verwaltungsrechtswegs zum Rechtsweg nach § 23 Abs. 1 Satz 1 EGGVG bei *polizeilichen Maßnahmen* bereiten. Dabei ist im Grundsatz davon auszugehen, daß sich die Rechtswegzuständigkeit bei strafverfolgender (repressiver) polizeilicher Tätigkeit nach § 23 Abs. 1 Satz 1 EGGVG richtet, während bei vorbeugendem (präventivem) Tätigwerden der Verwaltungsrechtsweg eröffnet ist. Ob das eine oder das andere der Fall ist, kann sich im Einzelfalle aus der zugrundegelegten Befugnisnorm ergeben. So ist gegen Maßnahmen nach § 81 b 1. Alt. StPO im Rechtsweg nach § 23 Abs. 1 Satz 1 EGGVG vorzugehen, während Maßnahmen nach § 81 b 2. Alt. StPO zwar voraussetzen, daß der davon Betroffene Beschuldigter im strafprozessualen Sinne ist, aber gerade nicht Zwecken der Durchführung des Strafverfahrens, sondern anderen erkennungsdienstlichen Zielsetzungen dienen[10]. Häufig freilich werden mit ein und derselben polizeilichen Maßnahme sowohl strafverfolgende wie auch präventive Zwecke verfolgt. Dann kommt es – innerhalb eines aus dem Gesamtgeschehen abtrennbaren Handlungsabschnittes – darauf an, wo der Schwerpunkt der Maßnahme liegt, wobei auch zu berücksichtigen ist, wie sich die jeweilige Maßnahme bei objektiver Betrachtungsweise dem Betroffenen darstellen mußte[11]. Auch das fällt allerdings oft nicht leicht. Gefragt ist dann in der Regel weniger das Ergebnis, mehr eine in sich schlüssige und überzeugende Argumentation.

173 Ähnliche Fragen stellen sich bei der Abgrenzung des Verwaltungsrechtswegs zum Rechtsweg nach § 3 FEVG bei *Freiheitsentziehungen*. Zu beachten ist in diesem Zusammenhang zunächst, daß diese Rechtswegzuweisung bei jeder Freiheitsentziehung eingreift, die zur Durchsetzung von Bundesrecht erfolgt, und

---

7 BGH, Urt. v. 14. 12. 1978 – III ZR 32/77 –, NJW 1979, 642.
8 BVerwG, Urt. v. 19. 1. 1988 – 7 C 77.87 –, NJW 1989, 1291; v. 29. 4. 1988 – 7 C 33.87 –, NJW 1988, 2396 (Feuerwehrsirene); zum Gesamtproblem Laubinger, Der öffentlich-rechtliche Unterlassungsanspruch, VerwArch 80 (1989), 261 ff.
9 BVerwG, Urt. v. 7. 10. 1983 – 7 C 44.81 –, NJW 1984, 989 (liturgisches Glockengeläute).
10 BVerwG, Urt. v. 19. 10. 1982 – 1 C 29.79 –, NJW 1983, 772.
11 Dazu z. B. OVG Nordrhein-Westfalen, Urt. v. 13. 9. 1979 – IV A 2597/78 –, NJW 1980, 855 (Beobachtende Fahndung); BayVGH, Beschl. v. 14. 1. 1986 – Nr. 21 B 85 A. 390 –, NVwZ 1986, 655 = BayVBl. 1986, 337.

zwar auch dann, wenn die freiheitsentziehende Maßnahme ihrerseits ihre Rechtsgrundlage im Landesrecht findet[12]. Sorgfältig zu unterscheiden ist aber zwischen der Freiheitsentziehung einerseits, anderen freiheitsbeschränkenden Maßnahmen andererseits. So stellt eine Ingewahrsamnahme zum Zwecke der Abschiebung (§ 13 AuslG) eine Freiheitsentziehung dar[13], nicht aber die Durchführung der Abschiebung mittels (nur freiheitsbeschränkenden) unmittelbaren Zwangs[14].

Als abschließend geklärt kann auch angesehen werden, daß hinsichtlich des Ob der *Benutzung öffentlicher Einrichtungen* – unabhängig von der Ausgestaltung des Benutzungsverhältnisses hinsichtlich des Wie – der Verwaltungsrechtsweg gegeben ist[15]. Auch gegen ein *Hausverbot* für ein öffentliches Gebäude soll nach neuerer Auffassung unabhängig von der Motivation des Störers nur der Verwaltungsrechtsweg eröffnet sein[16]. **174**

Die *politischen Parteien* sind zwar durch Art. 21 GG in die Verfassungsordnung inkorporiert worden. Das ändert aber – wie auch § 11 Abs. 3 Satz 2 ParteiG zeigt – nichts an ihrer Rechtsnatur als Vereine nach bürgerlichem Recht. Streitigkeiten um die Mitgliedschaft in einer politischen Partei sind daher im Zivilrechtsweg auszutragen[17]. **175**

Im Assessorexamen – soweit ersichtlich – selten sind Abgrenzungsprobleme zwischen Verwaltungs- und *Verfassungsrechtsweg*. Keine verfassungsrechtlichen Rechtsstreitigkeiten sind insbesondere solche um den Erlaß untergesetzlicher Rechtsnormen, wie sich schon aus § 47 VwGO ableiten läßt, der gegen eine Monopolisierung aller mit Rechtsnormen befaßten Streitigkeiten bei den Verfassungsgerichten spricht. Auch für *Normerlaßklagen* kann daher der Verwaltungsrechtsweg eröffnet sein[18]. **176**

Die vorstehend knapp skizzierten Einzelfälle stellen gewiß nur einen Ausschnitt aus den zahlreichen, wenn nicht zahllosen Streitfragen über die Eröffnung des Verwaltungsrechtswegs dar, wegen deren Vielfalt auf die Lehrbuch- und Kommentarliteratur verwiesen werden muß. Steht in der Prüfung kein zugelassenes Hilfsmittel zur Verfügung, so muß man mit dem Mut zur Lücke leben. **177**

---

12 BVerwG, Urt. v. 23. 6. 1981 – 1 C 93.76 –, NJW 1982, 536.
13 BVerwG (o. Fn. 12), a.a.O.
14 BVerwG, Urt. v. 23. 6. 1981 – 1 C 78.77 –, NJW 1982, 537.
15 Vgl. in diesem Zusammenhang vor allem die zahlreichen Volksfest-Zulassungsfälle, dazu Lässig, Die Vergabe von Standplätzen auf kommunalen Volksfesten, NVwZ 1983, 18; a. A. in besonderen Fällen OVG Rheinland-Pfalz, Urt. v. 3. 2. 1982 – 2 A 33.81 –, NVwZ 1982, 379.
16 BayVGH, Beschl. v. 9. 7. 1980 – Nr. 9 CS 80 A. 268 –, NJW 1980, 2782; vgl. a. Urt. v. 16. 12. 1981 – Nr. 4 B 80 A. 1991 –, NJW 1982, 1717.
17 VGH Baden-Württemberg, Urt. v. 1. 6. 1978 – X 45/75 –, NJW 1977, 72; ebenso für den Fraktionsausschluß bei einer Fraktion nach bayerischem Kommunalrecht BayVGH, Urt. v. 9. 3. 1988 – Nr. 4 B 86.03226 –, BayVBl. 1988, 432; dagegen Rothe, Sind die Fraktionen in Bayern keine Teile der kommunalen Vertretungskörperschaften? BayVBl. 1989, 359.
18 BVerwG, Urt. v. 3. 11. 1988 – 7 C 115.86 –, NJW 1989, 1495.

Gerade in echten Zweifelsfällen wird es mehr auf eine saubere Gedankenführung ankommen als auf ein bestimmtes – möglicherweise ohnehin umstrittenes – Ergebnis. Allgemein läßt sich nur ein taktischer Ratschlag geben: Die Wahrscheinlichkeit spricht jedenfalls nicht dafür, daß ausgerechnet in einer öffentlich-rechtlichen Klausur der Verwaltungsrechtsweg zugunsten des ordentlichen verschlossen bleiben sollte[19].

III. Statthafte Klageart

1. Allgemeines

178 Die Frage nach der statthaften Klageart ist die Frage nach der Rechtsnatur der streitigen behördlichen Maßnahme. Sie darf daher auch dann nicht offenbleiben, wenn es im Ergebnis darauf nicht ankommt. Denn häufig stellt die Klärung dieser Rechtsnatur einen wesentlichen Problemschwerpunkt der Aufgabe dar. Dies gilt es namentlich bei beamtenrechtlichen Fällen zu beachten. Auch wenn die Klageerhebung hier wegen § 126 Abs. 3 BRRG stets die vorherige Durchführung eines Widerspruchsverfahrens (§§ 68 ff. VwGO) voraussetzt[20], muß gleichwohl geklärt werden, ob die beamtenrechtliche Entscheidung, die Gegenstand des Rechtsstreits ist, Verwaltungsaktqualität hat oder nicht.

179 Ausgangspunkt der Frage, welche Klageart statthaft ist, ist die Frage nach dem Vorliegen eines *Verwaltungsakts*. Wird ein Verwaltungsakt angegriffen, ist die Anfechtungsklage, wird der Erlaß eines Verwaltungsakts begehrt, ist die Verpflichtungsklage zu erheben (§ 42 Abs. 1 VwGO). Ist Gegenstand des Rechtsstreits kein Verwaltungsakt, sondern eine Rechtsnorm, ist die Erhebung eines Normenkontrollantrags nach § 47 VwGO[21] geboten. Ist Gegenstand der zu erhebenden Klage weder ein Verwaltungsakt noch eine Rechtsnorm, so kommt – sieht man von der Nichtigkeitsfeststellungsklage (§ 43 Abs. 1 2. Alt. VwGO) ab – eine allgemeine Feststellungsklage (§ 43 Abs. 1 1. Alt. VwGO) oder eine allgemeine Leistungsklage in Betracht.

180 Ob zunächst ein Verwaltungsakt angegriffen oder angestrebt worden ist, spielt auch bei einer Erledigung der Hauptsache eine Rolle. War Gegenstand der Klage ursprünglich ein Verwaltungsakt, so kann zur Fortsetzungsfeststellungsklage (§ 113 Abs. 1 Satz 4 VwGO – ggf. analog) übergegangen werden. War Gegenstand hingegen ein Nicht-Verwaltungsakt, muß auf eine allgemeine Feststel-

---

19 In diesem Sinne auch Pietzner/Ronellenfitsch, § 5 Rn. 12.
20 Dazu o. Rn. 130 f.
21 Dabei ist § 47 Abs. 1 Nr. 2 VwGO zu beachten! Soweit das Landesrecht die Normenkontrolle nicht eingeführt hat, ist auch eine allgemeine Feststellungsklage auf Feststellung der Nichtigkeit der untergesetzlichen landesrechtlichen Norm unzulässig: BVerwG, Urt. v. 9. 12. 1982 – 5 C 103.81 –, NJW 1983, 2208. Für die Statthaftigkeit der Normenkontrolle nach § 47 Abs. 1 Nr. 1 VwGO kommt es demgegenüber auf das Landesrecht nicht an, so daß entsprechende landesrechtliche Vorschriften – wie etwa Art. 5 BayAGVwGO – daneben nicht mehr zu zitieren sind.

lungsklage umgestellt werden[22], die hinsichtlich der an das Feststellungsinteresse zu stellenden Anforderungen jedoch entsprechend den für die Fortsetzungsfeststellungsklage geltenden Maßstäben zu behandeln ist[23]. Bei einer außer Kraft getretenen Norm verbleibt es demgegenüber bei dem Zulässigkeitsmaßstab des § 47 Abs. 2 Satz 1 VwGO; denn einen Nachteil kann der Antragsteller auch durch eine bereits aufgehobene Norm erlitten haben, deren Nachprüfung auch nach ihrem Außerkrafttreten daher grundsätzlich im Normenkontrollverfahren möglich und auch sinnvoll bleibt.[24]

2. Verwaltungsakt – Nicht-Verwaltungsakt

Dreh- und Angelpunkt für die Ermittlung der statthaften Klageart ist also der Begriff des Verwaltungsakts (§ 35 VwVfG). Man mag de lege ferenda darüber streiten, ob diese zentrale Rolle des Verwaltungsaktsbegriffs dem heutigen Stand der Entwicklung des Verwaltungsprozeßrechts noch entspricht[25]. War ursprünglich verwaltungsgerichtlicher Rechtsschutz nur gegen Verwaltungsakte eingeräumt, so hing damit notwendig die Rechtsschutzgewährung von der Qualifizierung der streitigen behördlichen Maßnahme als Verwaltungsakt ab. Mit der Anerkennung der allgemeinen Leistungsklage als Rechtsschutzmittel bezüglich behördlicher Maßnahmen, die zwar Außenwirkung aufweisen, denen aber die Regelungswirkung fehlt, hat indessen der Verwaltungsaktsbegriff seine herausragende Bedeutung für das Ob der verwaltungsgerichtlichen Rechtsschutzgewährung verloren. Der verwaltungsgerichtlichen Nachprüfung sind nur noch solche behördlichen Handlungen entzogen, denen sowohl die Regelungs- als auch die Außenwirkung fehlt, die also reine Interna darstellen, wie etwa die gemeindliche Erklärung über das *Einvernehmen* nach § 36 Abs. 1 BauGB[26] oder die *Linienbestimmung* nach § 16 Abs. 1 FStrG[27]. **181**

Ob ein Verwaltungsakt vorliegt, hängt nach der ständigen Rechtsprechung des BVerwG[28] wesentlich von dem jeweils zugrundeliegenden materiellen Recht ab. Dieser Satz ist ebenso sachlich zutreffend wie im konkreten Fall wenig hilfreich. Eine Darstellung der vielfältigen Streitfragen um den Verwaltungsaktsbegriff ist an dieser Stelle nicht möglich, nur der Hinweis auf einige Einzelfälle, die – soweit ersichtlich – in der Prüfungspraxis häufiger eine Rolle spielen: So stellt einen **182**

---

22 BVerwG, Urt. v. 10. 5. 1984 – 3 C 68.82 –, NJW 1985, 1302.
23 BVerwG, Urt. v. 3. 11. 1988 – 7 C 115.86 –, NJW 1989, 1495.
24 BVerwG, Beschl. v. 2. 9. 1983 – 4 N 1.83 –, NJW 1984, 881.
25 Dazu z. B. Tschira/Schmitt Glaeser, Rn. 185 m. w. N.
26 Dazu BVerwG, Urt. v. 25. 10. 1967 – IV C 129.65 –, NJW 1968, 905.
27 BVerwG, Urt. v. 26. 6. 1981 – 4 C 5.78 –, NJW 1981, 2592.
28 So z. B. BVerwG, Beschl. v. 27. 2. 1978 – 7 B 36.77 –, NJW 1978, 1820 (deshalb revisionsgerichtlich nicht zu beanstanden, wenn die Weisung einer Fachaufsichtsbehörde nach bayerischem Kommunalrecht gegenüber einer Gemeinde in einer Angelegenheit des übertragenen Wirkungskreises nicht als Verwaltungsakt angesehen wird).

schulorganisatorischen Verwaltungsakt die Auflösung einer Schule dar[29]. Verwaltungsakt ist auch die *Nichtversetzung*, nicht hingegen regelmäßig die einzelne Zeugnisnote[30]. Die *Bezeichnung* eines Vorhabens nach § 1 Abs. 3 LBG stellt nur gegenüber der betroffenen Gemeinde, nicht aber gegenüber dem einzelnen Bürger einen Verwaltungsakt dar[31].

183 Ob vom Vorliegen eines Verwaltungsakts auszugehen ist, entscheidet sich aber nicht allein nach dem zugrundeliegenden materiellen Recht. Vielmehr kommt es auch darauf an, wie sich das behördliche Handeln bei objektiver Betrachtungsweise für den Adressaten erkennbar darstellt. Geriert sich eine behördliche Maßnahme – aus dem Blickwinkel dieses „objektivierten Empfängerhorizonts" betrachtet – als Verwaltungsakt, so ändert daran nichts, daß sie in Wahrheit auf Privatrecht gestützt wird[32]. Nach – freilich fragwürdiger – Auffassung des BVerwG soll dies auch gelten, wenn die Widerspruchsbehörde einen Nicht-Verwaltungsakt als Verwaltungsakt behandelt, den gegen den Nicht-Verwaltungsakt gerichteten Widerspruch also nicht als unzulässig zurückweist, sondern in der Sache verbescheidet. Denn Gegenstand der Anfechtungsklage sei der ursprüngliche Verwaltungsakt in der Gestalt, die er durch den Widerspruchsbescheid gefunden habe; dies gelte auch dann, wenn der behördlichen Maßnahme erst durch den Widerspruchsbescheid die „Gestalt" eines Verwaltungsakts gegeben worden sei (§ 79 Abs. 1 Nr. 1 VwGO)[33].

184 Besonders häufig geht es in Fällen aus dem *Beamtenrecht* darum, die jeweils streitige Maßnahme richtig einzuordnen. Die Rechtsprechung auch des BVerwG hat in diesem Bereich vielfältigen Wandlungen unterlegen, die auch die Entwicklung der Bedeutung des Verwaltungsaktsbegriffs[34] widerspiegeln. Wurde zuerst auf die Intensität, die Schwere des Eingriffs zur Bestimmung der Verwaltungsaktsqualität abgestellt, wurde später danach unterschieden, ob das Grund- (dann Verwaltungsakt) oder das Betriebsverhältnis (dann kein Verwaltungsakt) betroffen war, wobei nicht gesehen wurde, daß mit dieser Argumentationsfigur die Frage nach den Kriterien für die Unterscheidung von Verwaltungsakt und Nicht-Verwaltungsakt nur auf eine andere Ebene verlagert worden war. Zeitweilig ließ das BVerwG die Frage nach der Rechtsnatur der beamtenrechtlichen Entscheidung sogar offen, weil es darauf für die Eröffnung des verwaltungsgerichtlichen Rechtsschutzes – namentlich wegen § 126 Abs. 3 BRRG – nicht ankomme[35].

---

29 BVerwG, Beschl. v. 24. 4. 1978 – 7 B 111.77 –, NJW 1978, 2211.
30 BVerwG, Urt. v. 14. 7. 1978 – 7 C 11.76 –, NJW 1979, 229.
31 BVerwG, Urt. v. 11. 4. 1986 – 4 C 51.83 –, NJW 1986, 2447.
32 BVerwG, Beschl. v. 9. 11. 1984 – 7 C 5.84 –, NVwZ 1985, 264.
33 BVerwG, Urt. v. 26. 6. 1987 – 8 C 21.86 –, NVwZ 1988, 51.
34 Dazu o. Rn. 181.
35 Deshalb ist die in der Kommentarliteratur teilweise noch dokumentierte ältere Rechtsprechung allenfalls mit großer Zurückhaltung heranzuziehen.

185 Richtiger Ansatzpunkt ist demgegenüber nach der neueren Rechtsprechung des BVerwG der beamtenrechtliche *Amtsbegriff*[36]. Zu unterscheiden ist zwischen dem *Amt im statusrechtlichen Sinne*, beschrieben durch Laufbahn und Besoldungsgruppe, dem *Amt im abstrakt-funktionellen Sinne,* beschrieben durch den allgemeinen Aufgabenkreis eines Beamten bei einer bestimmten Behörde, und dem *Amt im konkret-funktionellen Sinne* (Dienstposten), beschrieben durch den besonderen, etwa durch Geschäftsverteilungsplan zugewiesenen Aufgabenkreis eines Beamten in einer bestimmten Behörde. Wird das Amt im statusrechtlichen Sinne verändert, so liegt stets ein Verwaltungsakt vor. Solche Veränderungen bedürfen meist einer *Ernennung* (vgl. den Katalog in § 6 Abs. 1 BBG), sieht man von den Fällen der Beendigung des Beamtenverhältnisses (§ 6 Abs. 3 BBG) ab. Dasselbe gilt für Maßnahmen, die das Amt im abstrakt-funktionellen Sinne berühren. Hauptbeispiele dafür sind die *Versetzung* (§ 26 BBG) und die – gewissermaßen eine „Versetzung auf Zeit" darstellende – *Abordnung* (§ 27 BBG). Namentlich von der Versetzung zu unterscheiden ist die *Umsetzung*, mit welcher der Dienstposten des Beamten verändert, ihm etwa ein anderer Aufgabenkreis zugewiesen wird, ohne daß er die Behörde verläßt, in der er bisher tätig gewesen ist. Solche Maßnahmen berühren nur das Amt im konkret-funktionellen Sinne und sind (deshalb) niemals Verwaltungsakte, mögen sie auch schwerwiegende Konsequenzen für den Beamten haben, etwa den Verlust einer besonders hervorgehobenen Stellung innerhalb der Behörde[37]. Einhelligkeit besteht inzwischen auch über die Rechtsnatur der *dienstlichen Beurteilung*. Sie bereitet zwar – mögliche – Veränderungen des Amts im statusrechtlichen Sinne (z. B. Beförderung) vor, läßt aber dieses Amt als solches unberührt; deshalb handelt es sich auch bei ihr nicht um einen Verwaltungsakt[38].

186 Von Bedeutung kann die Abgrenzung des Verwaltungsakts zu anderen Erscheinungsformen des Verwaltungshandelns auch im Rahmen der (internen) Organstreitigkeit sein, namentlich bei der *kommunalverfassungsrechtlichen Streitigkeit*. In diesem Zusammenhang muß man sich zunächst die Funktion dieser Rechtsfigur klarmachen. Bei der kommunalverfassungsrechtlichen Streitigkeit handelt es sich um eine Auseinandersetzung zwischen Organen oder Organteilen, die ein und demselben Rechtsträger angehören, also um einen Fall des *Insichprozesses*. Daß ein solcher Insichprozeß ausnahmsweise statthaft ist, setzt voraus, daß die streitenden Organteile bzw. Organe mit wechselseitig wehrfähigen subjektiv-öffentlichen Rechten ausgestattet vorgestellt werden. Denn nur

---

36 Dazu Hilg, S. 62 ff.
37 BVerwG, Urt. v. 22. 5. 1980 – 2 C 30.78 –, NJW 1981, 67; v. 12. 2. 1981 – 2 C 42.78 –, NVwZ 1982, 103; Fallbeispiel bei Jäde, S. 150, 158 f.; a. A. Kopp, VwGO, Anh. § 42 Rn. 52; ders., VwVfG, § 35 Rn. 52.
38 Kopp, VwGO, Anh. § 42 Rn. 55; entgegen der dort vertretenen Auffassung aber in der Rechtsprechung – soweit ersichtlich – nicht mehr streitig; dazu Fallbeispiel bei Jäde (o. Fn. 37), S. 162 ff.

dann läßt sich ihre Beteiligungsfähigkeit (§ 61 Nr. 2 VwGO)[39] ebenso bejahen wie die – auf Mitgliedschaftsrechte beschränkte[40] – Klagebefugnis (§ 42 Abs. 2 VwGO). Darin erschöpft sich aber zugleich auch der Sinn der Argumentationsfigur der kommunalverfassungsrechtlichen Streitigkeit. Insbesondere enthält die Feststellung, es liege eine kommunalverfassungsrechtliche Streitigkeit vor, nicht zugleich eine Aussage über die statthafte Klageart. Entgegen einer früher in der Rechtsprechung und Lehre vertretenen Auffassung, die Erreichung der mit kommunalverfassungsrechtlichen Streitigkeiten angestrebten Ziele erfordere die Annahme einer Klageart sui generis[41], hat sich inzwischen die Meinung durchgesetzt, auch im Rahmen einer solchen Streitigkeit kämen alle auch ansonsten eröffneten Klagearten in Betracht[42]. Dies macht es erforderlich – wie auch sonst – auch im Rahmen kommunalverfassungsrechtlicher Streitigkeiten nach der Rechtsnatur der jeweils klagegegenständlichen Maßnahme zu fragen. Als Tendenz läßt sich dabei in der Rechtsprechung feststellen, daß bei der Annahme eines Verwaltungsakts weitestgehend Zurückhaltung geübt wird, so daß statthafte Klageart regelmäßig die allgemeine Leistungs- oder Feststellungsklage ist.

3. Verwaltungsakt – Rechtsnorm

187 Nur vereinzelt kann die Abgrenzung zwischen Verwaltungsakt (und anderen Formen behördlichen Handelns) einerseits, Rechtsnormen andererseits Probleme aufwerfen. Keiner eingehenden Diskussion in der Klausur bedarf es mehr, daß straßenverkehrsrechtliche Anordnungen, die in *Verkehrszeichen* verkörpert sind (§ 45 StVO), keine Rechtsnormen darstellen, sondern Verwaltungsakte in der Gestalt der *Allgemeinverfügung* (§ 35 Satz 2 VwVfG)[43]. Aufmerksamkeit geboten ist bei Akten der *Rechtssetzung*. Bloße Mitwirkungsakte im Rechtssetzungsverfahren, wie etwa die Genehmigung eines Bebauungsplans (§ 11 Abs. 1 Halbs. 1 BauGB), stellen zwar einen Verwaltungsakt gegenüber dem Genehmigungsempfänger dar, entbehren aber ansonsten jeglicher Außenwirkung, so daß sie von Dritten nicht angegriffen werden können[44]. Davon zu unterscheiden sind Rechtssetzungsakte selbst. So erstreckt die Allgemeinverbindlichkeitserklärung

---

39 Das hat Konsequenzen für die Passivlegitimation: Richtigerweise ist dann Beklagter nicht „die Gemeinde", sondern das beklagte Organ, etwa der 1. Bürgermeister, so zutreffend OVG Nordrhein-Westfalen, Urt. v. 10. 9. 1982 – 15 A 1223/80 –, NVwZ 1983, 485.
40 BVerwG, Beschl. v. 12. 8. 1981 – 7 B 195.80 –, NVwZ 1982, 243 (Klage gegen Mehrheitsbeschlüsse nur bei gerügter Verletzung von Mitgliedschaftsrechten); vgl. a. OVG Rheinland-Pfalz, Urt. v. 29. 8. 1984 – 7 A 19/84 –, NVwZ 1985, 283.
41 Dazu Tschira/Schmitt Glaeser, Rn. 561.
42 Vgl. etwa OVG Nordrhein-Westfalen (o. Fn. 39): Rauchverbot kein Verwaltungsakt; allgemein Preusche, Zu den Klagearten für kommunalverfassungsrechtliche Organstreitigkeiten, NVwZ 1987, 854.
43 BVerwG, Urt. v. 13. 12. 1979 – 7 C 46.78 –, NJW 1980, 1640.
44 BVerwG, Urt. v. 12. 12. 1969 – IV C 195.66 –, DVBl. 1970, 414.

eines Tarifvertrags (§ 5 TVG) dessen Wirkungen auch auf alle Außenseiter der Vereinbarung zwischen den Tarifparteien, regelt also eine unbestimmte Vielzahl von Fällen abstrakt-generell und stellt deshalb eine Rechtsnorm dar[45].

Lange umstritten war die Rechtsnatur *kommunaler Geschäftsordnungen*. **188** Weitaus überwiegend wurden sie – mangels Außenwirkung – nicht als Rechtssätze angesehen, mit der Folge, daß eine Rechtskontrolle nur im Wege der kommunalverfassungsrechtlichen Streitigkeit mittels allgemeiner Feststellungsklage möglich war. Aus der Anerkennung wehrfähiger Mitgliedschaftsrechte im Rahmen der kommunalverfassungsrechtlichen Streitigkeit hat das BVerwG nunmehr aber die zutreffende Konsequenz gezogen, auch solche Geschäftsordnungen – die ja auch eine unbestimmte Vielzahl von Einzelfällen abstrakt-generell regeln – als Rechtsnormen im Rang unter dem Landesgesetz im Sinne des § 47 Abs. 1 Nr. 2 VwGO anzusehen[46].

IV. Einzelne Klagearten

1. Anfechtungsklage

a) Klagebefugnis

Wie sich aus § 42 Abs. 2 VwGO ergibt, ist für die Zulässigkeit aller Klagen – **189** auch der Nichtigkeitsfeststellungsklage (§ 43 Abs. 1 2. Alt. VwGO), denn auch sie ist keine Popularklage[47] – erforderlich, daß der Kläger geltend machen kann, durch die streitgegenständliche behördliche Maßnahme oder deren Unterlassung in seinen *Rechten* verletzt zu sein. Dafür genügt ein Vorbringen, das eine solche Verletzung als möglich erscheinen läßt. Diese allgemein bei der Beurteilung der Klagebefugnis zugrundegelegte Möglichkeitstheorie bedarf in der Klausur keiner näheren Erörterung mehr[48].

Abweichend hiervon ist die Antragsbefugnis lediglich für das *Normenkon-* **190** *trollverfahren* geregelt. Insoweit läßt § 47 Abs. 2 Satz 1 VwGO für die Zulässigkeit eines Antrags einen *Nachteil* genügen, der allerdings tatsächlich vorliegen oder zu erwarten sein muß, so daß die bloße Möglichkeit eines Nachteils nicht ausreicht. Der Nachteilsbegriff des § 47 Abs. 2 Satz 1 VwGO ist ebenso umstritten wie ungeklärt. Deutlichere Konturen hat er nur für das Verfahren in den Fällen des § 47 Abs. 1 Nr. 1 VwGO gewonnen. Denn für diese Fälle hat das BVerwG – zutreffend – den prozessualen Nachteilsbegriff mit dem materiellen Begriff des abwägungserheblichen Belangs verknüpft, der § 1 Abs. 6 BauGB zugrundeliegt. Nachteil ist dann jede beeinträchtigende Berührung eines Belanges des Antragstellers, der in die bauleitplanerische Abwägung eingestellt wor-

---

45 BVerwG, Urt. v. 3. 11. 1988 – 7 C 115.86 –, NJW 1989, 1495.
46 BVerwG, Beschl. v. 15. 9. 1987 – 7 N 1.87 –, NVwZ 1988, 1119.
47 BVerwG, Beschl. v. 9. 12. 1981 – 7 B 46.81 u. a. –, NJW 1982, 2205.
48 Vgl. im übrigen Tschira/Schmitt Glaeser, Rn. 207 ff.; Pietzner/Ronellenfitsch, § 9 Rn. 8 ff.

den ist oder hätte eingestellt werden müssen[49]; für interkommunale Normenkontrollverfahren ist entsprechender Anknüpfungspunkt im materiellen Recht das interkommunale Abstimmungsgebot des § 2 Abs. 2 BauGB[50]. Daraus mag sich als Anhaltspunkt für die Konkretisierung des Nachteilsbegriffes in den übrigen Fällen ableiten lassen, daß ein – von der zur Rechtssetzung ermächtigenden Norm – rechtlich geschütztes Interesse in abwägungserheblicher Weise beeinträchtigend oder verletzend betroffen sein muß, damit ein die Zulässigkeit des Normenkontrollantrags begründender Nachteil vorliegt[51].

191 Die Klagebefugnis setzt grundsätzlich die mögliche Verletzung *eigener Rechte* des Klägers voraus. Daher können Vereinigungen regelmäßig nicht im Wege einer Art Prozeßstandschaft subjektiv-öffentliche Rechte ihrer Mitglieder geltend machen[52]; steht das subjektiv-öffentliche Recht aber der Vereinigung selbst zu, so kommt es nicht darauf an, daß diese Rechtsposition nur zum Zwecke der Prozeßführung erworben worden ist und genutzt werden soll[53]. Das gilt ebenso für Gemeinden, die nicht die subjektiv-öffentlichen Rechte ihrer Bürger, sondern nur eigene Rechte ins Feld führen können[54]. Nach § 42 Abs. 2 VwGO zulässige Ausnahmen von diesem Grundsatz können auch vom Landesgesetzgeber geschaffen werden[55].

192 Schwierigkeiten kann die Frage der Klagebefugnis im Rahmen der Anfechtungsklage häufig bei *Nachbarklagen* aufwerfen. Generell ist dabei davon auszugehen, daß die Praxis insoweit an die Zulässigkeit der Klage keine allzu hohen Anforderungen stellt; man sollte sich also hüten, die materiell-rechtliche Prüfung allzu weitgehend bereits in die Untersuchung der Zulässigkeit zu verlagern. Unzulässig ist die Nachbarklage nur dann, wenn offenkundig unter keinem rechtlichen Gesichtspunkt eine nachbarliche Rechtsverletzung in Betracht

---

49 Grundlegend BVerwG, Beschl. v. 9. 11. 1979 – 4 N 1.78, 2–4.79 –, BVerwGE 59, 87 = NJW 1981, 1061 = DVBl. 1980, 233 = DÖV 1980, 217 = BayVBl. 1980, 88.

50 Dazu Fallbeispiel bei Jäde, S. 212, 216, 218 ff.

51 Nicht übersehen werden darf, daß unabhängig vom Nachteil für die Zulässigkeit des Normenkontrollantrags auch ein allgemeines Rechtsschutzbedürfnis erforderlich ist; dazu BVerwG, Beschl. v. 28. 8. 1987 – 4 N 3.86 –, DVBl. 1987, 1276 = BayVBl. 1988, 89 (Unzulässigkeit des Normenkontrollantrags bei verwirklichtem Bebauungsplan, wenn der Erfolg des Antrags keine konkrete Chance auf Rücknahme der sich dann als – objektiv – rechtswidrig erweisenden Baugenehmigungen eröffnet).

52 BVerwG, Beschl. v. 28. 2. 1980 – 3 B 1.80 –, NJW 1980, 1911; Urt. v. 16. 7. 1980 – 7 C 23.78 –, NJW 1981, 362.

53 BVerwG, Urt. v. 12. 7. 1985 – 4 C 10.83 –, NVwZ 1985, 736; a. A. neuerdings (und wohl zu Recht!) BayVGH, Urt. v. 20. 12. 1988 – Nr. 20 A 88.40073 –, BayVBl. 1989, 275 („Sperrgrundstück").

54 BVerwG, Urt. v. 29. 6. 1983 – 7 C 102.82 –, NVwZ 1983, 610 (Anfechtung einer straßenverkehrsrechtlichen Anordnung einer Nachbargemeinde); zum gemeindlichen Selbstgestaltungsrecht z. B. BVerwG, Urt. v. 11. 4. 1986 – 4 C 51.83 –, NJW 1986, 2447.

55 BVerwG, Beschl. v. 14. 9. 1987 – 4 B 178.87 –, NVwZ 1988, 364; v. 18. 12. 1987 – 4 C 9.86 –, NVwZ 1988, 527.

kommt. Die den Dritten treffende *Darlegungslast* wächst freilich – was vor allem bei großtechnischen Vorhaben von Bedeutung ist – in dem Maße, in welchem er nur entfernteren Auswirkungen des Vorhabens ausgesetzt ist[56].

Wie die Begründetheit der Anfechtungsklage des Dritten voraussetzt, daß er durch den (objektiv) rechtswidrigen Verwaltungsakt zugleich in seinen Rechten verletzt ist (§ 113 Abs. 1 Satz 1 VwGO), so ist auch für deren Zulässigkeit die entsprechende Möglichkeit Voraussetzung. Bereits im Rahmen der Zulässigkeitsprüfung ist daher zu fragen, ob sich der Nachbar – der Möglichkeit nach – auf eine drittschützende Norm berufen kann. Diese in der Rechtsprechung so gut wie einmütig zugrundegelegte *Schutznormtheorie* wird von Teilen der Literatur heftig befehdet[57]. Gleichwohl ist sie in der Examensklausur ohne weiteres heranzuziehen, es sei denn, ihre Richtigkeit würde ausdrücklich problematisiert. **193**

In diesem Zusammenhang ist zunächst zu berücksichtigen, daß der *Nachbarbegriff* zwischen den einzelnen Rechtsbereichen differieren kann. So schützt das *Baurecht* ausschließlich boden- und grundstücksbezogene Rechte; eine nur obligatorische Berechtigung kann daher schon die Nachbareigenschaft regelmäßig nicht begründen[58]. Demgegenüber ist der Nachbarschaftsbegriff des *Immissionsschutzrechts* (§ 5 Nr. 1 BImSchG) weiter und setzt lediglich eine dem engeren Lebensbereich zugehörige Beziehung von gewisser Dauer zu der fraglichen Örtlichkeit voraus (etwa Miete, aber auch Berufstätigkeit), erfaßt also denjenigen nicht, welcher sich an diesem Ort nur ganz gelegentlich aufhält[59]. Hinzu kommt, daß gesetzliche Definitionen fehlen, die den Nachbarbegriff hinsichtlich der räumlichen Beziehung zu dem streitigen Vorhaben näher konkretisieren. Für die Nachbareigenschaft kommt es unter diesem Blickwinkel – ganz im Sinne der Voraussetzungen der Klagebefugnis – nur auf die mögliche Betroffenheit von diesem Vorhaben an; mit anderen Worten: Nachbar ist, wer durch das Vorhaben in nachbarschützenden Rechten betroffen sein kann. **194**

Ist schon der Nachbarbegriff unter verschiedenen Aspekten nicht unproblematisch, so erweist es sich oft zusätzlich als nicht unschwer festzustellen, ob eine **195**

---

56 Dazu BVerfG, Beschl. v. 5. 10. 1982 – 2 BvR 316/81 –, NVwZ 1983, 28.

57 Dazu Tschira/Schmitt Glaeser, Rn. 227 ff.; Birkl/Jäde, Rn. A 29 ff.; eingehend (aber für die Examensvorbereitung nicht als Pflichtlektüre heranzuziehen) Bauer, Altes und Neues zur Schutznormtheorie, AöR 113 (1988), 582. – Zu beachten ist der Unterschied zum *Normenkontrollverfahren:* Ist der Antrag zulässig, kommt es für die Begründetheit nur noch auf die objektive Rechtmäßigkeit der Norm an; insofern ist das Normenkontrollverfahren objektives Rechtsbeanstandungsverfahren.

58 Dazu BVerwG, Urt. v. 29. 10. 1982 – 4 C 51.79 –, NJW 1983, 1626 = DVBl. 1983, 344 = BayVBl. 1983, 377 (Nachbareigenschaft eines Grundstückskäufers bejaht, auf den Besitz sowie Nutzungen und Lasten übergegangen sind und zu dessen Gunsten eine Auflassungsvormerkung im Grundbuch eingetragen ist). – Auch hier ist wieder auf den Unterschied zur *Normenkontrolle* nach § 47 Abs. 1 Nr. 1 VwGO hinzuweisen: Hier hängt die Antragsbefugnis nicht von einer dinglichen Berechtigung ab, vgl. zuletzt BVerwG, Beschl. v. 11. 11. 1988 – 4 NB 5.88 –, NVwZ 1989, 553 = BayVBl. 1989, 315.

59 BVerwG, Urt. v. 22. 10. 1982 – 7 C 50.78 –, NJW 1983, 1507.

(objektiv) verletzte Norm zugleich *nachbarschützend* ist. Allgemein läßt sich dazu für die Prüfung von Zweifelsfällen folgende gedankliche Reihenfolge empfehlen: Nachbarschützend ist eine Rechtsvorschrift dann, wenn sie nicht nur öffentliche Interessen verfolgt, sondern – zumindest auch – dem Schutz der Nachbarn zu dienen bestimmt ist. Ob ein solcher nachbarschützender Gesetzeszweck vorliegt, ist zunächst anhand des Gesetzeswortlauts zu untersuchen (vgl. etwa § 5 Nr. 1 BImSchG, § 5 Abs. 1 Nr. 3 GastG). Läßt sich daraus kein eindeutiges Ergebnis ermitteln, ist nach Sinn und Zweck der Regelung zu forschen. Bleibt auch dies ohne klares Resultat, muß – über die einzelne Norm hinausgehend – der Gesamtzusammenhang des Gesetzes herangezogen werden. Ergibt sich nach alledem, daß deutliche Indizien für eine nachbarschützende Wirkung festgestellt werden können, ist abschließend zu fragen, ob der Kreis der durch die Norm (als Nachbarn) Begünstigten hinreichend abgrenzbar ist, um nicht gewissermaßen durch die Hintertür eine Popularklagebefugnis zu eröffnen. Dabei reicht es aus, wenn sich die Abgrenzbarkeit des begünstigten Personenkreises abstrakt festlegen läßt, etwa unter Rückgriff auf technische Regeln wie TA Luft, TA Lärm oder DIN-Normen. Ist – wie in zahlreichen Fällen – die nachbarschützende Wirkung einer Rechtsvorschrift umstritten, kommt es maßgeblich auf eine klare und sachgerechte Argumentation, nicht hingegen auf das Ergebnis an.

196 Jedenfalls in den Grundzügen geläufig sollten die *Grundfragen des baurechtlichen Nachbarschutzes* sein. Anzusetzen ist auch hier wiederum zunächst beim einfachen Gesetz. Nicht unmittelbar nachbarschützend sind die planungsrechtlichen Regelungen der §§ 34 und 35 BauGB[60]. Im Geltungsbereich eines qualifizierten Bebauungsplans im Sinne des § 30 Abs. 1 BauGB sind generell nachbarschützend die Festsetzungen über die Art der baulichen Nutzung[61]. Zu differenzieren ist demgegenüber hinsichtlich der Festsetzungen über das Maß der baulichen Nutzung und die überbaubaren Grundstücksflächen. Diese sind regelmäßig nicht nachbarschützend, es sei denn, aus dem Bebauungsplan ergäbe sich für die jeweilige Festsetzung ausnahmsweise ein nachbarschützender Zweck, der ggf. unter Heranziehung der Begründung (§ 9 Abs. 8 BauGB) durch Auslegung zu ermitteln ist[62].

197 In einzelnen bauplanungsrechtlichen Zulässigkeitsvorschriften ist aber darüber hinaus das unter bestimmten Voraussetzungen nachbarschützende *Gebot der Rücksichtnahme* enthalten, nämlich bei § 34 Abs. 1 BauGB im Begriff des

---

60 Zu § 34 BauGB: BVerwG, Urt. v. 13. 9. 1969 – IV C 234.65 –, BVerwGE 32, 173 = NJW 1969, 1787 = DVBl. 1970, 57 = DÖV 1969, 753 = BayVBl. 1969, 390 (zu § 34 BBauG 1960); zu § 35 Abs. 2 BauGB: BVerwG, Urt. v. 6. 12. 1967 – IV C 94.66 –, BVerwGE 28, 268 = DVBl. 1968, 651 = DÖV 1968, 322 (zu § 35 Abs. 2 BBauG).
61 Birkl/Geiger, Rn. E 69 m. w. N.
62 Birkl/Geiger, Rn. E 68, 122, 135, 137, 139, 141, 148 ff.

„Einfügens"[63], bei § 35 BauGB in den öffentlichen Belangen des § 35 Abs. 3 BauGB, regelmäßig in dem des 2. Spiegelstrichs, aber auch als ungeschriebener öffentlicher Belang möglich[64], ferner in § 31 Abs. 2 BauGB[65] sowie in § 15 Abs. 1 Satz 2, Abs. 2 BauNVO[66]. Gerät ein im planungsrechtlichen Innenbereich (§ 19 Abs. 1 Nr. 2, § 34 BauGB) vorgesehenes Vorhaben mit einem Außenbereichsvorhaben (§ 19 Abs. 1 Nr. 3, § 35 BauGB) in Konflikt, so kann insoweit das (ggf. nachbarschützende) Gebot der Rücksichtnahme nicht im Kriterium des Einfügens enthalten sein, weil dieses nur die Beziehung des Innenbereichsvorhabens zu der umgebenden Bebauung reguliert. Nachdem § 34 Abs. 1 BauGB – im Gegensatz zu § 34 Abs. 1 BBauG – nicht mehr das Zulässigkeitsmerkmal der sonstigen öffentlichen Belange enthält, dem das BVerwG für derartige Fälle des gebietsübergreifenden Nachbarschutzes das Gebot der Rücksichtnahme entnommen hatte[67], muß auch insoweit ein ungeschriebener öffentlicher Belang angenommen werden[68]. In nachbarschützender Weise verletzt ist das Gebot der Rücksichtnahme, soweit in qualifizierter und zugleich individualisierter Weise auf schutzwürdige Interessen Dritter Rücksicht zu nehmen und die Beeinträchtigung dieser schutzwürdigen Interessen dem betroffenen Dritten unzumutbar ist, wobei der dafür erforderliche Schweregrad der Beeinträchtigung unterhalb der Enteignungsschwelle liegt[69]. Für die Fallösung empfiehlt es sich, jeweils zunächst zu prüfen, welche gesetzgeberische Bewertung hinter den miteinander zu vergleichenden Interessen steht. So wird etwa die Position eines im Außenbereich privilegiert zulässigen Vorhabens (§ 35 Abs. 1 BauGB)[70] stärker sein als diejenige eines sonstigen (§ 35 Abs. 2 BauGB). Ergibt sich aus der gesetzgeberischen Bewertung ein eindeutiges Rangverhältnis, so muß die schwächer bewertete Position zurücktreten. Ergibt sich demgegenüber eine Gleichwertigkeit der widerstreitenden Interessen, ist zu fragen, ob dem betroffenen Dritten das neue Vorhaben – und umgekehrt dem neuen Vorhaben dasjenige des betroffenen Dritten – im Sinne einer Mittelwertbildung zuzumuten ist[71]. Erst wenn auch dies

---

63 BVerwG, Urt. v. 4. 7. 1980 – 4 C 101.77 –, NJW 1981, 139 = DÖV 1980, 919 = BayVBl. 1981, 119; v. 13. 2. 1981 – 4 C 1.78 –, DVBl. 1981, 928 = DÖV 1981, 672; Beschl. v. 13. 2. 1981 – 4 B 14.81 –, NJW 1981, 1973.
64 Grundlegend BVerwG, Urt. v. 25. 2. 1977 – IV C 22.75 –, BVerwGE 52, 122 = NJW 1978, 62 = DVBl. 1977, 722 = DÖV 1977, 752 = BayVBl. 1977, 639.
65 BVerwG, Urt. v. 19. 9. 1986 – 4 C 8.84 –, NVwZ 1987, 409 = DVBl. 1987, 476 = DÖV 1987, 296 = BayVBl. 1987, 151.
66 BVerwG, Urt. v. 5. 8. 1983 – 4 C 96.79 –, DVBl. 1984, 143 = DÖV 1984, 295 = BayVBl. 1984, 25.
67 BVerwG, Urt. v. 10. 12. 1982 – 4 C 28.81 –, NJW 1983, 2460 = DVBl. 1983, 349 = BayVBl. 1983, 277.
68 Birkl/Geiger, Rn. E 198.
69 Grundlegend BVerwG (o. Fn. 64), a.a.O.
70 Daher geht auch der in der älteren Rechtsprechung bisweilen vertretene Nachbarschutz aus einem Privilegierungstatbestand des § 35 Abs. 1 BauGB nunmehr im Nachbarschutz aus dem Gebot der Rücksichtnahme auf.
71 Dazu z. B. BVerwG, Beschl. v. 5. 3. 1984 – 4 B 171.83 –, NVwZ 1984, 646 = DÖV 1984, 856.

nicht der Fall ist, steht dem Dritten ein durchgreifender Abwehranspruch zu. Ohne weiteres einzuräumen ist in diesem Zusammenhang, daß das in der Rechtsprechung des BVerwG sehr abstrakt gefaßte Gebot der Rücksichtnahme im einzelnen und zumal in der Klausur schwierig anzuwenden ist. Wichtig ist deshalb, die Grundzüge der Argumentation zu kennen und sachgerecht anzuwenden, wobei sich in Zweifelsfällen über das Ergebnis stets wird streiten lassen.

198 Erst wenn sich Nachbarschutz nicht aus dem einfachen Gesetz – unter Einschluß des darin enthaltenen Rücksichtsangebots – ableiten läßt, kann ein Rückgriff auf Grundrechte in Betracht kommen. In erster Linie kommt insoweit Nachbarschutz aus Art. 14 GG in Frage. Nachbarschutz gewährt die verfassungsrechtliche *Eigentumsgarantie* dann, wenn das nachbarliche Eigentum schwer und unerträglich betroffen ist[72]. Dabei ist die Schwere des Eingriffs von seiner Unerträglichkeit sorgfältig zu unterscheiden: Unerträglich ist ein schwerer Eingriff nur, wenn er sich nicht innerhalb der Grenzen der Sozialgebundenheit des Eigentums am betroffenen Grundstück – und damit innerhalb dessen Situationsgebundenheit – hält[73]. Mit der Entwicklung des Gebots der Rücksichtnahme hat der grundrechtliche Eigentumsschutz jedoch an Bedeutung für Nachbarstreitigkeiten weitgehend verloren.

199 Unabhängig von Schwere und Unerträglichkeit gewährt Art. 14 GG indessen Nachbarschutz, wenn die dem Nachbarn erteilte Genehmigung unmittelbar in das nachbarliche Grundeigentum eingreift, etwa dann, wenn das Unanfechtbarwerden einer ohne die erforderliche Erschließung erteilten Baugenehmigung dazu führte, daß der Dritte ein *Notwegerecht* (§ 917 BGB) zu dulden hätte[74].

200 Im übrigen kann aus der Grundrechtsgarantie von *Leben und Gesundheit* (Art. 2 Abs. 2 GG) unter vergleichbaren Voraussetzungen Nachbarschutz abgeleitet werden wie aus Art. 14 GG. Demgegenüber besteht jedoch kein allgemeines nachbarschützendes Umweltgrundrecht[75].

201 Bei *planungsrechtlichen Entscheidungen* – wie Planfeststellungsbeschlüssen – ergibt sich eine den Nachbarn schützende Rechtsposition nicht bereits ohne weiteres daraus, daß das hierfür vorgesehene *Verfahren* nicht eingehalten worden ist[76]. Dasselbe gilt für materiell rechtswidrige Baugenehmigungen, mit denen Vorhaben zugelassen werden, deren materiell rechtmäßige Verwirklichung die Aufstellung eines Bebauungsplans erfordert hätte[77].

---

72 Dazu z. B. BVerwG, Urt. v. 13. 6. 1969 – IV C 234.65 –, BVerwGE 32, 173 = NJW 1969, 1787 = DVBl. 1970, 57 = DÖV 1969, 753 = BayVBl. 1969, 390; v. 19. 9. 1969 – IV C 18.67 –, NJW 1970, 263 = DVBl. 1970, 62 = DÖV 1970, 135; v. 3. 3. 1972 – IV C 4.69 –, DVBl. 1972, 687.

73 BVerwG, Urt. v. 14. 12. 1973 – IV C 71.71 –, BVerwGE 44, 244 = NJW 1974, 811 = DVBl. 1974, 358 = DÖV 1974, 381 = BayVBl. 1974, 314; v. 5. 7. 1974 – IV C 50.72 –, BVerwGE 45, 309 = NJW 1975, 70 = DVBl. 1974, 767.

74 BVerwG, Urt. v. 14. 4. 1978 – 4 C 96, 97.76 –, NJW 1979, 995 = DVBl. 1978, 614.

75 BVerwG, Urt. v. 29. 7. 1977 – IV C 51.75 –, NJW 1978, 554 = DVBl. 1977, 897 = DÖV 1977, 824 = BayVBl. 1977, 736.

76 BVerwG, Urt. v. 8. 10. 1976 – VII C 24.75 –, NJW 1977, 2367; v. 15. 1. 1982 – 4 C 26.78 –, NJW 1982, 1546 (zu § 17 Abs. 2 Satz 3 FStrG).

77 BVerwG, Beschl. v. 3. 8. 1982 – 4 B 145.82 –, NVwZ 1983, 92.

202 Besteht hiernach allgemein *kein Recht auf Abwägung* aller von einer planungsrechtlichen Entscheidung betroffenen Belange[78], muß folglich der Betroffene bei planerischen Entscheidungen grundsätzlich eine (mögliche) Verletzung eigener Rechte rügen, die auf einer unterbliebenen oder fehlerhaften Abwägung eigener abwägungserheblicher Belange beruht, kann er also – anders gewendet – nicht mit Aussicht auf Erfolg einen Rechtsfehler bei der Abwägung fremder, namentlich öffentlicher Belange geltend machen, so gilt hiervon eine wichtige Ausnahme: Hat der Planfeststellungsbeschluß eine Enteignung im Gefolge, so ist Voraussetzung für deren Rechtmäßigkeit, daß sie dem Wohl der Allgemeinheit dient (Art. 14 Abs. 3 Satz 1 GG). Dem Wohl der Allgemeinheit kann aber nur ein (objektiv) rechtmäßiges Vorhaben dienen. Art. 14 GG vermittelt dann insofern ein (zusätzliches) Abwehrrecht, wenn der Betroffene vortragen kann, die planungsrechtliche Entscheidung sei zum einen wegen einer fehlerhaften Abwägung öffentlicher Belange – etwa des Natur- und Landschaftsschutzes – objektiv rechtswidrig, und diese objektive Rechtswidrigkeit sei (für die Zulässigkeit: der Möglichkeit nach) dafür kausal, daß in sein Grundeigentum eingegriffen werde[79].

203 Ähnliche Probleme wie bei der nachbarrechtlichen Anfechtungsklage ergeben sich auch bei *Konkurrentenklagen*. Dabei müssen zunächst zwei verschiedene Falltypen auseinandergehalten werden: Geht es dem Kläger nur darum, in derselben Weise begünstigt zu werden wie der Konkurrent, hängt aber die vom Kläger angestrebte Begünstigung nicht davon ab, daß diejenige des Konkurrenten wieder rückgängig gemacht wird, kommt nur eine Verpflichtungs- oder allgemeine Leistungsklage in Betracht. Für eine Anfechtungsklage würde dann schon die Klagebefugnis (mangels möglicher Rechtsverletzung durch die Begünstigung des Konkurrenten), jedenfalls aber das Rechtsschutzbedürfnis fehlen, weil durch die Anfechtung der dem Konkurrenten gewährten Begünstigung die Rechtsstellung des Klägers nicht verbessert werden könnte. Eine – mit einer Verpflichtungsklage zu kombinierende – Anfechtungsklage kommt insoweit vielmehr nur in Betracht, wenn die Begünstigung des Konkurrenten für die Benachteiligung des Klägers kausal (gewesen) ist.[80]

204 Liegt eine solche Konstellation vor, ist in ähnlicher Weise wie bei der Nachbarklage zu untersuchen, ob eine dritt- – hier: konkurrenten- – schützende Norm vorliegt. Aus der umfangreichen Rechtsprechung können nur einige Beispiele herausgegriffen werden: Nicht drittschützend ist – anders als § 13 Abs. 2 Nr. 2 PBefG – § 13 Abs. 3 PBefG[81]. Kein Konkurrentenschutz läßt sich aus §§ 3,

---

78 BVerwG (o. Fn. 75), a.a.O.
79 BVerwG, Urt. v. 18. 3. 1983 – 4 C 80.79 –, NJW 1983, 2459.
80 BVerwG, Urt. v. 2. 9. 1983 – 7 C 97.81 –, NVwZ 1984, 507. – Eine Kombination von Anfechtungs- und Verpflichtungsklage kommt aber nicht in Betracht, wenn dem Kläger nur ein Bescheidungsanspruch zustehen kann, vgl. im einzelnen BVerwG, Urt. v. 7. 10. 1988 – 7 C 65.87 – NJW 1989, 1749 = DVBl. 1989, 557.
81 OVG Nordrhein-Westfalen, Urt. v. 1. 2. 1980 – 13 A 1509/70 –, NJW 1980, 2323.

23 LSchlG ableiten[82]. Ebenso ergibt sich eine solche Rechtsposition nicht aus § 8 Abs. 1 HandwO[83]. Bei der vieldiskutierten beamtenrechtlichen Konkurrentenklage wird von der (noch) h. M. angenommen, die Klagebefugnis des übergangenen Bewerbers scheitere daran, daß ihm kein Anspruch auf Ernennung, Beförderung oder Betrauung mit einem bestimmten Dienstposten zustünde[84].

b) Isolierte Anfechtungsklagen

205 Von einer isolierten Anfechtungsklage wird in dreierlei Beziehung gesprochen: einmal bei isolierter Anfechtung eines Widerspruchsbescheids[85], ferner bei isolierter Anfechtung der Versagung einer begehrten Begünstigung, schließlich bei isolierter Anfechtung einer in einem begünstigenden Verwaltungsakt enthaltenen Nebenbestimmung.

206 Im Ergebnis weitgehend für zulässig gehalten wird die *isolierte Anfechtung eines Versagungsbescheids*[86]. Problematisch ist in diesem Zusammenhang das Vorliegen des allgemeinen Rechtsschutzbedürfnisses. Denn mit der Anfechtungsklage erreicht der Kläger lediglich – im Erfolgsfalle – eine Beseitigung der Versagung, nicht aber sein eigentliches Rechtsschutzziel, nämlich die begehrte Begünstigung. Dieser Einwand läßt sich entweder allgemein oder argumentativ bezogen auf den konkreten Einzelfall entkräften. Läßt man in Fällen dieser Art die isolierte Anfechtungsklage generell zu, so kann man das mit Gründen rechtfertigen, die denjenigen ähneln, die für die Ausnahmen von der Geltung der Subsidiarität der Feststellungsklage (§ 43 Abs. 2 VwGO) ins Feld geführt werden[87]. Wie dort kann auch bei der isolierten Anfechtungsklage nämlich von dem beklagten öffentlichen Rechtsträger erwartet werden, daß er – ohne weiteres verwaltungsgerichtliches Klageverfahren – aus dem auf die Anfechtungsklage hin ergehenden Urteil die hinsichtlich der Gewährung maßgeblichen Folgerungen ziehen wird. Will man dieser allgemeinen Rechtfertigung der isolierten Anfechtungsklage nicht folgen, muß man jeweils im Einzelfalle fragen, aus welchen Gründen der Kläger ein Rechtsschutzinteresse (nur) an der Aufhebung des ablehnenden Verwaltungsakts hat. Das wird etwa dann zu bejahen sein, wenn er sein Verpflichtungsbegehren gegen diesen Beklagten gar nicht durchsetzen kann, weil er sachlich unzuständig ist.

207 Wechselvoll ist die Rechtsprechung des BVerwG zur *isolierten Anfechtung von Nebenbestimmungen;* die lebhafte Diskussion dieser Frage auch in der Lite-

---

82 BVerwG, Urt. v. 23. 3. 1982 – 1 C 157.79 –, NJW 1982, 2513.
83 BVerwG, Beschl. v. 20. 7. 1983 – 5 B 237.81 –, NVwZ 1984, 306.
84 Dazu Pietzner/Ronellenfitsch, § 9 Rn. 3. m. w. N.
85 Dazu o. Rn. 159 ff.
86 Tschira/Schmitt Glaeser, Rn. 169 ff.; Pietzner/Ronellenfitsch, § 7 Rn. 14; Kopp, VwGO, § 42 Rn. 22.
87 Dazu u. Rn. 237 ff.

ratur[88] wird überlagert von der damit zusammenhängenden Problematik der modifizierenden Auflage, also einer Auflage, die – abweichend vom beantragten – den Inhalt einer begehrten Genehmigung verändert. Dabei geht es jeweils um die Frage, ob der Kläger sein Begehren mit der Anfechtungsklage – auf Beseitigung der ihn belastenden Nebenbestimmung – verfolgen kann oder sich auf eine Verpflichtungsklage – auf Erlaß eines nebenbestimmungsfreien Verwaltungsakts – verweisen lassen muß.

Das BVerwG hat zunächst die Auffassung vertreten[89], eine isolierte Aufhebung von Auflagen sei nur zulässig, wenn nach einer Teilaufhebung der Verwaltungsakt ohne inhaltliche Änderungen bestehen bleibe und nach dem von der Verwaltungsbehörde hergestellten Zusammenhang zwischen den Teilentscheidungen sinnvollerweise bestehen bleiben könne; stehe die Nebenbestimmung mit dem Gesamtinhalt des Verwaltungsakts in einem untrennbaren Zusammenhang, scheide die selbständige Anfechtung und Aufhebung der Nebenbestimmung aus. Dies gelte insbesondere dann, wenn dem (Grund-)Verwaltungsakt und der Nebenbestimmung eine gewissermaßen einheitliche Ermessensbetätigung zugrundeliege. Dann komme eine isolierte Anfechtung und Aufhebung der Nebenbestimmung nur in Betracht, wenn für diese entweder eine Rechtsgrundlage fehle oder ein Anspruch auf auflagenfreie Genehmigung bestünde. Stehe hingegen das Ob der Nebenbestimmung nicht in Frage, sondern lediglich das Wie – also der Inhalt der Nebenbestimmung im einzelnen –, komme der Natur der Sache nach nur ein Bescheidungsausspruch in Betracht, der aber nicht auf Anfechtungs-, sondern nur auf Verpflichtungs- – des näheren: Bescheidungs- – klage möglich sei (§ 113 Abs. 4 Satz 2 VwGO). Für die modifizierende Auflage folgt daraus zwanglos, daß sie niemals isolierter Gegenstand einer Anfechtungsklage sein kann; denn sie wird ja gerade dadurch, daß sie eine inhaltliche Veränderung des Antragsgegenstandes bewirkt, zum Bestandteil des erwähnten einheitlichen Zusammenhanges.

208

Diese Meinung hat das BVerwG in einer späteren Entscheidung[90] aufgegeben. Dabei vertritt es die im Ansatz durchaus zustimmungswürdige Auffassung, zwar seien modifizierende Auflagen niemals isoliert anfechtbar, indessen werde jener Zusammenhang zwischen (Grund-)Verwaltungsakt und Nebenbestimmung, wie ihn die bisherige Rechtsprechung zugrundegelegt habe, wenn die Zulässigkeit einer isolierten Anfechtungsklage habe ausgeschlossen werden sollen, nicht bereits durch die Einheitlichkeit der Ermessensbetätigung gestiftet. Führte nämlich die isolierte Aufhebung einer modifizierenden Auflage dazu, daß – im

209

---

88 Vgl. etwa Weyreuther, Modifizierende Auflagen, DVBl. 1984, 365; Stelkens, Das Problem Auflage, NVwZ 1985, 469; Funk, Zur Anfechtbarkeit von Auflagen und „Genehmigungsinhaltsbestimmungen", BayVBl. 1986, 105; Rumpel, Zur Verwendung von Genehmigungsinhaltsbestimmungen und Auflagen, BayVBl. 1987, 577.

89 BVerwG, Urt. v. 14. 12. 1977 – 8 C 28.77 –, NJW 1978, 1018.

90 BVerwG, Urt. v. 12. 3. 1982 – 8 C 23.80 –, NJW 1982, 2269.

Ergebnis – dem Kläger etwas anderes zugesprochen würde als dasjenige, was ihm die Behörde habe zusprechen wollen, und ginge dies über die (nur) kassatorische, nicht reformatorische Funktion der Anfechtungsklage hinaus, so bliebe es im übrigen bei der isolierten Aufhebung einer Nebenbestimmung dabei, daß die Behörde die gebotenen Konsequenzen aus dieser Teilaufhebung des Verwaltungsakts zu ziehen habe. Insbesondere verweist das Gericht dazu auf die Möglichkeit des Widerrufs (§ 49 VwVfG)[91].

210 Die Problematik beider Entscheidungen liegt in der Frage der Trennbarkeit bzw. Untrennbarkeit des Zusammenhanges zwischen (Grund-)Verwaltungsakt und Nebenbestimmung bzw. – was die damit zusammenhängende Frage der modifizierenden Auflage angeht – in deren klarer Definition, die deshalb auf Schwierigkeiten stößt, weil – nachdem selten ein eindeutiges aliud statt des Beantragten genehmigt werden wird – nicht einfach zu ermitteln ist, wann tatsächlich eine inhaltliche Veränderung, eine Modifizierung des Verfahrensgegenstandes vorliegt und wann demgegenüber eine „einfache" Auflage anzunehmen ist. Wohl auch von derartigen Erwägungen ausgehend stellt das BVerwG nunmehr[92] nicht mehr auf das Vorliegen einer modifizierenden Auflage oder eines Ermessenszusammenhanges ab, welcher den Verwaltungsakt (unter Einschluß der Nebenbestimmung) unteilbar werden läßt. Vielmehr geht es von der – prozessualen – Frage aus, welches Resultat die isolierte Aufhebung der Nebenbestimmung hätte und ob dieses Ergebnis mit der Rechtslage in Einklang stünde. Die isolierte Aufhebung der einer Genehmigung beigefügten Auflage setzt danach voraus, daß die Genehmigung mit einem Inhalt weiterbestehen kann, welcher der Rechtsordnung entspricht. Damit werden sowohl die dargestellten Abgrenzungsschwierigkeiten vermieden als auch das wenig überzeugende Ergebnis, dem Beklagten gewissermaßen einen Torso des angefochtenen Verwaltungsakts zur weiteren Veranlassung zu überantworten.

211 Den soeben beschriebenen Problemen der isolierten Anfechtungsklage verwandt ist die Frage, mit welcher Klageart gegen *Planfeststellungsbeschlüsse* vorzugehen ist, wenn der Kläger nicht (unbedingt) die Aufhebung einer solchen Entscheidung anstrebt, sondern deren Ergänzung, beispielsweise durch Schutzauflagen. Das BVerwG hatte hierzu zunächst die Auffassung vertreten, die Anfechtungsklage sei auch dann zulässig, wenn (zugleich) eine Verpflichtungsklage auf Planergänzung in Betracht komme[93]. Diese Auffassung hat das Gericht später – zutreffend – modifiziert: Bestehe ein Anspruch auf Schutzauflagen, so sei dieser Anspruch im Wege der Verpflichtungsklage geltend zu machen. Dies finde seine Grenze lediglich in dem der Planung zugrundeliegenden Gesamtkonzept. Werde dieses berührt, könnten ihm die angestrebten zusätzlichen Regelungen nicht mehr – gewissermaßen nur additiv – hinzugefügt werden. Vielmehr sei

---

[91] Siehe dazu die zutreffende Kritik bei Kopp, VwGO, § 42 Rn. 23.
[92] BVerwG, Urt. v. 17. 2. 1984 – 4 C 70.80 –, NVwZ 1984, 366.
[93] BVerwG, Urt. v. 15. 4. 1977 – IV C 100.74 –, NJW 1978, 119.

dann eine Neuplanung erforderlich, die nur durch die Aufhebung des Planfeststellungsbeschlusses ermöglicht werden könne. In diesen Fällen sei daher Anfechtungsklage zu erheben[94].

c) **Maßgeblicher Zeitpunkt**

Ist maßgeblicher Zeitpunkt für die gerichtliche Entscheidung hinsichtlich *Zulässigkeitsfragen* stets derjenige der *letzten mündlichen Verhandlung*[95], so besteht insoweit für die Beurteilung der *Begründetheit* von Klagen kein allgemeingültiger prozeßrechtlicher Grundsatz[96]. Vielmehr soll sich der maßgebliche Zeitpunkt jeweils aus dem dem Rechtsstreit zugrundeliegenden materiellen Recht ergeben. Gleichwohl kann bei der Anfechtungsklage regelmäßig davon ausgegangen werden, daß insoweit maßgeblicher Zeitpunkt derjenige der *letzten Verwaltungsentscheidung* – also meist des Widerspruchsbescheides – ist[97].

212

Eine wichtige Ausnahme hiervon gilt für *Dauerverwaltungsakte,* bei deren Überprüfung auf den Zeitpunkt der letzten mündlichen Verhandlung abzustellen ist[98]. Eine Gegenausnahme hiervon ergibt sich aber bei der Anfechtung einer *Gewerbeuntersagung* (§ 35 Abs. 1 GewO) aus § 35 Abs. 6 Satz 1 GewO. Danach ist die Wiedergestattung der Gewerbeausübung von der Durchführung eines auf Antrag des Betroffenen einzuleitenden behördlichen Verfahrens abhängig. Daraus wird geschlossen, daß darum dem Gericht die Berücksichtigung erst nachträglich eintretender Änderungen der Sach- und Rechtslage verwehrt ist[99].

213

Weitere bedeutsame Ausnahmen gelten für die *baurechtliche Nachbarklage.* War das streitige Vorhaben zum Zeitpunkt seiner Genehmigung materiell rechtmäßig, so bleiben spätere Rechtsänderungen unberücksichtigt, auch wenn sie zu Lasten des Bauherrn gehen und die Begründetheit der Nachbarklage bewirken könnten[100]. Dies beruht auf der Überlegung, daß die Baugenehmigung des im Rahmen der Gesetze aus Art. 14 GG abzuleitende Baurecht des Bauherrn nur konkretisiert und feststellt; hat aber der Anspruch auf Verwirklichung eines

214

---

94 BVerwG, Urt. v. 7. 7. 1978 – 4 C 79.76 –, NJW 1979, 64.

95 Kopp, VwGO, Vorb. § 40 Rn. 11. – Dies ist auch bei Berufungsentscheidungen zu beachten – im übrigen auch hinsichtlich der Begründetheit, wenn der dafür maßgebliche Zeitpunkt derjenige der letzten mündlichen Verhandlung des (eben auch: Berufungs-)Gerichts ist. Einen schweren Fehler stellt es dar, entgegen § 128 VwGO das Berufungsgericht lediglich als eine Art „Aufsichtsbehörde" des Verwaltungsgerichts fungieren zu lassen, die nur die Richtigkeit der erstinstanzlichen Entscheidung zu deren Zeitpunkt nachprüft; dazu auch das Fallbeispiel bei Jäde, S. 119, 121 ff.

96 So z. B. BVerwG, Urt. v. 25. 11. 1981 – 8 C 14.81 –, NVwZ 1982, 375.

97 Vgl. die umfangreichen Nachweise bei Kopp, VwGO, § 113 Rn. 22.

98 Dazu Kopp, VwGO, § 113 Rn. 25 ff.

99 BVerwG, Urt. v. 2. 2. 1982 – 1 C 146.80 –, NVwZ 1982, 503.

100 BVerwG, Urt. v. 21. 5. 1969 – IV C 7.67 –, ZMR 1970, 375; v. 19. 9. 1969 – IV C 18.67 –, NJW 1970, 263 = DVBl. 1970, 62 = DÖV 1970, 135; v. 14. 4. 1978 – 4 C 96, 97.76 –, NJW 1979, 995 = DVBl. 1978, 614. Das BVerwG hat insoweit in einem nicht veröffentlichten Beschluß zu einer Nichtzulassungsbeschwerde angedeutet, daß es diese Rechtsprechung überprüfen wolle; der zugrundeliegende Rechtsstreit ist jedoch durch Vergleich beendet worden.

bestimmten Bauvorhabens einmal bestanden und ist durch eine Baugenehmigung festgestellt worden, so soll die dadurch erreichte Rechtsposition durch einen nachbarlichen Rechtsbehelf dem Bauherrn nicht mehr genommen werden können. Daraus folgt zugleich, daß bei einer ursprünglich materiell rechtswidrigen Baugenehmigung aber Rechtsänderungen zugunsten des Bauherrn bis zum Zeitpunkt der letzten mündlichen Verhandlung berücksichtigungsfähig sind; denn er hat eben dann einen letztlich wieder in Art. 14 GG wurzelnden Genehmigungsanspruch.

215   Ebenso bestehen Abweichungen bei der Überprüfung der Rechtmäßigkeit einer *bauaufsichtlichen Beseitigungsanordnung*, und zwar hinsichtlich der materiell-rechtlichen Rechtmäßigkeit des Vorhabens. Diese ist bis zur letzten mündlichen Verhandlung berücksichtigungsfähig, auch wenn sie sich erst nach Erlaß der letzten Verwaltungsentscheidung einstellt. Das wird von der Rechtsprechung damit begründet, es wäre sinnwidrig, die Anordnung der Beseitigung einer baulichen Anlage zu einem Zeitpunkt zu bestätigen, in dem für dasselbe Vorhaben eine Genehmigung erteilt werden müßte. Für die gerichtliche Überprüfung ist jedoch das beim Erlaß der Beseitigungsanordnung ausgeübte *Ermessen* im Zeitpunkt der letzten Verwaltungsentscheidung maßgeblich[101].

216   Endlich kommt es im *Abgabenrecht* hinsichtlich des Vorliegens einer tragfähigen Rechtsgrundlage für die geforderte Abgabe ebenfalls auf den Zeitpunkt der letzten mündlichen Verhandlung an[102]. Das mag – unabhängig von der Argumentation des BVerwG – seine Rechtfertigung darin finden, daß die Anfechtungsklage gegen einen Abgabenbescheid gewissermaßen nur die Kehrseite eines Zahlungsanspruchs darstellt. Für dessen Begründetheit käme es ersichtlich darauf an, ob sie zu dem genannten Zeitpunkt vorläge, so daß es widersinnig wäre, hinsichtlich des dagegen gerichteten Abwehranspruchs anders zu verfahren.

2. Verpflichtungsklage

a) Spruchreife

217   Die Verpflichtungsklage in der Form der Versagungsgegenklage[103] hat nur dann vollen Erfolg, wenn dem Kläger ein Anspruch auf den Erlaß des begehrten Verwaltungsakts zusteht. Dies setzt voraus, daß die Sache spruchreif ist (§ 113 Abs. 4 Satz 1 VwGO). Andernfalls – soweit nicht die Klage abzuweisen ist – ergeht ein Bescheidungsurteil (§ 113 Abs. 4 Satz 2 VwGO). Der Kläger kann sich

---

101 Zum ganzen zuletzt BVerwG, Urt. v. 6. 12. 1985 – 4 C 23, 24.83 –, NJW 1986, 1186. – Hinsichtlich des Ermessens stellt indessen – ungeachtet der soeben erwähnten Entscheidung des BVerwG – die gesamte obergerichtliche Rechtsprechung ebenfalls einhellig auf den Zeitpunkt der letzten mündlichen Verhandlung ab; dazu Jäde, Bauaufsicht, Rn. 89 ff. m. w. N.

102 BVerwG, Urt. v. 25. 11. 1981 – 8 C 14.81 –, NVwZ 1982, 375; v. 29. 9. 1982 – 8 C 138.81 –, NVwZ 1983, 222.

103 Zur Untätigkeitsklage o. Rn. 115 ff.

von vornherein mit einem solchen Bescheidungsausspruch zufriedengeben und lediglich eine entsprechende gerichtliche Entscheidung beantragen *(Bescheidungsklage)*. Dabei handelt es sich um eine dem Kläger zustehende Entscheidung darüber, ob er den den vollen Rechtsschutz des § 113 Abs. 4 Satz 1 VwGO in Anspruch nehmen oder nur den dahinter zurückbleibenden nach § 113 Abs. 4 Satz 2 VwGO anstreben will[104]. Überdies wäre es schwer verständlich, wollte man dem Kläger – mit entsprechender Kostenfolge – einen (vollen) Verpflichtungsantrag gleichsam aufnötigen, auch wenn evident ist, daß es nur zu einem Bescheidungsurteil kommen kann.

Aus dem Amtsermittlungsprinzip (§ 86 Abs. 1 Satz 1 VwGO) folgt, daß das Gericht grundsätzlich *verpflichtet* ist, die Sache *spruchreif zu machen*. Ausnahmen hiervon gelten nur, wenn **218**

– der Behörde Ermessen, planerische Gestaltungsfreiheit oder ein Beurteilungsspielraum eingeräumt ist, ohne daß eine Reduzierung auf Null vorliegt,
– bestimmte sachliche Prüfungen besonderen – namentlich besonders fachkundigen – Behörden übertragen sind,
– es zur abschließenden Sachaufklärung einer mit den hierfür erforderlichen Mitteln ausgestatteten Behörde bedarf,
– die Behörde vor rechtskräftigem Abschluß des Verfahrens aus ihrem Bescheid Folgerungen ziehen möchte[105].

Regelmäßig wird eine Verpflichtung zur Spruchreifmachung bei gebundenen Verwaltungsakten anzunehmen sein, und zwar auch dann, wenn es sich um schwierigere Sachverhalte mit nichtjuristischem fachlichem Einschlag handelt, zu deren Aufklärung sich das Gericht der entsprechend sachkundigen Behörde oder Dritter bedienen kann[106]. Gleichwohl scheidet auch in diesen Fällen ein Bescheidungsausspruch nicht aus, etwa dann, wenn für die Entscheidung mehrjährige fachkundige Beobachtungen erforderlich sind, mit deren Durchführung das Gericht – auch unter Berücksichtigung der erwähnten Aushilfen – ersichtlich überfordert wäre[107]. **219**

b) Maßgeblicher Zeitpunkt

Maßgeblicher Zeitpunkt für die Begründetheit der Verpflichtungsklage ist regelmäßig derjenige der letzten mündlichen Verhandlung[108]. Dies gilt aber nur, soweit es sich um Rechtsfragen handelt, also generell für gebundene Verwal- **220**

---

104 So zutreffend Pietzner/Ronellenfitsch, § 7 Rn. 24 gegen Tschira/Schmitt Glaeser, Rn. 429.
105 BVerwG, Beschl. v. 28. 5. 1982 – 9 B 1152.82 –, NVwZ 1982, 630.
106 BVerwG, Urt. v. 2. 5. 1984 – 8 C 94.82 –, NVwZ 1985, 35.
107 VGH Baden-Württemberg, Urt. v. 20. 5. 1985 – 5 S 700/84 –, NVwZ 1987, 66. – Die Praxis verfährt häufig weitherziger: Weshalb auch soll sich ein Verwaltungsgericht etwa mit den Problemen der Statik eines Hochhauses herumschlagen, wenn „eigentlich" nur dessen planungsrechtliche Zulässigkeit dem Grunde nach im Streit war?
108 Siehe statt aller Kopp, VwGO, § 113 Rn. 95, zu den – wenig bedeutsamen – Ausnahmen Rn. 95 ff.

tungsakte sowie für Verwaltungsakte, die grundsätzlich im Ermessen stehen, bei denen aber das Ermessen ausnahmsweise auf Null reduziert ist. Im übrigen kommt es hinsichtlich der Rechtmäßigkeit des bei der angegriffenen Versagung ausgeübten Ermessens auf den Zeitpunkt der letzten Verwaltungsentscheidung an[109].

3. Fortsetzungsfeststellungsklage

a) Anwendungsbereich

221 Seinem Wortlaut und Sinnzusammenhang nach ist § 113 Abs. 1 Satz 4 VwGO unmittelbar nur auf Fälle der *Anfechtungsklage* anwendbar, in denen sich der streitige Verwaltungsakt *nach Klageerhebung in der Hauptsache erledigt hat*. Unumstritten und in der Klausur keiner näheren Begründung mehr bedürftig ist die analoge Anwendung auf Fälle der *Hauptsacheerledigung vor Klageerhebung* und der *Verpflichtungsklage*. Dabei kann die Fortsetzungsfeststellungsklage bereits vor Eintritt der Hauptsacheerledigung erhoben werden, wenn nur feststeht, daß die Hauptsache sich vor Ablauf der Widerspruchsfrist und vor einer möglichen gerichtlichen Entscheidung erledigt haben wird[110]. Der Übergang von der Anfechtungs- oder der Verpflichtungsklage auf die Fortsetzungsfeststellungsklage bei Hauptsacheerledigung nach Klageerhebung schließt die gleichzeitige Abgabe einer Erledigungserklärung aus[111].

222 Wird von der Anfechtungsklage auf die Fortsetzungsfeststellungsklage übergegangen bzw. von vornherein aus der Situation der Anfechtungsklage eine Fortsetzungsfeststellungsklage erhoben, richtet sich der Inhalt des gerichtlichen Ausspruchs nach § 113 Abs. 1 Satz 4 VwGO. Da die Vorschrift – bei ihrer unmittelbaren Anwendung – an § 113 Abs. 1 Satz 1 VwGO anknüpft, hat der Erfolg der Fortsetzungsfeststellungsklage zur Voraussetzung, daß der erledigte Verwaltungsakt nicht nur rechtswidrig gewesen ist, sondern den Kläger auch in dessen Rechten verletzt hat[112]; entsprechende Anforderungen sind an die Klagebefugnis zu stellen.

223 Wird die Fortsetzungsfeststellungsklage aus der Situation der Verpflichtungsklage erhoben, kann nicht die Feststellung begehrt werden, daß der Beklagte zu der begehrten Amtshandlung verpflichtet gewesen sei, wenn es zum Zeitpunkt der Erledigung an der Spruchreife gefehlt hat, namentlich also, wenn Ermessen oder planerische Gestaltungsfreiheit eingeräumt war oder ein Beurteilungsspielraum bestand[113]. Möglich ist in diesen Fällen jedoch ein gerichtlicher Ausspruch

---

109 BVerwG, Urt. v. 13. 11. 1981 – 1 C 69.78 –, NJW 1982, 1413.
110 BVerwG, Urt. v. 7. 6. 1978 – 7 C 45.74 –, NJW 1978, 1985.
111 BVerwG, Urt. v. 9. 12. 1983 – 8 C 39.80 –, NVwZ 1982, 560 (wobei offen gelassen wird, ob die Erledigungserklärung hilfsweise abgegeben werden kann).
112 BVerwG, Urt. v. 3. 3. 1987 – 1 C 15.85 –, NVwZ 1987, 494.
113 BVerwG, Urt. v. 2. 10. 1986 – 2 C 31.85 –, NVwZ 1987, 229.

derart, daß der Beklagte zur Bescheidung unter Berücksichtigung der Rechtsauffassung des Gerichts verpflichtet gewesen ist (vgl. § 113 Abs. 4 Satz 2 VwGO)[114].

224 Die Möglichkeit einer Umstellung von der Anfechtungs- oder Verpflichtungsklage auf die Fortsetzungsfeststellungsklage ist aber nicht nur dem Kläger eröffnet. Hat sich die Hauptsache erledigt, so kann der Beklagte in entsprechender Anwendung des § 113 Abs. 1 Satz 4 VwGO gleichwohl einen Klageabweisungsantrag stellen, der zu einer Sachentscheidung führt[115].

225 Voraussetzung für die – unmittelbare oder analoge – Anwendung des § 113 Abs. 1 Satz 4 VwGO ist grundsätzlich, daß sich die _Hauptsache erledigt_ hat[116]. Dabei kommt es auf die tatsächliche Erledigung an; die Abgabe übereinstimmender Erledigungserklärungen kann den Weg zur Fortsetzungsfeststellungsklage demgegenüber nicht eröffnen. Ob die Hauptsache tatsächlich erledigt ist, kann im Einzelfall nicht ganz einfach festzustellen sein. Zu beachten ist insbesondere, daß nicht jeder Vollzug eines Verwaltungsakts diesen in der Hauptsache erledigt. Dies ist nur dann der Fall, wenn sich der Verwaltungsakt hinsichtlich seiner rechtlichen Wirkungen im Vollzug erschöpft, wie etwa bei polizeilichen Vollstreckungsmaßnahmen[117] oder wenn es sich um eine termingebundene Angelegenheit handelt, etwa um eine auf ein bestimmtes Ereignis bezogene und daher termingebundene Demonstration. Auch allein dadurch, daß der Kläger unter dem Druck drohender Vollstreckungsmaßnahmen dem in dem Verwaltungsakt enthaltenen Befehl nachgekommen ist, wird eine Erledigung der Hauptsache nicht herbeigeführt[118]. Wird ein von einem Planfeststellungsbeschluß betroffenes Grundstück veräußert und gehen dabei etwaige Entschädigungsansprüche nicht auf den Käufer über, obgleich sie bereits hinreichend konkretisiert sind, tritt keine Erledigung der Anfechtungsklage des bisherigen Klägers in der Hauptsache ein[119]. Bei beamtenrechtlichen Konkurrentenklagen erledigt sich jedoch das gegen die – die Bewerbung um den streitigen Dienstposten ablehnende – Entscheidung gerichtete Klagebegehren dadurch in der Hauptsache, daß diese Stelle (definitiv) besetzt wird, da mit Rücksicht auf den Grundsatz der Ämterstabilität eine Rückgängigmachung dieser Entscheidung nicht mehr möglich ist[120]. Als

---

114 BVerwG, Urt. v. 25. 7. 1985 – 3 C 25.84 –, NJW 1986, 796.
115 BVerwG, Urt. v. 3. 6. 1988 – 8 C 86.86 –, BayVBl. 1988, 602; Kopp, VwGO, § 161 Rn. 25; dazu Fallbeispiel bei Jäde, S. 267, 271, 272 f.
116 Zu den zahlreichen Einzelfällen vgl. etwa die Übersicht bei Kopp, VwGO, § 113 Rn. 51 f.
117 Dazu Fallbeispiel bei Jäde, S. 71, 73 f., 78, 83.
118 Kopp, VwGO, § 113 Rn. 52.
119 BVerwG, Urt. v. 10. 3. 1987 – 4 C 36.83 –, NJW 1988, 52.
120 BVerwG, Urt. v. 25. 8. 1988 – 2 C 62.85 –, BayVBl. 1989, 439; BayVGH, Beschl. v. 11. 1. 1983 – Nr. 3 B 82 A. 612 –, NVwZ 1983, 755.

Faustregel kann man sich an die Fragen halten: Ist dem Kläger mit der Aufhebung des angefochtenen Verwaltungsakts noch gedient? Ist dem Kläger mit dem Ausspruch der begehrten Verpflichtung noch gedient?[121]

226 Nicht in der Hauptsache erledigt ist das klägerische Begehren zwar dann, wenn seine Weiterverfolgung *aufgrund einer Rechtsänderung sinnlos geworden* ist, beispielsweise, wenn die Verpflichtungsklage auf Erteilung einer Baugenehmigung keinen Erfolg mehr haben kann, weil das zunächst nach § 34 Abs. 1 BauGB zu beurteilende Vorhaben nunmehr eindeutig nach einem zwischenzeitlich in Kraft getretenen Bebauungsplan (§ 30 Abs. 1 BauGB) unzulässig ist, oder wenn ein Abgabenbescheid seine nachträgliche Rechtfertigung in einer später wirksam gewordenen Abgabensatzung gefunden hat. Aus prozeßökonomischen Gründen wird aber auch in diesen Fällen der Übergang auf die Fortsetzungsfeststellungsklage als statthaft angesehen[122]. Denn würde man dies dem Kläger verwehren, könnte er eine allgemeine Feststellungsklage (§ 43 Abs. 1 1. Alt. VwGO) erheben, in deren Rahmen der bereits im bisherigen Verfahren behandelte Prozeßstoff erneut aufgerollt werden müßte.

227 Nicht übertragen werden können die Grundsätze des § 113 Abs. 1 Satz 4 VwGO auf Verfahren des einstweiligen Rechtsschutzes, da dies dessen Sinn und Zweck widerspräche, nur Zwischenlösungen zu schaffen[123].

b) Fortsetzungsfeststellungsinteresse

228 Der Feststellungsausspruch nach § 113 Abs. 1 Satz 4 VwGO setzt ein *berechtigtes Interesse* an der Feststellung der Rechtswidrigkeit des streitigen Verwaltungsakts voraus. An dieses Fortsetzungsfeststellungsinteresse sind geringere Anforderungen zu stellen als an das Feststellungsinteresse im Rahmen des § 43 Abs. 1 VwGO[124]. Diskussionsbedürftig sind vor allem drei Hauptfallgruppen: Wiederholungsgefahr, Rehabilitationsinteresse, Vorbereitung eines Schadensersatzprozesses.

229 Die *Wiederholungsgefahr* wird als tragender Grund des Fortsetzungsfeststellungsinteresses von der Rechtsprechung verhältnismäßig weitherzig gehandhabt. Zwar reicht die bloß vage Möglichkeit einer Wiederholung nicht aus; auch kann nicht im Wege der Fortsetzungsfeststellungsklage die Klärung abstrakter Rechtsfragen betrieben werden. Aber es genügt, wenn es für den Kläger wichtig ist zu wissen, welche Rechtsvorschriften für den fraglichen Sachverhalt maßgeblich und wie diese auszulegen sind[125]. So ist bei Demonstrationen gegen großtechni-

---

121 Ähnlich Pietzner/Ronellenfitsch, § 7 Rn. 28; Kopp, VwGO, § 113 Rn. 51 m. w. N.
122 BVerwG, Urt. v. 24. 10. 1980 – 4 C 3.78 –, NJW 1981, 2426.
123 VGH Baden-Württemberg, Beschl. v. 5. 10. 1977 – IX 1918/77 –, NJW 1978, 774.
124 BVerwG (o. Fn. 122) a.a.O.
125 BVerwG, Urt. v. 7. 6. 1978 – 7 C 45.74 –, NJW 1978, 1985; v. 14. 1. 1980 – 7 C 92.79 –, NJW 1980, 2426.

sche Vorhaben[126] oder Aktivitäten im Rahmen der Friedensbewegung[127] stets Wiederholungsgefahr angenommen worden. Dabei muß sich die Wiederholungsgefahr nicht auf exakt dieselbe – ja auch schwerlich in allen Einzelheiten reproduzierbare – Situation beziehen; entscheidend ist vielmehr, daß es sich insoweit im sachlichen Kern des Rechtsstreits um dasselbe handelt[128].

An einem *Rehabilitationsinteresse* fehlt es regelmäßig, wenn der streitige **230** Bescheid aufgehoben worden ist[129]. Dies gilt jedenfalls dann, wenn diese Aufhebung wegen seiner – von der Behörde erkannten bzw. angenommenen – Rechtswidrigkeit erfolgt ist; auf eine bestimmte Begründung besteht insoweit kein Anspruch[130]. Im übrigen wird auch dieses Kriterium recht großzügig gehandhabt. Zu weitgehend dürfte zwar die Auffassung sein, jeder Grundrechtseingriff rechtfertige bereits ein Rehabilitationsinteresse, das für die Erhebung einer Fortsetzungsfeststellungsklage ausreiche[131]. Denn dann läge mit Rücksicht auf Art. 2 Abs. 1 GG ein hinreichendes Fortsetzungsfeststellungsinteresse bei jeglichem sich in der Hauptsache erledigenden rechtswidrigen Verwaltungsakt vor. Bei Eingriffen in spezielle Grundrechte wird man aber zumindest regelmäßig ein solches Interesse annehmen können[132]. Demgegenüber erscheint zweifelhaft, ob allein die Behandlung als Störer durch die Polizei ausreicht, um ein Rehabilitationsinteresse zu begründen[133].

Breiten Raum nehmen in der Rechtsprechung die Fragen der Legitimierung **231** des Fortsetzungsfeststellungsinteresses durch die Absicht ein, einen Schadensersatz-, insbesondere einen *Amtshaftungsprozeß* (§ 839 BGB, Art. 34 GG) führen zu wollen. Insoweit ist inzwischen gefestigte Rechtsprechung des BVerwG, daß dieser Gesichtspunkt nur dann Berücksichtigung finden kann, wenn sich die Hauptsache *nach Klageerhebung erledigt* hat[134]. Daß die Absicht, einen Amtshaftungsprozeß zu führen, ein hinreichendes Fortsetzungsfeststellungsinteresse konstituieren kann, ist ursprünglich auf zwei Erwägungen gestützt worden:

---

126 OVG Nordrhein-Westfalen, Urt. v. 10. 6. 1981 – 4 A 2607/79 –, NVwZ 1982, 46 (Kalkar); vgl. a. BayVGH, Urt. v. 16. 5. 1988 – Nr. 21 B 87.02889 –, BayVBl. 1988, 562 = NVwZ 1988, 1055 (Wiederaufarbeitungsanlage Wackersdorf).
127 Hier werden die Grenzen des Fortsetzungsfeststellungsinteresses freilich oft allzu fließend: BayVGH, Beschl. v. 4. 3. 1987 – Nr. 21 B 86 – 01785 –, NJW 1987, 2100.
128 Dazu z. B. BVerwG, Urt. v. 7. 6. 1978 – 7 C 6.78 –, NJW 1978, 1937 (verminderte Anzahl von Plakatständern).
129 BVerwG, Urt. v. 16. 9. 1977 – VII C 13.76 –, NJW 1978, 335.
130 BVerwG, Beschl. v. 5. 9. 1984 – 1 WB 131.82 –, NVwZ 1985, 266.
131 So aber wohl Kopp, VwGO, § 113 Rn. 61 a.
132 Dazu z. B. OVG Nordrhein-Westfalen, Urt. v. 10. 6. 1981 – 4 A 2607/79 –, NVwZ 1982, 46 (Durchsuchung).
133 So aber BayVGH, Urt. v. 16. 5. 1988 – Nr. 21 B 87.02889 –, NVwZ 1988, 1055 = BayVBl. 1988, 562; a. A. Jäde, S. 75.
134 So tendenziell schon BVerwG, Urt. v. 14. 1. 1980 – 7 C 92.79 –, NJW 1980, 2426; ausdrücklich Urt. v. 17. 8. 1982 – 1 C 85.80 –, BayVBl. 1983, 121; v. 20. 1. 1989 – 8 C 30.87 –, BayVBl. 1989, 441.

Zum einen wurde auf die größere Sachnähe der Verwaltungsgerichtsbarkeit zu den streitigen Sachverhalten abgestellt, zum anderen sollte durch die Eröffnung der Fortsetzungsfeststellungsklage vermieden werden, daß jener prozessuale Aufwand nutzlos würde, der bis zum Eintreten der Erledigung der Hauptsache bereits entstanden war. Nachdem die Rechtsprechung das erstgenannte Argument aufgegeben hat, verbleiben nur noch diese prozeßökonomischen Erwägungen, die aber ein Fortsetzungsfeststellungsinteresse nur für den Fall der Hauptsacheerledigung nach Klageerhebung zu tragen vermögen[135].

232 Aber auch bei Hauptsacheerledigung nach Klageerhebung kann das Fortsetzungsfeststellungsinteresse auf die Absicht, einen Amtshaftungsprozeß zu führen, nur gestützt werden, wenn dieser *nicht offensichtlich aussichtslos* wäre[136]. Offensichtlichkeit in diesem Sinne liegt vor, wenn ohne eine ins einzelne gehende Prüfung erkennbar ist, daß der behauptete Anspruch unter keinem rechtlichen Gesichtspunkt bestehen kann[137]. Es ist also an die Annahme der offensichtlichen Erfolglosigkeit eines etwaigen Amtshaftungsprozesses ein strenger Maßstab anzulegen; die bloße Wahrscheinlichkeit der Aussichtslosigkeit genügt nicht[138].

233 Offensichtlich aussichtslos ist ein angestrebter Amtshaftungsprozeß beispielsweise dann, wenn
– der streitige Verwaltungsakt von der jeweiligen Behörde auf Weisung erlassen worden ist, da es dann am erforderlichen Verschulden mangelt[139],
– der Schaden, der im Amtshaftungsprozeß geltend gemacht werden soll, nicht in den Schutzbereich der Norm fällt[140],
– das Verhalten der Behörde bereits von einem Kollegialgericht gebilligt worden ist[141], wobei es bei streitigen Rechtsfragen[142] nicht darauf ankommt, daß die Entscheidung zum konkreten Fall ergangen ist[143],
– der im Amtshaftungsprozeß geltend zu machende Anspruch verjährt ist und der Beklagte sich auf die Verjährung beruft[144].

---

135 A. A. für den Fall, daß der Beklagte ausdrücklich die Rechtmäßigkeit des (erledigten) Verwaltungsakts feststellt, VGH Baden-Württemberg, Urt. v. 20. 9. 1983 – 9 S 1596/82 –, NVwZ 1984, 251.
136 Eingehend zur Rechtfertigung dieser Auffassung BVerwG, Beschl. v. 12. 9. 1978 – 4 B 102.78 –, NJW 1980, 197.
137 BVerwG, Urt. v. 18. 10. 1985 – 4 C 21.80 –, NJW 1986, 1826.
138 BVerwG, Urt. v. 14. 1. 1980 – 7 C 92.97 –, NJW 1980, 2426.
139 BVerwG, Urt. v. 15. 3. 1977 – I C 22.75 –, NJW 1977, 2228.
140 BVerwG, Urt. v. 9. 12. 1983 – 8 C 39.80 –, NVwZ 1982, 560.
141 BVerwG, Urt. v. 15. 11. 1984 – 2 C 56.81 –, NVwZ 1985, 265; v. 4. 5. 1984 – 8 C 93.82 –, NJW 1985, 876.
142 Dazu BVerwG, Urt. v. 2. 10. 1986 – 2 C 31.85 –, NVwZ 1987, 229.
143 BVerwG, Urt. v. 9. 10. 1984 – 1 C 22.83 –, NVwZ 1985, 267.
144 BVerwG, Urt. v. 17. 8. 1982 – 1 C 85.80 –, BayVBl. 1983, 121.

Im übrigen kann sich ein Fortsetzungsfeststellungsinteresse auch ergeben aus **234** der Absicht des Geltendmachens eines *Folgenbeseitigungsanspruchs*[145] oder aus der Minderung von Berufschancen durch eine *Nichtversetzung*[146], wobei sich eine solche Beeinträchtigung noch nicht konkret abzeichnen muß[147].

4. Allgemeine Feststellungsklage

a) Anwendungsbereich

Gegenstand der allgemeinen Feststellungsklage (§ 43 Abs. 1 1. Alt. VwGO) ist **235** ein *Rechtsverhältnis*. Dieser Begriff darf nicht zu eng gefaßt werden. Ein Rechtsverhältnis liegt stets vor, wenn es um die sich aus einer Rechtsnorm des öffentlichen Rechts ergebenden rechtlichen Beziehungen zwischen einer Person und einer anderen Person geht, kraft deren die eine Person etwas Bestimmtes tun muß, kann oder darf oder nicht zu tun braucht. Dabei muß ein solches Rechtsverhältnis entweder durch die Norm selbst oder durch ein dem öffentlichen Recht zuzurechnendes Rechtsgeschäft konkretisiert sein[148]. Gegenstand der Feststellungsklage kann auch ein in der Vergangenheit liegendes Rechtsverhältnis sein, wenn es nur noch über seine Beendigung hinaus anhaltende Wirkungen äußert[149].

Mit der allgemeinen Feststellungsklage – und nicht mit der *Nichtigkeitsfeststel-* **236** *lungsklage* (§ 43 Abs. 1 2. Alt. VwGO) – ist auch gegen einen (vom nichtigen Verwaltungsakt zu unterscheidenden) *Nichtakt*[150] vorzugehen[151]. Dabei besteht ein Unterschied zwischen allgemeiner und Nichtigkeitsfeststellungsklage im Hinblick auf das Rechtsschutzbedürfnis insofern, als bei einem nichtigen Verwaltungsakt ein Rechtsschein zu Lasten des Betroffenen besteht, was bei einem Nichtakt nicht ohne weiteres angenommen werden kann[152].

b) Subsidiarität (§ 43 Abs. 2 VwGO)

Die Subsidiaritätsklausel des § 43 Abs. 2 VwGO verfolgt – neben dem Ausschluß **237** einer mehrfachen Befassung der Gerichte mit ein und demselben Streitgegenstand – in erster Linie den Zweck, eine Umgehung der Vorschriften über die besonderen Zulässigkeitsvoraussetzungen der Anfechtungs- und der Verpflich-

---

145 BVerwG, Urt. v. 16. 9. 1977 – VII C 13.76 –, NJW 1978, 355.
146 BVerwG, Urt. v. 14. 7. 1978 – 7 C 11.76 –, NJW 1979, 229.
147 BVerwG, Urt. v. 6. 12. 1983 – 7 C 39.83 –, NVwZ 1984, 794.
148 BVerwG, Urt. v. 10. 5. 1984 – 3 C 68.82 –, NJW 1985, 1302.
149 BVerwG (o. Fn. 148), a.a.O.
150 Dazu z. B. Kopp, VwGO, Anh. § 42 Rn. 15 (Beispielsfall: Hauptmann von Köpenick).
151 BVerwG, Urt. v. 21. 11. 1986 – 8 C 127.84 –, NVwZ 1987, 330; v. 22. 5. 1987 – 8 C 91.85 –, NVwZ 1987, 793.
152 BVerwG v. 21. 11. 1986 (o. Fn. 151), a.a.O.

tungsklage (§§ 68 ff. VwGO) zu verhindern[153]. Nach der gefestigten ständigen Rechtsprechung des BVerwG ist daher die Erhebung einer Feststellungsklage nicht ausgeschlossen, wenn sich diese gegen den Staat oder einen anderen Träger öffentlicher Gewalt richtet und zuvor ein Widerspruchsverfahren durchgeführt worden oder ein solches nicht erforderlich ist[154]. Denn der Träger öffentlicher Gewalt wird sich wegen seiner verfassungsrechtlichen Gebundenheit an Recht und Gesetz (Art. 20 Abs. 3 GG) ohne weiteres, namentlich ohne – auf der Grundlage eines Feststellungsausspruchs nicht möglich – Vollstreckungsmaßnahmen mit seinem künftigen Verhalten an der gerichtlichen Entscheidung orientieren.

238 Eine die Erhebung der allgemeinen Feststellungsklage ausschließende Subsidiarität liegt aus diesen Gründen auch dann nicht vor, wenn auf Feststellung von Pflichten aus einem mit einem öffentlichen Rechtsträger geschlossenen Vergleich geklagt wird[155]. Ferner greift die Subsidiaritätsklausel dann nicht ein, wenn die an sich eröffnete Anfechtungsklage nicht den vollen vom Kläger angestrebten Rechtsschutz bewirken könnte[156]. Umgekehrt kann eine allgemeine Feststellungsklage auch dann erhoben werden, wenn eine die Anfechtungs- oder Verpflichtungsklage eröffnende Verwaltungsentscheidung herbeigeführt werden könnte, der dagegen eröffnete Rechtsschutz aber allenfalls mittelbar das Rechtsverhältnis zu klären geeignet wäre, das mit der allgemeinen Feststellungsklage verfolgte Rechtsschutzziel also gewissermaßen hinter demjenigen der Anfechtungs- oder Verpflichtungsklage zurückbleibt[157].

239 Kein subsidiaritätsähnliches Verhältnis besteht zwischen der allgemeinen Feststellungsklage und dem *Normenkontrollantrag*, so daß eine allgemeine Feststellungsklage auf Feststellung eines Rechtsverhältnisses, das allein von der Rechtmäßigkeit einer zugrundeliegenden Norm abhängt, im Gegensatz zu einer durch § 47 VwGO ausgeschlossenen Feststellungsklage auf Feststellung der Nichtigkeit der Norm zulässig ist[158].

240 Die Subsidiaritätsklausel des § 43 Abs. 2 VwGO gilt auch im Verhältnis zu Gestaltungs- und Leistungsklagen *anderer Rechtswege*[159]. Wiederum ist aber auch in diesem Zusammenhang zu beachten, daß das Rechtsschutzziel zwischen allgemeiner Feststellungs- und anderer Klage identisch sein muß, um die Zuläs-

---

153 BVerwG, Urt. v. 12. 3. 1982 – 4 C 80.80 –, NVwZ 1982, 619; v. 7. 5. 1987 – 3 C 53.85 –, NVwZ 1987, 430.
154 BVerwG v. 7. 5. 1987 (o. Fn. 153), a.a.O.
155 BVerwG v. 12. 3. 1982 (o. Fn. 153), a.a.O.
156 BVerwG, Urt. v. 3. 10. 1984 – 4 C 5.84 –, NVwZ 1985, 749.
157 BayVGH, Urt. v. 13. 1. 1982 – Nr. 4 B 526/79 –, NVwZ 1983, 167 (keine Subsidiarität bei Feststellung des Bestehens eines Anschluß- und Benutzungszwanges auch dann, wenn Befreiungsmöglichkeit gegeben ist).
158 BVerwG, Urt. v. 9. 12. 1982 – 5 C 103.81 –, NJW 1983, 2208.
159 BVerwG, Urt. v. 18. 10. 1985 – 4 C 21.80 –, NJW 1986, 1826.

sigkeit der allgemeinen Feststellungsklage auszuschließen. Daher greift § 43 Abs. 2 VwGO nicht ein, wenn die im Wege der allgemeinen Feststellungsklage zur Entscheidung gestellte Problematik bei einer Klage in einem anderen Rechtsweg nur (inzidenter) als *Vorfrage* behandelt würde[160].

5. Vorbeugender Rechtsschutz

Vorbeugender Rechtsschutz kann nur im Wege der vorbeugenden Unterlassungsklage in Gestalt der *allgemeinen Leistungsklage* oder durch vorbeugende *allgemeine Feststellungsklage* gewährt werden. Eine „vorbeugende Verpflichtungsklage" erscheint schon begrifflich problematisch, eine „vorbeugende Anfechtungsklage" ist nicht möglich, weil ein Verwaltungsakt erst angefochten werden kann, wenn er bekanntgegeben und somit existent geworden ist[161]. Das gilt auch gegenüber Akten der *Rechtssetzung:* Eine Normenkontrolle ist erst dann möglich, wenn die Rechtsvorschrift verkündet und damit wirksam – nicht notwendig indessen bereits in Kraft getreten – ist[162]. **241**

Die Inanspruchnahme vorbeugenden Rechtsschutzes erfordert ein *besonderes Rechtsschutzbedürfnis*. Für einen vorbeugenden Rechtsschutz ist nämlich dann kein Raum, wenn und soweit der Betroffene zumutbarerweise auf den von der VwGO als grundsätzlich angemessen und ausreichend angesehenen nachträglichen Rechtsschutz verwiesen werden kann[163], wobei auch die Möglichkeiten des einstweiligen Rechtsschutzes mit einzubeziehen sind. Vorbeugender Rechtsschutz kann daher dann nicht begehrt werden, wenn (1) noch kein Verwaltungsakt vorliegt, (2) insoweit effektiver Rechtsschutz durch nachgängigen Rechtsschutz möglich wäre und (3) keine Anhaltspunkte dafür bestehen, daß der Beklagte sich über die einschlägigen Rechtsvorschriften könnte hinwegsetzen wollen[164]. Ebenso ist zu entscheiden, wenn der Beklagte erklärt, er wolle trotz einer abweichenden Rechtsauffassung nicht gegen den Kläger vorgehen[165]. Andererseits kann nachgängiger Rechtsschutz aber auch dann nicht ausreichend sein, wenn er an sich sowohl eröffnet und auch effektiv wäre, der Kläger sich aber mit einer Vielzahl gleichartiger Verwaltungsakte auseinandersetzen müßte und dies im Einzelfall unzumutbar wäre[166]. **242**

---

160 BVerwG, Urt. v. 29. 8. 1986 – 7 C 5.85 –, NVwZ 1987, 216.
161 Demgegenüber zieht Kopp, VwGO, § 42 Rn. 8 eine Verpflichtungsklage auf Erlaß eines Verwaltungsakts mit der Zusicherung in Betracht, daß der befürchtete Verwaltungsakt nicht ergehen werde; vgl. a. das Fallbeispiel bei Jäde, S. 134, 137, 141 ff.
162 Das soll nach BayVGH, Beschl. v. 9. 8. 1985 – Nr. 1 N 85 A. 774, 1 NE 85 A. 775 –, BayVBl. 1986, 497, auch für im Sinne des § 33 BauGB planreife Bebauungspläne gelten, a. A. Jäde, Prinzipale Normenkontrolle planreifer Bebauungspläne, BayVBl. 1985, 225.
163 BVerwG, Urt. v. 8. 9. 1972 – IV C 17.71 –, BVerwGE 40, 323 = DVBl. 1973, 35 (Bebauungsplan); v. 29. 7. 1977 – IV C 51.75 –, NJW 1978, 554 (Bebauungsplan); v. 7. 5. 1987 – 3 C 53.85 –, NVwZ 1988, 430.
164 BVerwG, Urt. v. 3. 6. 1983 – 8 C 43.81 –, NVwZ 1983, 168.
165 BVerwG, Urt. v. 30. 5. 1985 – 3 C 28.84 –, NVwZ 1986, 35.
166 Dazu z. B. HessVGH, Urt. v. 17. 12. 1985 – 9 UE 2162/85 –, NVwZ 1988, 445.

B. Vorläufiger Rechtsschutz

I. Allgemeines

243 Der vorläufige Rechtsschutz gewinnt in der verwaltungsgerichtlichen Praxis angesichts der langen Dauer der Hauptsacheverfahren nach wie vor an Bedeutung. Vielfach wird – oft auch unter Mißbrauch dieses Rechtsinstituts – zumindest der Versuch unternommen, die eigentliche Entscheidung schon im Eilverfahren zu erstreiten, um ggf. auf die Durchführung des Hauptsacheverfahrens verzichten zu können. Das gilt namentlich für Streitigkeiten um großtechnische Vorhaben. Damit schwindet in erheblichem Umfang der *summarische Charakter* des vorläufigen Rechtsschutzes. Das hat seine Ursache freilich nicht nur darin, daß die Verwaltungsgerichte sich gewissermaßen blauäugig auf die beschriebenen Intentionen der Parteien einließen, sondern auch darin, daß aus verfassungsrechtlichen Gründen die „Anprüfung" der materiellen Rechtslage im Verfahren des vorläufigen Rechtsschutzes um so intensiver und gründlicher sein muß, je sachlich weitreichender die tatsächlichen Folgen einer in diesem Stadium der verwaltungsgerichtlichen Auseinandersetzung zu fällenden Entscheidung sind[167].

244 Dem entspricht die wachsende Erheblichkeit derartiger Verfahren für das Examen. Überdies bietet es sich besonders an, Klausuren prozessual auf dem Felde des vorläufigen Rechtsschutzes spielen zu lassen, weil sich auf diese Weise dessen Besonderheiten mit Fragen der Erfolgsaussichten des – etwaigen – Hauptsacheverfahrens und zudem allen erdenklichen materiell-rechtlichen Problemen kombinieren lassen. Mag daher in der verwaltungsgerichtlichen Praxis durchaus richtigerweise die Auffassung vertreten werden, schwierige Rechtsfragen zu klären, sei nicht Sache des summarischen Verfahrens[168], sollte man sich in der Klausur darauf nicht einlassen. Und wenn man schon zu dem – höchst unwahrscheinlichen – Resultat gelangt, was in einer fünfstündigen Aufsichtsarbeit dem Kandidaten an Problemlösungskompetenz und -kapazität abverlangt werde, lasse sich hingegen einem Verwaltungsgericht nicht zumuten, dann muß man sich – ist die Fertigung einer gerichtlichen Entscheidung gefordert – mit den verbleibenden Rechtsfragen hilfsgutachtlich auseinandersetzen. Der Gesichtspunkt der nur summarischen Prüfung im Verfahren des vorläufigen Rechtsschutzes kann daher in der Examensklausur nur dann eine Rolle spielen, wenn im Hauptsacheverfahren eine weitergehende Aufklärung des Sachverhaltes geboten sein könnte, die sich im Eilverfahren im Einzelfall nicht bewerkstelligen läßt – und natürlich auch nicht für den Bearbeiter eines Klausurfalles.

II. Abgrenzungsfragen: § 80 Abs. 5 und § 123 VwGO

245 Über die Abgrenzung zwischen vorläufigem Rechtsschutz nach § 80 Abs. 5 VwGO einerseits, der einstweiligen Anordnung nach § 123 VwGO andererseits

---

167 Dazu z. B. BVerfG, Beschl. v. 2. 5. 1984 – 2 BvR 1413/83 –, NJW 1986, 2028.
168 So z. B. BayVGH, Beschl. v. 20. 8. 1981 – Nr. 22 CS 81 A. 1242 –, NVwZ 1982, 130.

läßt sich im Detail trefflich streiten. Solche Meinungsverschiedenheiten über besondere Fallkonstellationen verwirren aber erfahrungsgemäß mehr als sie klären; merken kann man sie sich nicht, und die Heranziehung eines zugelassenen Hilfsmittels erbringt zumeist auch nur den Befund eines Meinungsstreits. Deshalb kann nur empfohlen werden, sich an die – stets zu einem zumindest vertretbaren Ergebnis führende – Faustregel zu halten, die sich aus § 123 Abs. 5 VwGO ergibt: Danach gelten die Abs. 1 – 4 dieser Vorschrift nicht für die Vollziehung des angefochtenen Verwaltungsaktes oder die Beseitigung der aufschiebenden Wirkung eines Rechtsbehelfs.

Ausgangspunkt bei der Untersuchung der Frage, welche Form des vorläufigen Rechtsschutzes in Betracht kommt, muß daher stets sein: Welche *Klageart in der Hauptsache* müßte der Antragsteller statthafterweise wählen? Nur wenn er sich für die Anfechtungsklage entscheiden müßte, wäre einstweiliger Rechtsschutz nach § 80 Abs. 5 VwGO zu gewähren; in allen anderen Fällen richtet sich dieses Begehren nach § 123 VwGO. Daß nach ganz überwiegender Meinung bei Verwaltungsakten mit Drittwirkung der Begünstigte die Anordnung der sofortigen Vollziehung nicht im Wege eines Antrags nach § 123 VwGO, sondern durch einen Antrag nach § 80 Abs. 5 Satz 1 VwGO analog i. V. m. § 80 Abs. 2 Nr. 4, §§ 113 f. VwGO[168a] zu begehren hat – etwa der Bauherr im Falle eines Nachbarwiderspruchs, um gleichwohl mit der Bauausführung beginnen oder fortfahren zu können[169] –, ändert daran nichts. Denn einmal ist dieser Fall ebenfalls durch den Wortlaut des § 123 Abs. 5 VwGO gedeckt, der ja auch von der „Beseitigung der aufschiebenden Wirkung eines Rechtsbehelfs" spricht. Zum anderen handelt es sich auch hier um Rechtsschutz im Rahmen eines Anfechtungsbegehrens – wenngleich eines von dem Verwaltungsakt belasteten Dritten –, dem hinsichtlich des vorläufigen Rechtsschutzes der Begünstigte aus Gründen rechtsstaatlicher Waffengleichheit gleichgestellt wird.

246

Vorläufiger Rechtsschutz nach § 80 Abs. 5 VwGO einerseits, nach § 123 VwGO andererseits *schließen sich* hiernach zwar *grundsätzlich wechselseitig aus*. Gleichwohl kann im Einzelfall eine Kombination beider Rechtsschutzformen in Betracht kommen, nämlich dann, wenn auch in der Hauptsache das anzustrebende Rechtsschutzziel nur durch die Erhebung etwa sowohl einer Anfechtungs- als auch einer Verpflichtungsklage (oder einer allgemeinen Leistungs- bzw. Feststellungsklage) erreicht werden kann. Das ist möglich in denjenigen Fällen der *Konkurrentenklage*, in denen die angestrebte Begünstigung nur

247

168a So z. B. HessVGH, Beschl. v. 7. 7. 1971 – IV R 40/71 –, DVBl. 1972, 585; BayVGH, Beschl. v. 12. 11. 1973 – Nr. 288 I 73 –, BayVBl. 1974, 14; VGH Baden-Württemberg, Beschl. v. 31. 10. 1974 – VII 927/74 –, ESVGH 25, 110; BayVGH, Beschl. v. 28. 10. 1976 – Nr. 104 I 76 –, BayVBl. 1977, 565; OVG Hamburg, Beschl. v. 26. 9. 1974 – Bs II 43/84 –, BRS 42, 111; eine Verpflichtungsklage auf Anordnung der sofortigen Vollziehung wäre unzulässig, so schon BVerwG, Beschl. v. 21. 10. 1968 – IV C 33.68 –, NJW 1969, 202 = DVBl. 1969, 269 = DÖV 1969, 111 = BayVBl. 1969, 98.

169 Das setzt freilich voraus, daß auch der Drittwiderspruch aufschiebende Wirkung hat, dazu sogleich u. Rn. 251.

erreicht werden kann, wenn zugleich diejenige des zu Lasten des Klägers bedachten Mitbewerbers beseitigt wird[170]. Auch kann in ein und derselben behördlichen Maßnahme zugleich eine mit der Anfechtungs- und eine mit einer anderen Klageart anzugreifende Komponente stecken, was wiederum zu einem notwendig gewissermaßen zweigleisigen Vorgehen im Rahmen des vorläufigen Rechtsschutzes führt[171].

III. Vorläufiger Rechtsschutz nach § 80 Abs. 5 VwGO

248 Vorläufiger Rechtsschutz nach § 80 Abs. 5 VwGO setzt – zum einen – voraus, daß (wie gezeigt) ein belastender Verwaltungsakt vorliegt, gegen den mit Anfechtungswiderspruch und -klage vorgegangen werden muß, zum anderen, daß die regelmäßig eintretende, durch die genannten Rechtsbehelfe bewirkte aufschiebende Wirkung (§ 80 Abs. 1 VwGO) ausgeblieben oder beseitigt worden ist. Zu klären sind daher zunächst die Voraussetzungen des Eintretens der aufschiebenden Wirkung und ihre Bedeutung.

1. Aufschiebende Wirkung (§ 80 Abs. 1 VwGO)

249 Nach § 80 Abs. 1 Satz 1 VwGO haben Widerspruch und Anfechtungsklage aufschiebende Wirkung, was – nach Satz 2 – auch für rechtsgestaltende Verwaltungsakte gilt. Welche rechtlichen Konsequenzen die aufschiebende Wirkung hat, ist Gegenstand eines lebhaften Theorienstreits, der hier nur andeutungsweise skizziert werden soll[172]. Nach der *Wirksamkeitstheorie* hat die aufschiebende Wirkung von Anfechtungswiderspruch und -klage zur Folge, daß der angefochtene Verwaltungsakt nicht wirksam, nach der *Vollziehbarkeitstheorie,* daß er zwar wirksam, aber nicht vollziehbar ist. Beide Auffassungen werden aber auch in der Lehre nicht in voller Reinheit vertreten, sondern es gibt ein breites Spektrum vermittelnder Meinungen, aus denen sich eine überwiegende Meinung herauszubilden anschickt, die gelegentlich als *Verwirklichungstheorie* bezeichnet wird, wobei Streit darüber besteht, welche Autoren und Gerichte jeweils welcher Theoriengruppe zuzuordnen sind oder ob es vielleicht noch eine vierte oder fünfte Ansicht gibt, der eine eigenständige Etikettierung gebührte. Aus diesen Andeutungen sollte schon deutlich geworden sein, daß es sich bei alledem um ein weitgehend akademisches Problem handelt, dessen Ausbreitung in der Assessorklausur – soweit möglich – tunlichst vermieden werden sollte[173].

---

[170] Dazu z. B. BayVGH, Beschl. v. 15. 12. 1981 – Nr. 22 CE/AS 81 A. 1940 –, NJW 1982, 2134.

[171] So VGH Baden-Württemberg, Beschl. v. 13. 6. 1985 – 9 S 758/85 –, NVwZ 1985, 593 zu einer Nichtversetzung, die zugleich zur Schulentlassung führt; dagegen BayVGH, Beschl. v. 20. 12. 1985 – 7 CE 85 A. 2936 –, NVwZ 1986, 398, wenn die Schulentlassung kraft Gesetzes aus der Nichtversetzung folgt.

[172] Eingehend z. B. Tschira/Schmitt Glaeser, Rn. 345 ff.; Pietzner/Ronellenfitsch, § 46; Kopp, VwGO, § 80 Rn. 15 f.

[173] Der Verfasser erinnert sich in diesem Zusammenhang an eine treffende Korrekturbemerkung in der ersten von ihm verfertigten juristischen Hausarbeit: „Sie sollen keine Theorien anwenden, sondern das Gesetz!"

Nach der Rechtsprechung des BVerwG wirkt der nach § 80 Abs. 1 VwGO **250** eintretende Suspensiveffekt nur vorläufig und wird durch rechtskräftige Beendigung des Klageverfahrens rückwirkend beseitigt[174]. Die aufschiebende Wirkung von Anfechtungswiderspruch und -klage schafft hiernach gewissermaßen eine verfahrensrechtliche *Fiktion*[175]. Die Beteiligten des Verwaltungsrechtsverhältnisses haben sich folglich, solange der Suspensiveffekt besteht, so zu verhalten, als ob der Verwaltungsakt nicht wirksam sei. Dabei haben sie das mit der Orientierung ihres Verhaltens an dieser Fiktion einhergehende Risiko zu tragen. Bleibt der Rechtsbehelf erfolglos, wird der Widerspruch unanfechtbar zurück- bzw. die Anfechtungsklage rechtskräftig abgewiesen, war der Verwaltungsakt von Anfang an und ohne Unterbrechung wirksam, so daß ein Vertrauensschutz auf die aufschiebende Wirkung nicht in Betracht kommt[176]. Umgekehrt war der Verwaltungsakt – regelmäßig – von Anfang an unwirksam, wenn sich der Betroffene mit seinem Rechtsbehelf durchsetzt. Von diesem Ansatz der höchstrichterlichen Rechtsprechung her lassen sich im Grunde alle hinsichtlich der rechtlichen Bedeutung der aufschiebenden Wirkung umstrittenen Fragen lösen.

Das gilt auch für die umstrittene Frage, ob Anfechtungswiderspruch und **251** -klage aufschiebende Wirkung auch bei *Verwaltungsakten mit Drittwirkung* entfalten. Dies wird von der ganz h. M. bejaht[177]. Die ablehnende Mindermeinung[178] beruht auf der Annahme, wer von einer behördlichen Gestattung – etwa einer Baugenehmigung – Gebrauch mache, vollziehe diese nicht. Mit dem Begriff der Vollziehung in § 80 VwGO sei nur die behördliche Vollziehung gemeint und die aufschiebende Wirkung richte sich nur gegen diese. Dagegen spricht zunächst schon § 80 Abs. 2 Nr. 4 2. Alt. VwGO, wonach die Anordnung der sofortigen Vollziehung auch im überwiegenden Interesse eines Beteiligten erfolgen kann. Denn daraus folgt, daß der Gesetzgeber nicht nur die Konstellation des Drittwiderspruchs gesehen hat, sondern auch davon ausgegangen ist, daß dieser aufschiebende Wirkung entfaltet, weshalb eben die Anordnungsmöglichkeit des § 80 Abs. 2 Nr. 4 2. Alt. VwGO überhaupt erst geschaffen werden mußte. Versteht man indessen – wie soeben dargestellt – die aufschiebende Wirkung von Anfechtungswiderspruch und -klage nicht als bloß zeitweilige Hemmung des behördlichen Vollzugs, sondern als verfahrensrechtliche Fiktion, so kann diese (und muß es auch) ohne weiteres für und gegen alle an dem Verwaltungsrechts-

---

174 BVerwG, Urt. v. 18. 8. 1976 – VII C 29.75 –, NJW 1977, 823.
175 BVerwG, Urt. v. 25. 11. 1982 – 2 C 13.81 –, NJW 1983, 2042.
176 Zu Ausnahmen (Vollstreckungsmaßnahmen, Sanktionen, Säumnisfolgen) vgl. Kopp, VwGO, § 80 Rn. 16 a ff.
177 Dazu statt aller Kopp, VwGO, § 80 Rn. 15 m. w. N.
178 HessVGH, Beschl. v. 13. 1. 1967 – VI 77/79 –, StT 1967, 262; v. 19. 8. 1976 – IV TG 37/76 –, ESVGH 26, 237 = BauR 1976, 415; wohl jetzt auch mit dieser Begründung OVG Lüneburg, Beschl. v. 2. 7. 1979 – VI B 32/79 –, NJW 1980, 253.

verhältnis Beteiligten wirken, ohne daß sich insoweit Besonderheiten hinsichtlich des Verwaltungsakts mit Drittwirkung ergäben[179]. Das gilt auch unabhängig von der Zahl der Beteiligten und deren jeweiligen Interessen[180].

252 Keine Einigkeit besteht ferner darüber, ob Anfechtungswiderspruch und -klage auch *zulässig* sein müssen, damit die aufschiebende Wirkung nach § 80 Abs. 1 VwGO eintritt. Der Wortlaut des Gesetzes scheint insoweit eindeutig: Es spricht von Widerspruch und Anfechtungsklage, ohne den Suspensiveffekt von deren Zulässigkeit abhängig zu machen. Gleichwohl sind die insoweit bestehenden Zweifel nicht abwegig: Wird ein Verwaltungsakt beispielsweise nicht fristgemäß angefochten, ist er unanfechtbar geworden. Daß einem dann trotzdem noch erhobenen Widerspruch oder einer Anfechtungsklage aufschiebende Wirkung zukommen soll, erscheint mit dieser bereits eingetretenen Rechtsbeständigkeit des Verwaltungsakts schwerlich vereinbar zu sein.

253 Bei der Lösung dieser Problematik muß der *Rechtsschutzzweck der aufschiebenden Wirkung* in den Vordergrund gestellt werden[181]. Allein dies wird auch dem nicht auf die Zulässigkeit abstellenden Wortlaut des § 80 Abs. 1 Satz 1 VwGO gerecht. Andernfalls würde die Entscheidung über das Vorliegen des Suspensiveffekts zunächst der Behörde überantwortet; der Betroffene wäre in die Defensive und darauf verwiesen, Rechtsschutz nach § 80 Abs. 5 Satz 1 oder Satz 3 VwGO (analog) zu suchen[182].

254 In Rechtsprechung und Lehre werden demgegenüber vielfältig differenzierende Lösungen vertreten[183]. So soll keine aufschiebende Wirkung eintreten, wenn *kein Verwaltungsakt* – jedenfalls nicht gegenüber dem Betroffenen[184] – vorliegt, wenn der Widerspruch *verfristet* ist, und zwar selbst dann, wenn Wiedereinsetzung gewährt werden könnte[185], wobei von einer die aufschiebende Wirkung ausschließenden Verfristung aber nur soll ausgegangen werden dürfen, wenn jeder vernünftige Zweifel daran ausgeschlossen ist[186]. Diese vermittelnden

---

179 Nimmt man an, daß der Drittwiderspruch keine aufschiebende Wirkung entfaltet, so muß der Betroffene einen Antrag nach § 80 Abs. 5 Satz 1 oder Satz 3 VwGO (analog) stellen; dazu näher u. Rn. 289 f.
180 Dazu BVerwG, Beschl. v. 24. 4. 1978 – 7 B 111.77 –, NJW 1978, 2221 gegen OVG Nordrhein-Westfalen, Beschl. v. 2. 6. 1977 – V B 911/77 –, NJW 1978, 286; vgl. a. BVerfG, Beschl. v. 13. 6. 1979 – 1 BvR 699/77 –, NJW 1980, 35 (schulorganisatorischer Verwaltungsakt).
181 So zutreffend Tschira/Schmitt Glaeser, Rn. 342.
182 Dazu näher u. Rn. 289 f.; Portier, Der vorläufige Rechtsschutz gegen die Vollziehung verspätet angefochtener Verwaltungsakte nach der VwGO, NVwZ 1985, 95, 97, will in diesen Fällen vorläufigen Rechtsschutz nach § 123 VwGO gewähren.
183 Dazu eingehend Schoch, Suspensiveffekt unzulässiger Rechtsbehelfe nach § 80 Abs. 1 VwGO, BayVBl. 1983, 358; Pietzner/Ronellenfitsch, § 46 Rn. 13 ff.; Kopp, VwGO, § 80 Rn. 29 ff.
184 VGH Baden-Württemberg, Beschl. v. 20. 9. 1983 – 6 S 2246/83 –, NVwZ 1984, 254 (Konkurrentenklage).
185 VGH Baden-Württemberg, Beschl. v. 15. 12. 1977 – X 2806/77 –, NJW 1978, 719.
186 OVG Nordrhein-Westfalen, Beschl. v. 22. 11. 1985 – 14 B 2406/85 –, NVwZ 1987, 334.

Lösungen bemühen sich, einen Ausgleich zwischen dem Gebot der effektiven Rechtsschutzgewährung (Art. 19 Abs. 4 GG) einerseits und dem ebenso berechtigten Vertrauen auf die Unanfechtbarkeit der behördlichen Maßnahme andererseits zu schaffen. Diese an sich durchaus billigenswerten Bemühungen führen freilich zu keiner systematisch einheitlichen und einleuchtenden Lösung; sie divergieren auch untereinander in zahlreichen Einzelfragen, denen hier nicht nachzugehen ist. Als Faustregel mag man sich in der Klausur daran halten, daß die aufschiebende Wirkung des Widerspruchs und der Anfechtungsklage nur bei *evidenter Unzulässigkeit* entfallen. Dabei sind an die Evidenz sehr strenge Anforderungen zu stellen, und schon der geringste Zweifel muß dazu führen, von dem Regelfall des § 80 Abs. 1 Satz 1 VwGO auszugehen[187].

2. Ausschluß der aufschiebenden Wirkung (§ 80 Abs. 2 VwGO)

Ausgeschlossen ist die aufschiebende Wirkung nach § 80 Abs. 1 VwGO entweder kraft Gesetzes in den Fällen des § 80 Abs. 2 Nr. 1 bis 3 VwGO oder bei Anordnung der sofortigen Vollziehung durch die Verwaltung (§ 80 Abs. 2 Nr. 4 VwGO)[188]. Jedenfalls bei durch § 80 Abs. 2 Nr. 1 bis 3 VwGO gesetzlich ausgeschlossener aufschiebender Wirkung tritt diese auch dann nicht ein, wenn der angefochtene Verwaltungsakt im Widerspruchsverfahren aufgehoben, jedoch der aufhebende Widerspruchsbescheid seinerseits angegriffen wird[189]. **255**

a) Öffentliche Abgaben und Kosten (§ 80 Abs. 2 Nr. 1 VwGO)

Die aufschiebende Wirkung von Widerspruch und Anfechtungsklage entfällt zunächst kraft Gesetzes bei der Anforderung von öffentlichen Abgaben und Kosten (§ 80 Abs. 2 Nr. 1 VwGO). Dabei ist der Begriff der *öffentlichen Abgabe* umstritten. Je nachdem, ob er eng – nämlich im Sinne des Abgabenrechts: als lediglich Steuer, Gebühr und Beitrag umfassend – oder weiter verstanden wird, bemißt sich der Kreis der von dieser Vorschrift erfaßten Fälle unterschiedlich[190]. **256**

---

187 Tschira/Schmitt Glaeser, Rn. 343 f.
188 Dazu u. Rn. 261 ff.
189 BVerwG, Urt. v. 12. 1. 1983 – 8 C 78, 79.81 –, NVwZ 1983, 472; OVG Saarland, Beschl. v. 22. 3. 1985 – 2 W 27/75 –, NVwZ 1986, 578.
190 Zu Einzelfällen: § 80 Abs. 2 Nr. 1 VwGO soll erfassen Ausgleichszahlung nach § 8 SchwbG (BayVGH, Beschl. v. 22. 11. 1979 – Nr. 961 XII 78 –, NJW 1980, 720), Säumniszuschläge (OVG Nordrhein-Westfalen, Beschl. v. 31. 8. 1983 – 3 B 538/83 –, NVwZ 1988, 395; OVG Bremen, Beschl. v. 27. 1. 1986 – 1 B 65/85 –, NVwZ 1987, 64 – LS; a. A. BayVGH, Beschl. v. 2. 4. 1985 – Nr. 23 CS 85 A. 361 –, NVwZ 1987, 63; OVG Rheinland-Pfalz, Beschl. v. 15. 7. 1986 – 12 B 79/86 –, NVwZ 1987, 64), Ausgleichszahlungen nach AFWoG (OVG Berlin, Beschl. v. 8. 4. 1986 – 2 S 65/86 –, NVwZ 1987, 61; a. A. OVG Nordrhein-Westfalen, Beschl. v. 22. 11. 1985 – 14 B 2406/85 –, NVwZ 1987, 334) und Stundungszinsen (BayVGH v. 2. 4. 1985; a.a.O.), nicht hingegen einen Kostenersatzanspruch aus einer gemeindlichen Entwässerungssatzung (OVG Nordrhein-Westfalen, Beschl. v. 3. 8. 1976 – II B 303/75 –, NJW 1977, 214), Abgaben nach AbwAG (HessVGH, Beschl. v. 28. 6. 1983 – 5 TH 20/83 –, NVwZ 1984, 45 mit eingehender, materialreicher Begründung) und Ausgleichsbeträge nach § 154 Abs. 1 BauGB (OVG Nordrhein-Westfalen, Beschl. v. 23. 11. 1987 – 22 B 2787/87 –, NVwZ 1988, 751, a. A. OVG Bremen, Beschl. v. 26. 11. 1987 – 1 B 84/87 –, NVwZ 1988, 752).

Im – zweifelhaften – Einzelfall kommt es daher maßgeblich auf eine verwertbare Argumentation, weniger auf das Ergebnis an.

257 Ähnliches gilt für den Begriff der *Kosten* in § 80 Abs. 2 Nr. 1 VwGO. Insoweit wird aber wohl weitaus überwiegend davon ausgegangen, daß von dieser Regelung nur Kosten im Sinne des Kostenrechts, also Gebühren und Auslagen erfaßt werden, die in einem Verwaltungsverfahren entstanden sind[191]. Daher fallen nicht unter diese Vorschrift ein Kostenersatzanspruch aufgrund einer gemeindlichen Entwässerungssatzung[192], die Kosten einer Ersatzvornahme[193] oder der Anwendung unmittelbaren Zwangs[194]. Unstreitig ist, daß *unselbständige Kostenentscheidungen* jedenfalls dann von der aufschiebenden Wirkung mitumfaßt werden, wenn der Rechtsbehelf in der Sache seinerseits aufschiebende Wirkung hat, da diese andernfalls durch das Fortbestehen des „Kostendrucks" auf den Betroffenen ausgehöhlt würde[195].

b) Unaufschiebbare Anordnungen und Maßnahmen von Polizeivollzugsbeamten (§ 80 Abs. 2 Nr. 2 VwGO)

258 Die Regelung des § 80 Abs. 2 Nr. 2 VwGO schließt den Eintritt der aufschiebenden Wirkung für unaufschiebbare Anordnungen und Maßnahmen von Polizeivollzugsbeamten – also der Polizei im institutionellen Sinne – aus. Sie erfaßt Verwaltungsakte, die durch tatsächliches Handeln oder durch Vollzugsmaßnahmen ergehen, mithin nicht beispielsweise die Auflage, ein Fahrtenbuch zu führen oder eine Fahrerlaubnisentziehung[196]. Da die Funktion verkehrsregelnder Zeichengebung durch einen Polizeibeamten derjenigen eines *Verkehrszeichens* entspricht, gilt § 80 Abs. 2 Nr. 2 VwGO auch für die darin verkörperte straßenverkehrsrechtliche Anordnung[197].

c) Anderweitige Regelungen (§ 80 Abs. 2 Nr. 3, § 187 Abs. 3 VwGO)

259 § 80 Abs. 2 Nr. 3 VwGO läßt darüber hinausgehend den Ausschluß der aufschiebenden Wirkung durch Bundesgesetz zu. Insoweit ist eine ausdrückliche gesetzliche Regelung erforderlich[198]. Aus dem „Wesen" einer bestimmten Maßnahme kann hingegen der gesetzliche Ausschluß der aufschiebenden Wirkung von

---

191 So z. B. schon OVG Nordrhein-Westfalen v. 3. 8. 1976 (o. Fn. 190), a.a.O.; vgl. im übrigen die Nachweise in Fn. 193 ff.
192 OVG Nordrhein-Westfalen (o. Fn. 190), a.a.O.
193 OVG Nordrhein-Westfalen, Beschl. v. 26. 9. 1983 – 4 B 1650/83 –, NJW 1984, 2844; v. 28. 7. 1982 – 7 B 1303/80 –, NJW 1983, 1441.
194 VGH Baden-Württemberg, Beschl. v. 26. 3. 1984 – 14 S 2640/83 –, VBlBW 1984, 245 = NVwZ 1985, 202; vgl. a. Beschl. v. 9. 6. 1986 – 1 S 376/86 –, NVwZ 1986, 933.
195 OVG Hamburg, Beschl. v. 3. 7. 1984 – Bs VI 41/84 –, NVwZ 1986, 141.
196 BVerwG, Urt. v. 13. 10. 1978 – 7 C 77.74 –, NJW 1979, 1054.
197 BVerwG, Beschl. v. 7. 11. 1977 – VII B 135.77 –, NJW 1978, 656; Beschl. v. 26. 1. 1988 – 1 B 189.87 –, NVwZ 1988, 623; st. Rspr.
198 BayVGH, Beschl. v. 29. 7. 1976 – Nr. 99 IX 76 –, NJW 1977, 166.

Rechtsbehelfen nicht abgeleitet werden. Deshalb ist auch die Auffassung nicht vertretbar, die Baugenehmigung trage bereits die Anordnung der sofortigen Vollziehung in sich, so daß der Nachbarwiderspruch keine aufschiebende Wirkung entfalten könne[199].

Zu beachten ist in diesem Zusammenhang ferner die Ermächtigung an den Landesgesetzgeber in § 187 Abs. 3 VwGO, wonach die aufschiebende Wirkung von Widerspruch und Anfechtungsklage bei Maßnahmen der Verwaltungsvollstreckung ausgeschlossen werden kann[200]. **260**

d) Anordnung der sofortigen Vollziehung (§ 80 Abs. 2 Nr. 4, Abs. 3 VwGO)[201]

In allen übrigen Fällen kann die aufschiebende Wirkung von Widerspruch und Anfechtungsklage nur durch die ausdrückliche Anordnung der sofortigen Vollziehung nach § 80 Abs. 2 Nr. 4 VwGO unter Beachtung der Formvorschrift des § 80 Abs. 3 VwGO beseitigt werden. Voraussetzung dafür ist zunächst, daß der fragliche Verwaltungsakt einen *vollzugsfähigen Inhalt* hat. Dies ist etwa dann nicht der Fall, wenn bei einer baurechtlichen Beseitigungsanordnung die Beseitigungsfrist erst ab Unanfechtbarkeit des Bescheides zu laufen beginnt, so daß die Anordnung der sofortigen Vollziehung einen Widerspruch in sich darstellen würde. Ferner kann die Vollzugsfähigkeit eines Verwaltungsaktes in dem hier besprochenen Sinne davon abhängen, daß eine *Vorentscheidung* ihrerseits entweder unanfechtbar oder ebenfalls für sofort vollziehbar erklärt worden ist. Wird beispielsweise ein Bewilligungsbescheid für eine Geldleistung zurückgenommen bzw. widerrufen und sodann das Geleistete mittels Leistungsbescheids zurückgefordert, so muß auch der Bescheid über Widerruf bzw. Rücknahme der Bewilligung – wenn er noch nicht unanfechtbar geworden ist – für sofort vollziehbar erklärt werden, wenn die Anordnung der sofortigen Vollziehung des Leistungsbescheides rechtmäßig möglich sein soll[202]. **261**

Gelegentlich kann auch die Unanfechtbarkeit einer derartigen Vorentscheidung kraft ausdrücklicher gesetzlicher Regelung erforderlich sein[203].

Daß Widerspruch und Anfechtungsklage regelmäßig aufschiebende Wirkung haben (§ 80 Abs. 1 Satz 1 VwGO), entspringt nicht nur einer Entscheidung des einfachen Gesetzgebers, sondern folgt aus dem – Art. 19 Abs. 4 GG zu entneh- **262**

---

199 So aber OVG Lüneburg, Beschl. v. 7. 11. 1969 – 1 B 100/69 –, NJW 1970, 963; v. 11. 3. 1976 – VI B 22/76 –, DVBl. 1977, 733. Sähe man darin einen Fall des § 80 Abs. 2 Nr. 4 VwGO, fehlte jedenfalls die nach § 80 Abs. 3 Satz 1 VwGO unerläßliche Begründung.
200 Hiervon hat z. B. Bayern mit Art. 38 Abs. 4 Satz 1 BayVwZVG Gebrauch gemacht.
201 Zum folgenden auch die Darstellung bei Jäde, Die Anordnung der sofortigen Vollziehung (§ 80 Abs. 2 Nr. 4 VwGO), APF 1987, 169.
202 Beispielsfall bei BayVGH, Beschl. v. 15. 5. 1985 – Nr. 12 CS 84 A. 2718 –, NVwZ 1985, 663 = BayVBl. 1985, 535.
203 Beispielsfall aus dem bayerischen Landesrecht bei BayVGH, Beschl. v. 12. 7. 1984 – Nr. 4 CS 84 A. 1341 –, NVwZ 1985, 848 = BayVBl. 1984, 723.

menden – Verfassungsgrundsatz des Anspruchs auf effektiven Rechtsschutz. Daß die *aufschiebende Wirkung die Regel, die sofortige Vollziehung* – vor gerichtlichem Rechtsschutz – *die Ausnahme* ist, darf daher auch durch die Verwaltungspraxis nicht ins Gegenteil verkehrt werden. Die Entscheidung über die sofortige Vollziehung nach § 80 Abs. 2 Nr. 4 VwGO erfordert stets eine sorgfältige Beachtung des Rechtsschutzinteresses des Betroffenen, dem die Verfassung grundsätzlich Vorrang vor gleichwertigen öffentlichen Interessen oder gleichrangigen Interessen anderer Verfahrensbeteiligter einräumt. Deshalb ist die Anordnung der sofortigen Vollziehung nur zulässig, wenn sie entweder von einem *besonderen öffentlichen Interesse* (vgl. § 80 Abs. 3 Satz 1 VwGO) oder von einem *überwiegenden Interesse eines Beteiligten* getragen wird. Die Ermessensausübung im Rahmen des § 80 Abs. 2 Nr. 4 VwGO hängt damit – in beiden soeben genannten Alternativen – von einer doppelten Prognose ab: Zu vergleichen ist jeweils zwischen dem Nachteil, der den mit dem Verwaltungsakt verfolgten öffentlichen Interessen bzw. Beteiligteninteressen entsteht, wenn die Unanfechtbarkeit des angegriffenen Verwaltungsakts abgewartet wird, und denjenigen Konsequenzen, die es für den Widerspruchsführer bzw. den Kläger hätte, wenn der Verwaltungsakt vollzogen würde, bevor wirksamer verwaltungsgerichtlicher Rechtsschutz hätte erlangt werden können. Welches Gewicht im einzelnen den widerstreitenden Interessen zuzumessen ist, muß zum einen der einschlägigen fachgesetzlichen Regelung entnommen werden und bedarf zum anderen der Ermittlung an Hand der Umstände des konkreten Falls.

263 Dabei gilt es insbesondere, nach Möglichkeit den Eintritt irreparabler Folgen zu vermeiden, die durch den nachgängigen verwaltungsgerichtlichen Rechtsschutz nicht mehr in vollem Umfange korrigiert werden können, sondern beispielsweise nur noch durch Schadensersatz auszugleichen sind[204]. Nicht aus dem Auge verloren werden darf dabei indessen andererseits, daß es gerade die Zielsetzung der Anordnung der sofortigen Vollziehung ist, solche vollendeten Tatsachen zu schaffen; die beschriebene Einschränkung gilt also nur dann, wenn sich der fragliche Verwaltungszweck auch durch mildere Mittel – etwa eine nur teilweise Anordnung der sofortigen Vollziehung – erreichen läßt.

264 Werden mit einer Entscheidung nach § 80 Abs. 2 Nr. 4 VwGO öffentliche Belange verfolgt, so muß es sich dabei um ein *besonderes öffentliches Interesse* handeln. Dies ergibt sich einmal schon aus dem beschriebenen Regel-Ausnahme-Verhältnis zwischen aufschiebender Wirkung und Anordnung der sofortigen Vollziehung und wird ferner durch § 80 Abs. 3 Satz 1 VwGO ausdrücklich klargestellt. Da die Verwaltung regelmäßig keine Bescheide erläßt, an deren Vollzug kein öffentliches Interesse besteht, müßte jedes andere Verständnis der Regelung dazu führen, daß die sofortige Vollziehung zum Normalfall würde. Ein *besonde-*

---

204 Vgl. zu solchen Erwägungen z. B. OVG Nordrhein-Westfalen, Beschl. v. 21. 9. 1984 – 7 B 1947/84 –, NJW 1985, 933.

res öffentliches Interesse ist folglich nur dann anzunehmen, wenn dieses öffentliche Interesse über dasjenige hinausgeht, welches die Exekutive regelmäßig am Vollzug eines rechtmäßigen Verwaltungsakts hat.

265 Das besondere öffentliche Interesse muß sich also gerade darauf richten, daß dieser Verwaltungsakt – und gerade dieser Verwaltungsakt – vollzogen wird, ggf. auch bevor der Betroffene eine verwaltungsgerichtliche Entscheidung im Verfahren nach § 80 Abs. 5 VwGO herbeiführen kann. Daraus ist zugleich der Schluß zu ziehen, daß die – selbst offenkundige – <u>Rechtmäßigkeit eines Verwaltungsakts allein die Anordnung der sofortigen Vollziehung nicht rechtfertigen kann, sondern daß immer zusätzlich ein besonderes Vollzugsinteresse hinzutreten muß.</u>

266 Zwar werden die Anforderungen an das besondere Vollzugsinteresse um so niedriger, je geringer die *Erfolgsaussichten* von Widerspruch und Anfechtungsklage zu veranschlagen sind. Die Erfolgsaussichten von Anfechtungswiderspruch und -klage können jedoch *für die behördliche Entscheidung* über die sofortige Vollziehung grundsätzlich kein (besonderes) öffentliches Interesse begründen. Das widerspräche dem Verfassungsgrundsatz des effektiven Rechtsschutzes (Art. 19 Abs. 4 GG). Würde die Verwaltung – und das gilt für Ausgangs- wie für Widerspruchsbehörde – die Anordnung der sofortigen Vollziehung auf die fehlenden oder doch nur geringen Erfolgsaussichten eines Rechtsbehelfs stützen, so würde sie die Rechtmäßigkeit ihrer eigenen Maßnahmen beurteilen und so – indem sie gleichsam als „Richter in eigener Sache" tätig würde – den von Art. 19 Abs. 4 GG gewährleisteten *richterlichen* Rechtsschutz vereiteln[205]. Anders liegen insofern die Dinge nur, wenn ein mit Widerspruch und Anfechtungsklage angegriffener Verwaltungsakt zunächst nicht für sofort vollziehbar erklärt worden ist, das Verwaltungsgericht sodann die Klage abweist und nunmehr die zuständige Behörde die sofortige Vollziehung unter Berufung auf die fehlenden Erfolgsaussichten von Rechtsmitteln anordnet. Denn nun liegt der Beurteilung der Rechtmäßigkeit des Verwaltungsakts nicht mehr eine bloße Einschätzung der Exekutive zugrunde, sondern ein Richterspruch, was Art. 19 Abs. 4 GG genügt. Auch dann ist allerdings bei der Abwägung zu berücksichtigen, weshalb gerade jetzt – nach der gerichtlichen Entscheidung – ein besonderes Vollzugsinteresse vorliegt, das eben allein durch die Rechtmäßigkeit des Verwaltungsakts nicht begründet werden kann.

267 Von der Grundregel, daß das besondere öffentliche (Vollzugs-)Interesse im Sinne von § 80 Abs. 2 Nr. 4 VwGO ein über das allgemeine Vollzugsinteresse hinausgehendes sein muß, gibt es allerdings einige *Ausnahmen*, wie beispielsweise die Baueinstellung oder die Nutzungsuntersagung[206]. Allgemein läßt sich dazu sagen: Das besondere öffentliche Interesse ist dann mit dem Interesse am

---

205 BVerfG, Beschl. v. 11. 2. 1982 – 2 BvR 77/82 –, NVwZ 1982, 241.
206 Dazu eingehend Jäde, Bauaufsicht, Rn. 196 ff., 212.

Vollzug eines Verwaltungsakts schlechthin identisch, wenn der Verwaltungsakt seinen ihm vom Gesetzgeber zugewiesenen Zweck nur erfüllen kann, wenn er für sofort vollziehbar erklärt wird, und andernfalls ins Leere ginge.

In solchen Ausnahmefällen bedarf es für die Anordnung der sofortigen Vollziehung keines besonderen Interesses; sie wird vielmehr regelmäßig zu verfügen sein, es sei denn, besondere Umstände des Einzelfalles sprächen dagegen.

268 Wird die sofortige Vollziehung *im überwiegenden Interesse eines Beteiligten* angeordnet, so gelten im Grundsatz dieselben Maßstäbe. Auch hier muß ein Interesse des von dem Verwaltungsakt Begünstigten vorliegen, dem gegenüber dem Rechtsschutzinteresse des Belasteten Vorrang eingeräumt werden kann. Beispielsweise muß also das Interesse eines Bauherrn daran, von der erteilten Baugenehmigung Gebrauch machen zu können, höher bewertet werden können als das Interesse des Nachbarn, eine unanfechtbare bzw. rechtskräftige Entscheidung über die Rechtmäßigkeit der Baugenehmigung hinsichtlich der Frage der Verletzung nachbarschützender Rechte abzuwarten.

269 Allerdings sind bei der 2. Alternative des § 80 Abs. 2 Nr. 4 VwGO gegenüber der ersten gewisse Besonderheiten zu beachten[207]: Schon aus dem Wortlaut des § 80 Abs. 2 Nr. 4 VwGO ergibt sich, daß bei der Anordnung der sofortigen Vollziehung im Interesse eines Beteiligten kein besonderes, sondern (nur) ein *überwiegendes* Interesse gefordert wird. Daraus folgt, daß grundsätzlich für die Anordnung der sofortigen Vollziehung schon dasjenige Interesse genügt, das etwa ein Bauherr regelmäßig daran hat, von einer rechtmäßigen Baugenehmigung Gebrauch machen zu können. Dieses Regelinteresse, das sich üblicherweise aus den wirtschaftlichen Folgen ergibt, die ein verzögerter Baubeginn für den Bauherrn hat, muß allerdings in jedem Falle vorliegen. Bei einem baurechtlichen Vorbescheid (Bebauungsgenehmigung) wird es zumindest in aller Regel fehlen.

270 Dieses Regelinteresse – ggf. noch verstärkt durch besondere, für den Bauherrn sprechende Umstände, bei öffentlichen Bauherrn auch öffentliche Interessen – ist dem Rechtsschutzinteresse des Nachbarn gegenüberzustellen. Nur wenn es dieses überwiegt, kann die sofortige Vollziehung angeordnet werden. Dabei ergibt sich vielfach, daß im Grundsatz Bauherrninteresse und Nachbarinteresse gleichwertig sind. Der Bauherr möchte von seiner letztlich aus Art. 14 GG abzuleitenden Baufreiheit Gebrauch machen, der Nachbar diesen Gebrauch, gestützt letztlich ebenfalls auf seine aus Art. 14 GG folgenden Rechtspositionen, abwehren. Hinzu kommt, daß die Realisierung des Bauvorhabens regelmäßig vollendete Tatsachen schafft und die Rechtsposition des Nachbarn auch dann schwächer ist, wenn der Bauherr durch Abgabe einer Risikoerklärung den späteren Erlaß einer Beseitigungsanordnung zumindest erleichtert, die aber gleichwohl im Ermessen der Bauaufsichtsbehörde steht.

---

207 Zum folgenden eingehend und unter Auswertung der gefestigten verwaltungsgerichtlichen Rechtsprechung Jäde, Sofortvollzug bei aussichtslosem Nachbarwiderspruch, NVwZ 1986, 101.

271 Das Rechtsschutzinteresse des Nachbarn schwindet aber allerdings in demjenigen Maße, in welchem sein Rechtsbehelf voraussichtlich ohne Aussicht auf Erfolg bleiben wird. Anders als bei der ersten Alternative des § 80 Abs. 2 Nr. 4 VwGO dürfen hier bei der Anordnung der sofortigen Vollziehung der Baugenehmigung von Ausgangs- und Widerspruchsbehörde *auch die mutmaßlichen Erfolgsaussichten* von Anfechtungswiderspruch und -klage berücksichtigt werden. Wenn nämlich durch ein und dieselbe behördliche Maßnahme nicht nur ein Bürger belastet oder begünstigt wird, sondern zwei oder mehrere in gegensätzlicher Weise berührt werden, nämlich einer belastet und ein anderer begünstigt wird, so ist, wenn nicht schon ein öffentliches Interesse den Ausschlag gibt, mit der Anordnung der sofortigen Vollziehung in erster Linie zwischen widerstreitenden Bürgerinteressen zu entscheiden. Der vom Rechtsstaatsgedanken gebotene Schutz des einzelnen gegenüber der Übermacht des Staates, der, um die Wirksamkeit des in Art. 19 Abs. 4 GG gewährleisteten Grundrechts zu garantieren, eine sofortige Vollziehung von staatlichen Maßnahmen gegenüber dem Bürger nur in den engen und strengen Grenzen des § 80 Abs. 2 Nr. 4 1. Alt. VwGO zuläßt, tritt daher zurück. Die Anordnung der sofortigen Vollziehung hat in solchen Fällen mehr *schiedsrichterlichen Charakter*. Dem trägt § 80 Abs. 2 Nr. 4 VwGO Rechnung, indem insoweit auf das *„überwiegende* Interesse eines Beteiligten" abgestellt wird.

272 Die Vorschrift erfüllt damit zugleich die unverzichtbare Aufgabe, einem Mißbrauch des Grundsatzes der aufschiebenden Wirkung in Fällen vorzubeugen, in denen der Grundsatz seinem eigentlichen rechtsstaatlichen Ziel nur noch teilweise oder gar nicht mehr dient. Ein überwiegendes Interesse eines Beteiligten im Sinne der Vorschrift ist daher dann zu bejahen, wenn das eingelegte Rechtsmittel mit erheblicher Wahrscheinlichkeit erfolglos bleiben wird und zugleich eine Fortdauer der aufschiebenden Wirkung dem anderen, begünstigten Beteiligten gegenüber unbillig erscheinen muß. Dabei liegt auf der Hand, daß es im Regelfalle unbillig ist, einem Bauwilligen die Nutzung seines Eigentums durch den Gebrauch einer ihm erteilten Baugenehmigung zu verwehren, wenn die Behörde nach sorgfältiger Prüfung der Erfolgsaussichten einer vom Nachbarn angestrengten Klage (oder eines anderen Rechtsbehelfs) zu dem Ergebnis kommt, die Klage sei sachlich nicht gerechtfertigt und müsse letztlich ohne Erfolg bleiben[208].

273 Sieht man von den praktisch zumindest seltenen Fällen einer Notstandsmaßnahme (§ 80 Abs. 3 Satz 2 VwGO) ab, ist das *besondere Interesse* an der sofortigen Vollziehung *schriftlich zu begründen* (§ 80 Abs. 3 Satz 1 VwGO). Diese Begründung hat eine doppelte Funktion: Einmal dient sie – wie jeder Begründungszwang – der Information des Betroffenen über die Erwägungen, welche die Behörde zu der fraglichen Entscheidung bewogen haben. Zum anderen indessen

---

208 So schon BVerwG, BayVBl. 1966, 279; a. A. allein VGH Baden-Württemberg, Beschl. v. 13. 2. 1984 – 5 S 38/84 –, VBlBW 1985, 59 = NVwZ 1984, 451; dagegen Jäde (o. Fn. 207), a.a.O.

erfüllt sie gewissermaßen eine „Warnfunktion" auch gegenüber der Behörde: Diese soll besonders sorgfältig die für und gegen einen solchen einschneidenden Schritt wie die Anordnung der sofortigen Vollziehung sprechenden Gesichtspunkte würdigen, bevor sie sich entscheidet.

274 Die Begründung der Anordnung der sofortigen Vollziehung muß daher grundsätzlich stets *einzelfallbezogen* sein und auf die Besonderheiten eben dieses konkreten Falles eingehen. Sie darf sich nicht in der bloßen Wiedergabe des Wortlauts des § 80 Abs. 2 Nr. 4 VwGO – wörtlich oder auch nur dem Sinne nach – erschöpfen. Auch darf die Begründung grundsätzlich nicht argumentativ das der Systematik des § 80 VwGO zugrundeliegende Regel-Ausnahme-Verhältnis verschieben oder gar umkehren. Vielmehr ist jeweils konkret darzulegen, weshalb für den fraglichen Verwaltungsakt ein mit dem allgemeinen nicht gleichzusetzendes besonderes Vollzugsinteresse besteht. Die die sofortige Vollziehung tragenden Gründe sind daher regelmäßig nicht mit den den Erlaß des Bescheides selbst tragenden identisch. Allerdings kann der Erlaß des Bescheides auch von solchen Gesichtspunkten gerechtfertigt sein, die darüber hinausgehend auch geeignet sind, für die Anordnung der sofortigen Vollziehung ins Feld geführt zu werden. Dann ist eine Bezugnahme auf solche Aspekte auch in der nach § 80 Abs. 3 Satz 1 VwGO gebotenen Begründung statthaft[209].

275 Die strenge Einzelfallbezogenheit der Begründungspflicht wird auch nicht dadurch aufgehoben, daß das besondere öffentliche Interesse im Einzelfall offensichtlich ist[210]. Jedoch kann in denjenigen Fällen, in welchen die Anordnung der sofortigen Vollziehung des Verwaltungsakts der Regelfall ist[211], auch die Anordnung der sofortigen Vollziehung allgemeiner gehalten begründet werden; eine einzelfallbezogene Argumentation ist dann nur erforderlich, wenn und soweit die konkrete Konstellation erörterungsbedürftige Besonderheiten aufweist[212].

276 **Zuständig** für die Anordnung der sofortigen Vollziehung sind die Ausgangs- und die Widerspruchsbehörde (§ 80 Abs. 2 Nr. 4 VwGO). Die Zuständigkeit der Widerspruchsbehörde endet mit ihrer Sachherrschaft, also mit dem Erlaß des Widerspruchsbescheides[213]. Ordnet sie – und nicht die Ausgangsbehörde – die sofortige Vollziehung an, so ist in einem etwa nachfolgenden Verfahren nach § 80 Abs. 5 VwGO nicht die Widerspruchsbehörde (deren Rechtsträger), sondern die Ausgangsbehörde (deren Rechtsträger) der richtige *Antragsgegner*, wie

---

209 BayVGH, Beschl. v. 29. 7. 1976 – Nr. 99 IX 76 –, NJW 1977, 166.
210 VGH Baden-Württemberg, Beschl. v. 25. 8. 1976 – X 1318/76 –, NJW 1977, 165.
211 Dazu o. Rn. 267.
212 Dazu eingehend Jäde, Bauaufsicht, Rn. 196 ff., 212.
213 BayVGH, Beschl. v. 5. 8. 1987 – Nr. 14 CS 87.01988 –, NVwZ 1988, 746 = BayVBl. 1988, 85; v. 6. 8. 1987 – Nr. 22 AS 87.00866, 00589 –, BayVBl. 1988, 86 m. abl. Anm. Petzke/Kugele.

sich aus der allgemeinen Regel des § 78 Abs. 1 Nr. 1 i. V. m. § 79 Abs. 1 Nr. 1 VwGO ergibt[214].

3. Die gerichtliche Entscheidung nach § 80 Abs. 5 VwGO
a) Wiederherstellung der aufschiebenden Wirkung

Ist die sofortige Vollziehung des Verwaltungsakts nach § 80 Abs. 2 Nr. 4 VwGO angeordnet worden, so ist dagegen – unabhängig von einer etwaigen vorgängigen oder gleichzeitigen Befassung der Widerspruchsbehörde nach § 80 Abs. 4 Satz 1 VwGO – der Antrag zum Gericht der Hauptsache[215] nach § 80 Abs. 5 Satz 1 VwGO eröffnet, der bereits vor Erhebung der Anfechtungsklage zulässig ist (§ 80 Abs. 5 Satz 2 VwGO).

277

Im Rahmen der *Zulässigkeitsprüfung* sind die allgemeinen Zulässigkeitsvoraussetzungen zu beachten, insbesondere die *Statthaftigkeit* des Antrags, der von der Eröffnung der Anfechtungsklage als Klageart der Hauptsache abhängt.

278

Problematisch kann im Einzelfall das *Rechtsschutzbedürfnis* sein. Gehen mehrere einfache Streitgenossen gegen ein und dieselbe Verwaltungsentscheidung vor, so wird durch den Erfolg eines Antragstellers das Rechtsschutzbedürfnis der anderen allerdings nicht beeinträchtigt, da die Anträge ein durchaus unterschiedliches Schicksal haben können[216]. Beantragt der von einem Vorhaben betroffene Dritte die Wiederherstellung der aufschiebenden Wirkung seines Rechtsbehelfs gegen eine dem Begünstigten erteilte Anordnung der sofortigen Vollziehung, so kann ihm das Rechtsschutzbedürfnis fehlen, wenn das Projekt bereits völlig oder doch weitestgehend ins Werk gesetzt worden ist[217].

279

Nicht eindeutig geklärt ist in diesem Zusammenhang auch, ob der Antrag nach § 80 Abs. 5 Satz 1 VwGO bereits vor Einlegung des Widerspruchs gestellt werden kann. Dagegen läßt sich ins Feld führen, daß die – mögliche – besondere Eilbedürftigkeit des vorläufigen Rechtsschutzbegehrens ansonsten die durch § 70 Abs. 1 VwGO eingeräumte Überlegungsfrist faktisch abkürzen würde[218]. Demgegenüber ist aber die wohl überwiegende Meinung der zutreffenden Auffassung, daß die Wiederherstellung der aufschiebenden Wirkung voraussetzt, daß ein diesen Suspensiveffekt bewirkender Rechtsbehelf eingelegt ist[219].

280

---

214 So zuletzt BayVGH v. 6. 8. 1987 (o. Fn. 213), a.a.O.; HessVGH, Beschl. v. 28. 11. 1988 – 8 TH 3971/88 –, DVBl. 1989, 412 OVG Lüneburg, Beschl. v. 21. 11. 1988 – 3 B 167/88 –, NJW 1989, 2147.
215 Das gilt auch, wenn in Massenverfahren die verschiedenen Streitigkeiten in der Hauptsache in unterschiedlichen Instanzen anhängig sind, BVerwG, Beschl. v. 27. 1. 1982 – 4 ER 401.81 –, NVwZ 1982, 370.
216 BayVGH, Beschl. v. 24. 11. 1983 Nr. 20 C 81 D. 102 –, NVwZ 1984, 527 (mit Ausnahmen für Massenverfahren); OVG Rheinland-Pfalz, Beschl. v. 6. 11. 1986 – 7 B II 3/86 –, NVwZ 1987, 246.
217 BayVGH, Beschl. v. 24. 3. 1977 – Nr. 277 II 75 –, VGH n. F. 30, 52 = BayVBl. 1977, 340 = VRspr. 29, 509.
218 So Kopp, VwGO, § 80 Rn. 96.
219 Pietzner/Ronellenfitsch, § 50 Rn. 17 m. w. N.

281 Bei der *Begründetheitsprüfung* untersucht das Gericht zunächst, ob die von der Verwaltungsbehörde der Anordnung nach § 80 Abs. 2 Nr. 4 VwGO beizugebende *Begründung* den Anforderungen des § 80 Abs. 3 Satz 1 VwGO genügt. Ist dies zu verneinen, so hat der Antrag Erfolg, ohne daß das Gericht weitere Erwägungen anzustellen hätte. Dabei kommt es allein auf die formellen Anforderungen des § 80 Abs. 3 Satz 1 VwGO an, nicht aber darauf, ob die gegebene Begründung im rechtlichen Sinne „richtig" ist oder das erkennende Gericht überzeugt[220].

282 Fehlt die nach § 80 Abs. 3 Satz 1 VwGO gebotene Begründung, so kann sie nach Stellung des Antrags gemäß § 80 Abs. 5 Satz 1 VwGO *nicht mehr* mit heilender Wirkung *nachgeholt* werden[221]. Andernfalls bestünde die Gefahr, daß die Begründungspflicht des § 80 Abs. 3 Satz 1 VwGO leerliefe und sie ihre Funktion nicht mehr erfüllen könnte, nicht nur den Betroffenen über die für die Behörde maßgeblichen Gesichtspunkte für die Anordnung der sofortigen Vollziehung zu unterrichten, sondern auch die Verwaltung selbst zu einer besonders sorgfältigen Prüfung anzuhalten. Der Einwand, diese Sichtweise führe zu einem leeren Formalismus, weil die Behörde die Anordnung ohne weiteres mit einer – nunmehr hinreichenden – neuen Begründung erlassen könne, trifft deshalb nicht, wie überhaupt problematisch ist, Formvorschriften das Bedenken des Formalismus entgegenzuhalten.

283 Nicht unumstritten ist, welchen *gerichtlichen Ausspruch* das Fehlen einer den Erfordernissen des § 80 Abs. 3 Satz 1 VwGO nicht entsprechenden Begründung der Anordnung der sofortigen Vollziehung (§ 80 Abs. 2 Nr. 4 VwGO) zur Folge haben muß. Nach ganz überwiegender Meinung ist in diesen Fällen nicht die aufschiebende Wirkung des Widerspruchs oder der Anfechtungsklage wiederherzustellen, sondern *die Anordnung der sofortigen Vollziehung aufzuheben*. Eine gerichtliche Entscheidung dieses Inhalts sieht § 80 Abs. 5 VwGO zwar nicht (ausdrücklich) vor. Ihre Zulässigkeit ergibt sich jedoch aus der allgemeinen kassatorischen Befugnis der Verwaltungsgerichte (vgl. etwa § 113 Abs. 1 Satz 1 VwGO)[222]. So zu verfahren, hat zugleich den Vorzug, daß bereits aus dem Tenor des gerichtlichen Beschlusses ersichtlich ist, wie weit die *Bindungswirkung* der Entscheidung reicht: Die bloße Aufhebung der Anordnung der sofortigen Vollziehung hindert nämlich den Antragsgegner nicht daran, diese erneut und mit einer – nunmehr den Anforderungen des § 80 Abs. 3 Satz 1 VwGO genügenden – neuen Begründung zu erlassen. Ein sachlicher Unterschied ergibt sich indessen auch dann nicht, wenn man sich an die Entscheidungsalternativen des § 80 Abs. 5 VwGO gebunden hält und annimmt, auch bei einem Verstoß gegen

---
220 A. A. Kopp, VwGO, § 80 Rn. 79 m. w. N.
221 So z. B. VGH Baden-Württemberg, Beschl. v. 25. 8. 1976 – X 1318/76 –, NJW 1977, 165; OVG Rheinland-Pfalz, Beschl. v. 30. 1. 1985 – 11 B 201/84 –, NVwZ 1985, 919.
222 Dazu z. B. VGH Baden-Württemberg (o. Fn. 221), a.a.O.; OVG Hamburg, Beschl. v. 31. 3. 1978 – Bs I 19/78 –, NJW 1978, 2167; Kopp, VwGO, § 80 Rn. 64.

§ 80 Abs. 3 Satz 1 VwGO sei die aufschiebende Wirkung wiederherzustellen. Denn auch bei Zugrundelegung dieser Auffassung erstreckt sich die Bindungswirkung der gerichtlichen Entscheidung nur auf die Frage des formellen Mangels der Begründung[223].

Genügt indessen die der Anordnung der sofortigen Vollziehung beigegebene Begründung den gesetzlichen Erfordernissen, hat das Gericht anschließend an diese formelle Prüfung in eine *Interessenabwägung* einzutreten. Im Rahmen dieser Interessenabwägung sind zunächst die *Erfolgsaussichten der* – etwa auch noch zu erhebenden – *Hauptsacheklage* zu untersuchen. Erweist sich die Hauptsacheklage als offenkundig sowohl zulässig als auch begründet, hat der Antrag ohne weitere Interessenabwägung Erfolg; denn an der Vollziehung eines offensichtlich rechtswidrigen und den Antragsteller in seinen Rechten verletzenden Verwaltungsaktes kann weder ein besonderes öffentliches Interesse noch ein überwiegendes Interesse eines Beteiligten bestehen. Erfolglos muß der Antrag demgegenüber dann bleiben, wenn sich die Hauptsacheklage als offensichtlich unzulässig und/oder unbegründet herausstellt. Dabei bedarf allerdings der Beachtung, daß in dem Maße, in welchem diese Prognose gesichert werden kann, auch das Interesse des Antragstellers an der Wiederherstellung der aufschiebenden Wirkung seines Rechtsbehelfs schwindet. Selbst bei unproblematisch zu prognostizierender Erfolglosigkeit dieses Rechtsbehelfs kann die Anordnung der sofortigen Vollziehung aber keinen Bestand haben, wenn sie nicht von irgendeinem behördlichen Interesse daran getragen und gerechtfertigt wird, den Verwaltungsakt vor Ergehen einer rechtskräftigen Hauptsacheentscheidung zu vollziehen[224]. **284**

Sind die Erfolgsaussichten der Hauptsacheklage offen, hat das Gericht in die eigentliche *Interessenabwägung* einzutreten[225], bei der es zwischen dem Interesse des Antragstellers an der aufschiebenden Wirkung seines Rechtsbehelfs einerseits, dem Vollzugsinteresse der Behörde (bzw. dem Interesse des Begünstigten daran, von der ihm durch den angefochtenen Verwaltungsakt gewährten Begünstigung Gebrauch machen zu können) andererseits abzuwägen hat. Dabei wird es am zweckmäßigsten sein, die Folgen der (vorzeitigen) Durchsetzung des Verwaltungsakts denjenigen gegenüberzustellen, die einträten, würde der Verwaltungsakt nicht sofort vollzogen. Je einschneidender die Wirkungen des Vollzugs für den Betroffenen sind, um so höher müssen daher die – an die für die sofortige Vollziehung sprechenden Gründe zu stellenden – Anforderungen sein. Bei dieser Interessenabwägung handelt es sich ausnahmsweise nicht um eine Rechtskontrolle behördlichen Handelns durch das Verwaltungsgericht, sondern **285**

---

223 HessVGH, Beschl. v. 22. 10. 1982 – IV TH 36/82 –, NJW 1983, 2404.
224 HessVGH, Beschl. v. 29. 3. 1985 – 5 TH 1217/84 –, NVwZ 1985, 918.
225 Einschränkend zur vorrangigen Bedeutung der Erfolgsaussichten in der Hauptsache OVG Rheinland-Pfalz, Beschl. v. 11. 7. 1980 – 7 D 1/80 –, NJW 1981, 364 und bedenklich BayVGH, Beschl. v. 8. 10. 1987 – Nr. 20 CS 87.0281 –, NVwZ 1988, 749.

um eine *eigenständige gerichtliche Ermessensentscheidung*, durch welche das Gericht selbständig eine Zwischenregelung der Verhältnisse für die Zeit bis zur rechtskräftigen Entscheidung in der Hauptsache trifft[226].

286 Hat der Antrag aufgrund günstiger Erfolgsaussichten in der Hauptsache oder im Rahmen der eigenständigen gerichtlichen Interessenabwägung Erfolg, so ist in der gerichtlichen Entscheidung *die aufschiebende Wirkung* der Anfechtungsklage oder des Widerspruchs *wiederherzustellen*. Diese Entscheidung *bindet* die Behörde *auch in sachlicher Beziehung*. Sie ist daher daran gehindert, erneut die sofortige Vollziehung desselben Verwaltungsakts anzuordnen, und zwar auch dann, wenn sich die rechtlichen oder tatsächlichen Umstände geändert haben. Abgesehen vom Beschwerdeverfahren (§ 146 VwGO) ist die Behörde daher für diese Fälle auf eine Anregung bzw. einen Antrag an das Gericht verwiesen, seinen Beschluß nach § 80 Abs. 6 VwGO aufzuheben bzw. zu ändern[227]. Dabei ist zu beachten, daß das Kriterium der Jederzeitigkeit in § 80 Abs. 6 VwGO lediglich in zeitlicher Beziehung zu verstehen ist. Eine Änderung des Beschlusses nach § 80 Abs. 5 VwGO gemäß § 80 Abs. 6 VwGO kommt vielmehr nur in Betracht, wenn sich die maßgebliche Sach- und Rechtslage (möglicherweise) entscheidungserheblich verändert hat[228].

b) Anordnung der aufschiebenden Wirkung

287 Entsprechendes gilt für die gerichtliche Prüfung, wenn der Verwaltungsakt bereits kraft Gesetzes sofort vollziehbar ist (§ 80 Abs. 2 Nr. 1 bis 3 VwGO). Naturgemäß entfällt hier die formelle Untersuchung im Hinblick auf § 80 Abs. 3 Satz 1 VwGO. Da wegen des gesetzlichen Ausschlusses der aufschiebenden Wirkung von Widerspruch und Anfechtungsklage eine solche niemals eingetreten sein kann, kann sie im Tenor des gerichtlichen Beschlusses nicht wiederhergestellt, sondern muß *angeordnet* werden.

c) Aufhebung der Vollziehung

288 Ist der Verwaltungsakt im Zeitpunkt der gerichtlichen Entscheidung schon vollzogen, so kann das Gericht die Aufhebungt der Vollziehung anordnen (§ 80 Abs. 5 Satz 3 VwGO). Die Vorschrift enthält einen *Folgenbeseitigungsanspruch*

---

226 Kopp, VwGO, § 80 Rn. 72.

227 Das soll nach OVG Saarland, Beschl. v. 1. 6. 1984 – 2 W 1172/84 –, NVwZ 1985, 920 auch gelten, wenn der Erfolg des Antrags auf der Unbestimmtheit des zugrundeliegenden Verwaltungsakts beruht hat und diese von der Behörde behoben wird. Ist aber ein derart konkretisierter Verwaltungsakt noch ein und derselbe?

228 Dazu OVG Nordrhein-Westfalen, Beschl. v. 8. 10. 1976 – XV D 35/76 –, NJW 1977, 726; HessVGH, Beschl. v. 27. 1. 1977 – II R 117/76 –, NJW 1978, 182 (stattgebendes Hauptsacheurteil); OVG Rheinland-Pfalz, Beschl. v. 11. 7. 1980 – 7 D 1/80 –, NJW 1981, 364 (Hauptsacheentscheidung); OVG Nordrhein-Westfalen, Beschl. v. 29. 4. 1982 – 12 B 691/82 –, NVwZ 1983, 353 (bevorstehende Gesetzesänderung). – Zuständig ist stets das Gericht der Hauptsache, auch wenn bereits das Beschwerdegericht entschieden hat: BayVGH, Beschl. v. 8. 12. 1977 – Nr. 170 VIII 77 – NJW 1978, 1941.

und entspricht systematisch der – allerdings rein prozessualen – Regelung des § 113 Abs. 1 Satz 2 VwGO. Zu beachten ist aber, daß es sich auch bei diesem Ausspruch nur um eine vorläufige Regelung handeln darf, für die das grundsätzliche Verbot der Hauptsachevorwegnahme im Rahmen des vorläufigen Rechtsschutzes gilt[229].

d) Faktische Vollziehung

289 Im Grundsatz unumstritten ist, daß § 80 Abs. 5 VwGO – entsprechend – auch anzuwenden ist, wenn ein Verwaltungsakt vollzogen wird, ohne daß seine sofortige Vollziehung gemäß § 80 Abs. 2 Nr. 4 VwGO angeordnet worden ist. Nicht als abschließend geklärt kann aber angesehen werden, wie in diesen Fällen der faktischen Vollziehung im einzelnen zu verfahren ist.

290 Nach einer Meinung steht die faktische Vollziehung derjenigen auf der Grundlage der Anordnung der sofortigen Vollziehung nach § 80 Abs. 2 Nr. 4 VwGO gleich. Daraus wird geschlossen, daß ein Antrag nach § 80 Abs. 5 Satz 1 VwGO analog zu stellen sei, der im Erfolgsfalle die *Aufhebung der sofortigen Vollziehung* nach sich ziehe[230]. Anderer Auffassung zufolge soll ein aus § 80 Abs. 5 VwGO abzuleitender Antrag auf *Feststellung der aufschiebenden Wirkung* von Widerspruch bzw. Anfechtungsklage gestellt werden[231]. Diese Verfahrensweise sieht sich dem Einwand ausgesetzt, daß insoweit das Rechtsschutzbedürfnis problematisch sein kann, weil ja mit der bloßen Feststellung der aufschiebenden Wirkung noch nicht das eigentliche Rechtsschutzziel, nämlich die Einstellung des Vollzuges, erreicht werde. Dem läßt sich wiederum – entsprechend der Argumentation hinsichtlich der Subsidiarität der allgemeinen Feststellungsklage (§ 43 Abs. 2 VwGO) gegen Träger hoheitlicher Gewalt[232] – entgegenhalten, die an Recht und Gesetz gebundene Behörde werde aus der feststellenden Entscheidung auch die zutreffenden Folgerungen für ihr weiteres Vorgehen ziehen. In der Rechtsprechung wird jedoch aus diesem Grund vielfach auf den Rechtsschutz nach § 123 VwGO verwiesen[233].

e) Anordnung der sofortigen Vollziehung

291 Wird ein Verwaltungsakt mit Drittwirkung vom Belasteten angefochten und entfalten dessen Widerspruch und nachfolgende Anfechtungsklage aufschiebende

---

229 Dazu Kopp, VwGO, § 80 Rn. 72.
230 OVG Nordrhein-Westfalen, Beschl. v. 3. 8. 1976 – II B 303/75 –, NJW 1977, 284; v. 22. 11. 1985 – 14 B 2406/85 –, NVwZ 1987, 334.
231 OVG Lüneburg, Beschl. v. 24. 1. 1986 – 7 B 39/85 –, NVwZ 1986, 232.
232 Dazu o. Rn. 237.
233 OVG Rheinland-Pfalz, Urt. v. 2. 3. 1967 – 1 A 111/66 –, SKV 1967, 337; OVG Saarland, Urt. v. 12. 6. 1968 – II R 34/68 –, AS 10, 377 (a. A. aber Beschl. v. 8. 12. 1974 – II W 51/74 –, AS 14, 176: Feststellung der aufschiebenden Wirkung); HessVGH, Beschl. v. 19. 8. 1976 – IV TG 37/76 –, ESVGH 26, 237 = BauR 1976, 415; OVG Bremen, Beschl. v. 2. 4. 1984 – 1 B 27, 28/84 –, NVwZ 1986, 59.

Wirkung zu Lasten des Begünstigten[234], so gebietet es der rechtsstaatliche Grundsatz der Waffengleichheit, dem Begünstigten dieselbe Möglichkeit einzuräumen, vorläufigen Rechtsschutz zu erlangen, wie sie dem Drittbelasteten bei Anordnung der sofortigen Vollziehung nach § 80 Abs. 5 Satz 1 VwGO für deren Beseitigung und die Wiederherstellung der aufschiebenden Wirkung seines Rechtsbehelfs zustünde. Daher kann der Begünstigte – also etwa der durch einen Nachbarwiderspruch an der Ausführung seines Vorhabens gehinderte Bauherr – einen *Antrag auf Anordnung der sofortigen Vollziehung* nach § 80 Abs. 5 Satz 1 VwGO analog i. V. m. §§ 113 Abs. 4 Satz 1, 114 VwGO analog an das Verwaltungsgericht stellen.

292 Hinsichtlich der *Zulässigkeit* eines solchen Antrags muß aber vor allem beachtet werden, daß nach dem sich aus § 80 Abs. 2 Nr. 4 VwGO ergebenden Grundsatz in erster Linie die *Behörde* zur Entscheidung über die Anordnung der sofortigen Vollziehung berufen ist. Einem Antrag auf Anordnung der sofortigen Vollziehung durch das Verwaltungsgericht fehlt daher das erforderliche Rechtsschutzbedürfnis, wenn nicht zuvor die zuständige Verwaltungsbehörde Gelegenheit gehabt hat, eine Entscheidung über dieses Begehren zu treffen; der Antrag ist also nur dann zulässig, wenn die Behörde entweder einen solchen Antrag abgelehnt hat oder insoweit über Gebühr untätig geblieben ist[235].

293 Bei der *Begründetheit* des Antrags sind grundsätzlich dieselben Erwägungen zugrundezulegen wie bei der Anordnung der sofortigen Vollziehung durch die Verwaltung[236]. Da in diesem Zusammenhang die Erfolgsaussichten des Rechtsbehelfs des Dritten eine ausschlaggebende Rolle spielen, kann es namentlich auf die objektive Rechtmäßigkeit des angefochtenen Verwaltungsakts nicht ankommen[237].

294 Umstritten ist, ob – sieht man von den Fällen einer Ermessensreduzierung auf Null ab – das Verwaltungsgericht selbst die sofortige Vollziehung anordnen oder (lediglich) – ggf. im Wege des Bescheidungsausspruches – die Bauaufsichtsbehörde (bzw. deren Rechtsträger) hierzu verpflichten darf[238]. Letztere Lösung wird damit gerechtfertigt, daß andernfalls das Gericht unzulässig eine der Behörde zustehende Aufgabe an sich zöge und in unstatthafter Weise in das Verwaltungsermessen eingriffe. Dem ist entgegenzuhalten, daß auch im regulären

---

234 Dazu o. Rn. 251.
235 HessVGH, Beschl. v. 7. 7. 1971 – IV R 40/71 –, DVBl. 1972, 585; BayVGH, Beschl. v. 5. 6. 1981 – Nr. 8 CS 81 A. 430, 457 –, NVwZ 1982, 575 = BayVBl. 1982, 182.
236 Dazu o. Rn. 268 ff.
237 VGH Baden-Württemberg, Beschl. v. 10. 9. 1985 – 3 S 2103/85 –, VBlBW 1985 Heft 12 IV (LS); a. A. OVG Saarland, Beschl. v. 8. 9. 1983 – 2 W 1672/83 –, AS 18, 233 = BRS 40, 380.
238 Dagegen BayVGH, Beschl. v. 12. 11. 1973 – Nr. 288 I 83 –, BayVBl. 1974, 14; VGH Baden-Württemberg, Beschl. v. 31. 10. 1974 – VII 927/74 –, ESVGH 25, 110; BayVGH, Beschl. v. 28. 10. 1976 – Nr. 104 I 76 –, BayVBl. 1977, 565; v. 30. 7. 1980 – Nr. 15 CS 80 A. 1018 –, BayVBl. 1980, 595; a. A. OVG Hamburg, Beschl. v. 26. 9. 1974 – Bs II 43/84 –, BRS 42, 412.

Verfahren nach § 80 Abs. 5 Satz 1 VwGO das Verwaltungsgericht eine gegenüber der behördlichen eigenständige Ermessensentscheidung trifft; weshalb dies bei der analogen Anwendung der Vorschrift auf Fälle der Verpflichtung zur Anordnung der sofortigen Vollziehung bei Drittwidersprüchen anders sein sollte, ist nicht ersichtlich[239].

IV. Vorläufiger Rechtsschutz nach § 123 VwGO

Das Institut der einstweiligen Anordnung nach § 123 VwGO ist zwar durchaus häufig Gegenstand von Examensklausuren[240], bereitet aber im Grundsatz keine größeren Schwierigkeiten, weil es wegen der weitgehenden Parallelen zur einstweiligen Verfügung im Zivilprozeß (vgl. auch die Verweisung in § 123 Abs. 3, Abs. 4 Satz 2 VwGO) durchwegs geläufig ist. Daher soll im Rahmen dieser Darstellung nur auf einige wenige Einzelprobleme eingegangen werden.   **295**

Auch das Verwaltungsprozeßrecht unterscheidet zwischen *Sicherungsanordnung* (§ 123 Abs. 1 Satz 1 VwGO) und *Regelungsanordnung* (§ 123 Abs. 1 Satz 2 VwGO). Die Abgrenzung zwischen diesen beiden Formen der einstweiligen Anordnung kann im Einzelfall schwierig sein und wird häufig auch von der gerichtlichen Praxis nicht besonders ernst genommen. Faustregelartig läßt sich sagen: Die Sicherungsanordnung hat defensiven, die Regelungsanordnung offensiven Charakter. Ob man daneben noch eine *Leistungsanordnung* als besondere Kategorie anerkennen will, dürfte eher eine terminologische Frage sein[241].   **296**

Streitig ist, ob eine einstweilige Anordnung auch hinsichtlich solcher behördlicher Handlungen in Betracht kommt, die im *Ermessen* stehen. Dem steht bei der Sicherungsanordnung nach § 123 Abs. 1 Satz 1 VwGO entgegen, daß diese das Bestehen eines wehrfähigen Rechts voraussetzt. Im Rahmen der Regelungsanordnung nach § 123 Abs. 1 Satz 1 VwGO wird gegen eine solche Möglichkeit eingewandt, das Gericht greife bei einer solchen Entscheidung dem noch offenen, nicht betätigten Ermessen der Behörde vor, so daß dies nur in den Fällen der Ermessensreduzierung auf Null in Betracht komme. Demgegenüber wird man aber ähnlich wie bei der gerichtlichen Entscheidung nach § 80 Abs. 5 VwGO – davon auszugehen haben, daß auch insoweit das Gericht eine gegenüber der noch ausstehenden behördlichen eigenständige Ermessensentscheidung zu treffen befugt ist[242].   **297**

Richtige Rechtsschutzform ist die einstweilige Anordnung – wie bereits dargelegt[243] – in allen denjenigen Fällen, in welchen statthafte Hauptsacheklage nicht   **298**

---

239 So auch Pietzner/Ronellenfitsch, § 50 Rn. 46.
240 Vgl. das Fallbeispiel bei Jäde, S. 134, 137, 141 ff.
241 Dafür Pietzner/Ronellenfitsch, § 51 Rn. 3.
242 So im Ergebnis etwa OVG Lüneburg, Beschl. v. 25. 4. 1978 – II B 40/78 –, NJW 1978, 1939; OVG Rheinland-Pfalz, Beschl. v. 15. 3. 1978 – 2 B 154.78 –, NJW 1978, 2355; zum Streitstand s. Kopp, VwGO, § 123 Rn. 12.
243 Dazu o. Rn. 245 ff.

die Anfechtungsklage wäre. Unbeschadet dessen kann sich aber eine einstweilige Anordnung *nicht* auf eine *vorläufige Feststellung* richten, die – da eine Feststellung etwas notwendig Definitives ist – ein Widerspruch in sich wäre[244]. Das schließt selbstverständlich nicht aus, daß Gegenstand einer einstweiligen Anordnung Folgerungen sein können, welche die Behörde aus einer – vorgreiflichen – Feststellung hinsichtlich ihres weiteren Verhaltens zu ziehen hätte.

299 Wie im Zivilprozeß für die einstweilige Verfügung bereits seit langem ist auch im Verwaltungsprozeßrecht anerkannt, daß das *Verbot der Hauptsachevorwegnahme*[245] im Verfahren des einstweiligen Rechtsschutzes dann nicht gilt, wenn ansonsten effektiver Rechtsschutz nicht gewährt werden kann[246]. Das kann der Fall sein bei Rechtsstreitigkeiten um die Aufnahme in den Vorbereitungsdienst[247], bei der vorläufigen Wiedererteilung einer Taxikonzession[248], bei der Studienplatzverteilung[249] und – insbesondere – bei der Gewährung von Sozialhilfe[250].

---

244 OVG Rheinland-Pfalz, Beschl. v. 7. 9. 1986 – 7 B 62/86 –, NVwZ 1987, 146.
245 Dieses Verbot ist zu unterscheiden von dem Verbot, im Verfahren des einstweiligen Rechtsschutzes mehr zu gewähren, als an Rechtsschutz im Hauptsacheverfahren erreicht werden könnte. Das spielt vor allem in Verfahren nach § 47 Abs. 8 VwGO eine Rolle, vgl. OVG Nordrhein-Westfalen, Beschl. v. 15. 7. 1977 – VII a ND 4/77 –, OVGE 33, 76 = NJW 1978, 432 (keine Baueinstellung); ebenso BayVGH, Beschl. v. 20. 7. 1983 – Nr. 14 NE 83 A. 1217 –, BayVBl. 1983, 898 (auch keine Aufhebung von Baugenehmigungen).
246 Dazu allgemein z. B. OVG Lüneburg, Beschl. v. 26. 11. 1976 – V B 76/76 –, NJW 1977, 773.
247 OVG Berlin, Beschl. v. 30. 5. 1978 – IV S 15/78 –, NJW 1978, 1871.
248 HessVGH, Beschl. v. 19. 3. 1982 – II TG 6/82 –, NJW 1982, 2459.
249 OVG Lüneburg, Beschl. v. 2. 4. 1981 – 10 B 1572/80 u. a. –, NVwZ 1983, 106.
250 Dazu z. B. OVG Rheinland-Pfalz, Beschl. v. 7. 11. 1986 – 12 B 90/85 –, NVwZ 1986, 243.– Daß die Sozialhilfe jeweils zeitabschnittsweise gewährt wird, hat bestimmte Besonderheiten im Gefolge. Einmal ist der Anspruch auf Sozialhilfe bei Einstellung der Leistungen im Wege der Verpflichtungsklage (Versagungsgegenklage) geltend zu machen. Ferner wird dadurch der Zeitpunkt fixiert, der für die gerichtliche Entscheidung maßgeblich ist. Endlich ergeben sich daraus auch Sonderprobleme für den einstweiligen Rechtsschutz. Dazu Rotter, Hilfe zum Lebensunterhalt durch einstweilige Anordnung des Verwaltungsgerichts, NVwZ 1983, 727; Philipp, Noch einmal: Hilfe zum Lebensunterhalt durch einstweilige Anordnung des Verwaltungsgerichts, NVwZ 1984, 498; ders., Besonderheiten des verwaltungsgerichtlichen Verfahrens in sozialrechtlichen Streitigkeiten, BayVBl. 1989, 387.

ANHANG
Fälle und Lösungen zur Tenorierung verwaltungsgerichtlicher Entscheidungen[1]

I. Sachverhalt

Fall 1:

Mit Bescheid vom 13. 10. 1989 entzog das Landratsamt Miesbach dem Kläger die Erlaubnis zum Führen von Kraftfahrzeugen, da ihm wegen chronischer Alkoholabhängigkeit die Eignung hierzu fehle. Den hiergegen eingelegten Widerspruch wies die Regierung von Oberbayern mit Widerspruchsbescheid vom 1. 12. 1989 zurück. Die Klage zum Verwaltungsgericht blieb erfolglos.

Fall 2:

Mit Bescheid vom 29. 9. 1989 gab die Landeshauptstadt München dem Kläger auf, das auf seinem Grundstück FlNr. 33 der Gemarkung Solln errichtete Gartenhäuschen binnen drei Monaten nach Unanfechtbarkeit des Bescheides zu beseitigen. Den Widerspruch des Klägers wies die Regierung von Oberbayern mit Widerspruchsbescheid vom 26. 11. 1989 zurück. Das Gericht gelangte zu dem Ergebnis, daß die Klage begründet sei.

Fall 3:

Wie Fall 2, jedoch hat in der mündlichen Verhandlung die Landesanwaltschaft München Antrag auf Abweisung der Klage gestellt[2].

Fall 4:

Wie Fall 2, jedoch war als Frist der 29. 12. 1989 bestimmt worden. Das Gericht hielt die Klage hinsichtlich der Frist für begründet.

Fall 5:

Wie Fall 4, jedoch war im Widerspruchsbescheid die Frist auf „3 Monate ab Unanfechtbarkeit des Bescheides" abgeändert worden.

Fall 6:

Mit Bescheid vom 16. 5. 1989 lehnte das Landratsamt Ebersberg die Erteilung der vom Kläger beantragten Baugenehmigung ab. Den hiergegen gerichteten Widerspruch wies die Regierung von Oberbayern mit Widerspruchsbescheid vom 18. 9. 1989 zurück. Das Gericht hielt die Verpflichtungsklage für begründet.

---

1 Die nachfolgenden Fälle sind in der Ausbildung der Rechtsreferendare bei der Regierung von Oberbayern entstanden. Sie sind als (ober-)bayerische Fälle belassen worden, wie es ihrer Entstehungsgeschichte entspricht. Gleichwohl sind die Tenorierungsvorschläge ohne weiteres bundesweit verwendbar; zu beachten ist jedoch allgemein, daß eine andere Bezeichnung des Beklagten bzw. Antragsgegners in Betracht kommt, wenn landesrechtlich Behörden für beteiligungsfähig erklärt worden sind (z. B. § 5 AGVwGO NW). – Herrn RiBVerwG Dr. Joachim Maiwald bin ich für zahlreiche Ratschläge, Herrn VRiVG Gerd Hanenberg, Köln, für Hinweise auf Abweichungen in der nordrheinwestfälischen, Herrn ORR Werner Volkert, Osnabrück, für solche in der niedersächsischen Praxis dankbar.

2 Eine bayerische Besonderheit (vgl. § 4 Abs. 1 und 2 VöIV)!

Fall 7:
Wie Fall 6, jedoch hängt die Erteilung der Baugenehmigung von einer Befreiung ab, über die das Landratsamt noch nicht entschieden hat.

Fall 8:
Der Kläger reichte beim Landratsamt Altötting einen Bauantrag ein. Da die Gemeinde rechtswidrig das nach § 36 Abs. 1 Satz 1 BauGB zwingend erforderliche Einvernehmen nicht hergestellt hatte, forderte sie das Landratsamt zunächst zu einer Änderung ihrer Haltung auf; die Gemeinde blieb jedoch bei ihrer ablehnenden Stellungnahme. Darauf lehnte das Landratsamt mit Bescheid vom 5. 4. 1989 den Bauantrag allein wegen des fehlenden gemeindlichen Einvernehmens ab; den Widerspruch wies die Regierung von Oberbayern mit Widerspruchsbescheid vom 10. 7. 1989 zurück, der ebenso begründet wurde wie der Ausgangsbescheid. Im verwaltungsgerichtlichen Verfahren stellte die notwendig beigeladene (§ 65 Abs. 2 VwGO) Gemeinde keinen Antrag. Das Gericht hielt die Klage in vollem Umfange für begründet.

Fall 9:
Der Beigeladene beantragte bei der kreisfreien Stadt Rosenheim eine Baugenehmigung, die diese mit Bescheid vom 12. 6. 1989 erteilte. Den hiergegen gerichteten Nachbarwiderspruch des Klägers wies die Regierung von Oberbayern mit Widerspruchsbescheid vom 1. 9. 1989 zurück. In dem anschließenden Verwaltungsrechtsstreit ließ sich der Beigeladene anwaltschaftlich vertreten und stellte einen Antrag auf Klageabweisung. Die Klage blieb erfolglos.

Fall 10:
Wie Fall 9, jedoch ließ sich auch der klagende Nachbar – und zwar bereits im Widerspruchsverfahren – anwaltschaftlich vertreten. Die Nachbarklage hatte Erfolg.

Fall 11:
Der Kläger beantragte im Juni 1989 beim Landratsamt Weilheim-Schongau die Erteilung einer immissionsschutzrechtlichen Genehmigung. Aufgrund eines Registraturversehens wurde der Antrag nicht bearbeitet. Der Kläger erhob im Oktober 1989 Klage zum Verwaltungsgericht München. Daraufhin erteilte das Landratsamt die beantragte Genehmigung. Die Beteiligten erklärten übereinstimmend die Hauptsache für erledigt.

Fall 12:
Wie Fall 11, aber das Landratsamt lehnte die Erteilung der Genehmigung zu Recht ab, weil die Genehmigungsvoraussetzungen nicht vorlagen.

Fall 13:
Die Stadt Burghausen verweigerte mit Bescheid vom 25. 8. 1989 der X-Partei die Benutzung ihres Stadtsaales zu einem Bezirksparteitag am 15. 9. 1989 mit der Begründung, die X-Partei sei verfassungsfeindlich. Nach sofortiger Widerspruchseinlegung erhob die X-Partei Klage zum Verwaltungsgericht mit dem *Antrag:*

> Es wird festgestellt, daß die Beklagte verpflichtet ist, der X-Partei ihren Stadtsaal jederzeit zu Parteiveranstaltungen zur Verfügung zu stellen;
>
> *hilfsweise:*
>
> Es wird festgestellt, daß der Bescheid der Beklagten vom 25. 8. 1989 rechtswidrig war.

Die Klage hatte nur im Hilfsantrag Erfolg.

Fall 14:
Der Kläger beantragte beim Landratsamt Dachau die Erteilung eines baurechtlichen Vorbescheides (Bebauungsgenehmigung) für zwei Einfamilienhäuser. Der Antrag wurde mit Bescheid vom 25. 7. 1988 abgelehnt. Widerspruch (Widerspruchsbescheid der Regierung von Oberbayern vom 29. 9. 1988) und Klage (Urteil des Verwaltungsgerichts München vom 12. 10. 1989) blieben erfolglos. Jedoch führte die Berufung des Klägers zum Ziel.

Fall 15:
Wie Fall 14, jedoch hat die Berufung nur insoweit Erfolg, als dem Kläger ein Vorbescheid für ein Einfamilienhaus zugesprochen wird.

Fall 16:
Wie Fall 14, jedoch stellt sich im Berufungsverfahren heraus, daß das Verwaltungsgericht statt der Gemeinde A, in deren Gebiet das Baugrundstück liegt, die Nachbargemeinde B beigeladen hatte.

Fall 17:
Wie Fall 14, jedoch bleibt die Berufung in der Sache erfolglos.

Fall 18:
Wie Fall 17, jedoch gelingt es dem Senat, in der mündlichen Verhandlung den Kläger von der Aussichtslosigkeit seiner Sache zu überzeugen. Daraufhin nimmt der Kläger seine Klage zurück.

Fall 19:
Die Antragstellerin hat die erste Staatsprüfung für das Lehramt an Volksschulen mit Erfolg abgelegt. Der Antragsgegner weigert sich, die Antragstellerin zur Lehramtsanwärterin im Beamtenverhältnis auf Widerruf zu ernennen, da sie nicht Gewähr dafür biete, jederzeit für die freiheitlich demokratische Grundordnung einzutreten. Der Antrag der Antragstellerin auf Erlaß einer einstweiligen Anordnung hat Erfolg.

Fall 20:
Wie Fall 19, aber der Antrag bleibt erfolglos.

Fall 21:
Die Gemeinde Ottobrunn erteilt dem Antragsteller am 15. 12. 1989 einen Erschließungsbeitragsbescheid. Der Antragsteller legt sofort Widerspruch ein und stellt beim Verwaltungsgericht München einen Antrag nach § 80 Abs. 5 VwGO, der Erfolg hat, weil der Bescheid offensichtlich rechtswidrig ist.

Fall 22:
Das Landratsamt Garmisch-Partenkirchen erteilte dem Beigeladenen mit Bescheid vom 22. 12. 1989 eine Baugenehmigung, gegen die der Antragsteller, ein Nachbar, Widerspruch einlegte. Daraufhin ordnete das Landratsamt gemäß § 80 Abs. 2 Nr. 4 VwGO die sofortige Vollziehung der Baugenehmigung an. Der dagegen gerichtete Antrag nach § 80 Abs. 5 VwGO hatte Erfolg.

Fall 23:
Wie Fall 22, jedoch wurde die sofortige Vollziehung der Baugenehmigung nicht angeordnet. Der Bauherr baute gleichwohl weiter. Das Landratsamt unternahm nichts.

Anhang

Fall 24:
Der Antragsteller beantragte, den Bebauungsplan Nr. 9 der Gemeinde Schäftlarn für nichtig zu erklären. Der Antrag hatte insoweit Erfolg, als in der Festsetzung B 15 g des Bebauungsplans der Dachgeschoßausbau zu Wohnzwecken generell verboten worden ist.

II. Lösungshinweise

Vorbemerkung

Der Tenor einer verwaltungsgerichtlichen Entscheidung ist – neben dem Rubrum – gewissermaßen die Visitenkarte einer Klausur, welche die grundsätzliche Haltung, die ein Korrektor zu einer Arbeit einnimmt, zunächst einmal bestimmt. Überdies können auch Fehler und Mängel des Tenors vielfach weitreichende Schlüsse auf die Qualität der praktischen Fertigkeiten und des juristischen Verständnisses zulassen. Oberflächlichkeit ist hier also fehl am Platze.

Der Tenor muß klar, präzise und prägnant gefaßt sein. Er muß den Streitstoff in vollem Umfange erledigen, soweit dies möglich ist (beispielsweise nicht bei der Klageabweisung hinsichtlich Unzulässigkeit/Unbegründetheit der Klage oder beim Bescheidungsausspruch; die Rechtsauffassung des Gerichts kann sich hier nur aus den Gründen ergeben). Der Tenor muß – eigentlich eine Banalität, die indessen allzu oft souverän mißachtet wird – mit den Entscheidungsgründen übereinstimmen; letztere begründen, was im Tenor entschieden worden ist – nicht mehr, aber auch nicht weniger, und schon gar nicht etwas anderes.

Die in den Lösungshinweisen gegebenen Tenorierungsvorschläge beschränken sich auf den Ausspruch in der Sache und die Kostenentscheidung. Dabei wurde versucht, die wesentlichen Fallgestaltungen im verwaltungsgerichtlichen Verfahren zusammenzustellen, soweit hier andere Tenorierungen notwendig sind als im Zivilprozeß. Auf die Darstellung von Beispielen zur vorläufigen Vollstreckbarkeit wurde verzichtet, weil die verwaltungsgerichtliche Entscheidung hierzu gegenüber dem zivilrechtlichen Urteil nur die sich aus § 167 Abs. 2 VwGO ergebenden Besonderheiten aufweist[3].

Fall 1:
  I. Die Klage wird abgewiesen.
  II. Der Kläger trägt die Kosten des Verfahrens.
  III. (Vorläufige Vollstreckbarkeit)

Hinweise:
Bei I. ist der Ausspruch darauf zu beschränken, daß die Klage abgewiesen wird. Ob die Abweisung der Klage erfolgt, weil sie unbegründet oder weil sie unzulässig ist, ergibt sich ausschließlich aus den Entscheidungsgründen. Bei II. könnte auch formuliert werden: „Der Kläger hat die Kosten des Verfahrens zu tragen", womit die Kostentragungs*pflicht* besonders deutlich zum Ausdruck gebracht wird, oder: „Dem Kläger werden die Kosten des Verfahrens auferlegt". Wichtig ist allein die Eindeutigkeit des Ausspruchs[4].

---

3 Insoweit ist auf die vorzügliche Darstellung von Schneider hinzuweisen.– Im übrigen können – neben den Kommentaren zur VwGO – empfohlen werden: Martens, Mustertexte; Martens, Praxis; Klein; Tschira/Schmitt Glaeser, Rn. 717; Pietzner/Ronellenfitsch, § 13 Rn. 27 f.
4 So zutreffend Martens, Mustertexte, S. 116.

Fall 2:
  I. Der Bescheid der Beklagten vom 29. 9. 1989 und der Widerspruchsbescheid der Regierung von Oberbayern vom 26. 11. 1989 werden aufgehoben.
  II. Die Beklagte trägt die Kosten des Verfahrens.
  III. (Vorläufige Vollstreckbarkeit)

Hinweise:
Wichtig ist hier vor allem beim Ausspruch zu I., daß im Tenor klar zum Ausdruck kommt, welche streitgegenständlichen Verwaltungsentscheidungen aufgehoben werden. Gröblich falsch wäre es, etwa zu tenorieren: „Der Klage wird stattgegeben". Zwar kommt es bei der verwaltungsgerichtlichen Anfechtungsklage wegen § 167 Abs. 2 VwGO nicht unbedingt auf einen vollstreckungsfähigen Inhalt des Tenors an; gleichwohl kann der Tenor seinen Zweck nur erfüllen, wenn unzweifelhaft deutlich wird, was das Gericht in der Sache entschieden hat. Im übrigen ist es in der Spruchpraxis üblich, wenn – wie hier – der Widerspruchsbescheid den Ausgangsbescheid unverändert gelassen hat, sich nicht der an § 79 Abs. 1 Nr. 1 VwGO orientierten Formulierung „der ursprüngliche Verwaltungsakt in der Gestalt, die er durch den Widerspruchsbescheid gefunden hat," zu bedienen[5]; aus dem „und" darf aber nicht etwa geschlossen werden, daß der Widerspruchsbescheid damit automatisch – zugleich – isolierter Klagegegenstand im Sinne des § 79 Abs. 1 Nr. 2, Abs. 2 VwGO gewesen wäre[6].

Fall 3:
  I. Der Bescheid der Beklagten vom 29. 9. 1989 und der Widerspruchsbescheid der Regierung von Oberbayern vom 26. 11. 1989 werden aufgehoben.
  II. Die Kosten des Verfahrens tragen die Beklagte und der Freistaat Bayern je zur Hälfte.
  III. (Vorläufige Vollstreckbarkeit)

Hinweise:
Abweichend von Fall 2 hat sich hier die Landesanwaltschaft nicht nur förmlich beteiligt, sondern zudem einen Antrag zur Sache gestellt. Nach allerdings nicht unumstrittener Auffassung ist damit der Freistaat Bayern als Rechtsträger der Landesanwaltschaft hinsichtlich des Kostenrisikos wie ein Beigeladener zu behandeln (§ 154 Abs. 3 VwGO analog)[7]. Das Problem sollte man auf alle Fälle bei der Begründung der Kostenentscheidung ansprechen.

Fall 4:
  I. Der Bescheid der Beklagten vom 29. 9. 1989 und der Widerspruchsbescheid der Regierung von Oberbayern vom 26. 11. 1989 werden insoweit aufgehoben, als in dem Bescheid eine Frist für die Beseitigung des Gartenhäuschens bis zum 29. 12. 1989 gesetzt wurde.
  Im übrigen wird die Klage abgewiesen.
  II. Von den Kosten des Verfahrens tragen der Kläger 4/5, die Beklagte 1/5.
  III. (Vorläufige Vollstreckbarkeit)

---

5 So auch Pietzner/Ronellenfitsch, § 13 Rn. 27
6 Dazu o. Rn. 159 ff.
7 Das entspricht jedenfalls der bayerischen Praxis; a. A. Kopp, VwGO, § 154 Rn. 10.

Hinweise:
Bei einem Teilerfolg der Klage ist im Tenor zunächst dieser festzuhalten. Sodann ist – was nur zu gern vergessen wird – die Klage im übrigen abzuweisen. Die Kostenteilung folgt aus § 155 Abs. 1 Satz 1 VwGO. Vertretbar wäre auch eine Kostenentscheidung nach § 155 Abs. 1 Satz 3 VwGO.

Fall 5:
  I. Der Bescheid der Beklagten vom 29. 9. 1989 in der Gestalt des Widerspruchsbescheids der Regierung von Oberbayern vom 26. 11. 1989 wird insoweit aufgehoben, als darin eine Frist für die Beseitigung des Gartenhäuschens von drei Monaten ab Unanfechtbarkeit des Bescheides gesetzt worden ist.
  Im übrigen wird die Klage abgewiesen.
  II. Von den Kosten des Verfahrens tragen der Kläger 4/5, die Beklagte 1/5.
  III. (Vorläufige Vollstreckbarkeit)

Hinweise:
Hier wurde der streitgegenständliche Bescheid durch den Widerspruchsbescheid geändert, so daß der Tenor zu I. sich zutreffend an die Fassung des § 79 Abs. 1 Nr. 1 VwGO anlehnt.

Fall 6:
  I. Der Bescheid des Landratsamtes Ebersberg vom 16. 5. 1989 und der Widerspruchsbescheid der Regierung von Oberbayern vom 18. 9. 1989 werden aufgehoben.
  II. Der Beklagte wird verpflichtet, dem Kläger die beantragte Baugenehmigung zu erteilen.
  III. Der Beklagte trägt die Kosten des Verfahrens.
  IV. (Vorläufige Vollstreckbarkeit)

Hinweise:
Nicht unumstritten ist, ob die Aufhebung des ablehnenden Bescheids und des Widerspruchsbescheids (Tenor zu I.) erforderlich ist[8]. Wie im Lösungsvorschlag wird aber weitestgehend in der Praxis verfahren. Bei einer allgemeinen Leistungsklage würde der Tenor lauten: „Der Beklagte wird verurteilt. . . ".

Fall 7:
  I. Der Bescheid des Landratsamtes Ebersberg vom 16. 5.1989 und der Widerspruchsbescheid der Regierung von Oberbayern vom 18. 9. 1989 werden aufgehoben.
  II. Der Beklagte wird verpflichtet, den Bauantrag des Klägers unter Beachtung der Rechtsauffassung des Gerichts neu zu bescheiden.
  Im übrigen wird die Klage abgewiesen.
  III. Von den Kosten des Verfahrens tragen der Beklagte 3/4, der Kläger 1/4.
  IV. (Vorläufige Vollstreckbarkeit)

Hinweise:
Nach Auffassung des BVerwG[9] muß bei einem Bescheidungsausspruch zwingend auf die Rechtsauffassung des Gerichts im Tenor (hier zu II.) Bezug genommen werden[10]. Die hier gewählte Fassung entspricht allerdings auch der in der Praxis üblichen. Da der Bescheidungsausspruch hinter der begehrten Verpflichtung zur Erteilung der Baugenehmigung

---

8 Dagegen Martens, Mustertexte, S. 110.
9 BVerwG, Urt. v. 28. 1. 1959 – V C 38.56 –, VRspr. 12 Nr. 92.
10 A. A. Kopp, VwGO, § 117 Rn. 11.

zurückbleibt, ist die Klage im übrigen abzuweisen. Dies führt bei der Kostenentscheidung (III.) zur Kostenteilung nach § 155 Abs. 1 Satz 1 VwGO. Dabei hat sich in der Praxis eingebürgert, in Fällen dieser Art grundsätzlich dem Kläger 1/4, dem Beklagten 3/4 der Kosten aufzuerlegen[11].

Fall 8:
  I. Der Bescheid des Landratsamtes Altötting vom 5. 4. 1989 und der Widerspruchsbescheid der Regierung von Oberbayern vom 10. 7. 1989 werden aufgehoben.
  II. Der Beklagte wird verpflichtet, dem Kläger die beantragte Baugenehmigung zu erteilen.
  III. Die Beigeladene trägt die Kosten des Verfahrens.
  IV. (Vorläufige Vollstreckbarkeit)

Hinweise:
Problematisch ist hier nur die Kostenentscheidung. Zweifelhaft ist, ob im vorliegenden Falle der Beigeladenen nach § 155 Abs. 5 VwGO die vollen Verfahrenskosten auferlegt werden können. Dabei ist unzweifelhaft, daß die Beigeladene schuldhaft gehandelt hat. Umstritten ist jedoch, ob § 154 Abs. 3 VwGO eine abschließende Regelung der Kostenpflicht des Beigeladenen darstellt oder ob § 155 Abs. 5 VwGO dem als Spezialregelung vorgeht[12].

Fall 9:
  I. Die Klage wird abgewiesen.
  II. Der Kläger trägt die Kosten des Verfahrens einschließlich der außergerichtlichen Kosten des Beigeladenen.
  III. (Vorläufige Vollstreckbarkeit)

Hinweise:
Im vorliegenden Falle waren die außergerichtlichen Kosten des Beigeladenen — also Kosten, die nicht im Sinne des § 162 Abs. 1 VwGO Gerichtskosten sind – aus Billigkeit der unterlegenen Partei aufzuerlegen (§ 162 Abs. 3 VwGO). Denn es entspricht regelmäßig der Billigkeit, diese Entscheidung zugunsten des Beigeladenen zu treffen, wenn er Anträge gestellt und sich damit auch dem Kostenrisiko des § 154 Abs. 3 VwGO ausgesetzt hat[13]. Verfährt man formal ganz korrekt, so muß über die Kosten des Beigeladenen nach § 162 Abs. 3 VwGO stets ausdrücklich im Tenor entschieden werden[14]. Die Praxis nimmt überwiegend eine solche Entscheidung nur dann in den Tenor auf, wenn sie eine Erstattungsfähigkeit bejaht und zumindest die Möglichkeit besteht, daß dem Beigeladenen erstattungsfähige Kosten entstanden sind[15]. Daher wurde auch bei den Fällen 6, 7 und 8 nichts über die außergerichtlichen Kosten des Beigeladenen (jeweils der Gemeinde) gesagt. Verfährt man so, muß allerdings bei der Begründung der Kostenentscheidung zumindest knapp dazu Stellung genommen werden, weshalb die außergerichtlichen Kosten des Beigeladenen nicht erstattungsfähig sind.

---

11 Vgl. auch Kopp, VwGO, § 155 Rn. 2.
12 Kopp, VwGO, § 154 Rn. 8, § 155 Rn. 19 m. w. N.
13 Zusammenstellung der recht uneinheitlichen und unübersichtlichen Meinungen in Literatur und Rechtsprechung bei Jäde, Aufwendungen Drittbeteiligter im Widerspruchsverfahren, BayVBl. 1989, 201, 202.
14 Kopp, VwGO, § 162 Rn. 21.
15 So auch Martens, Mustertexte, S. 116.

Fall 10:
  I. Die Baugenehmigung der Beklagten vom 12. 6. 1989 und der Widerspruchsbescheid der Regierung von Oberbayern vom 1. 9. 1989 werden aufgehoben.
  II. Die Beklagte und der Beigeladene tragen die Kosten des Verfahrens je zur Hälfte. Die Hinzuziehung eines Bevollmächtigten im Vorverfahren war notwendig.
  III. (Vorläufige Vollstreckbarkeit)

Hinweise:
Kosten im Sinne des § 162 Abs. 1 VwGO sind auch die Kosten des Vorverfahrens. Mit der Kostenentscheidung ist jedoch noch nicht darüber entschieden, ob auch die Anwaltsgebühren und -auslagen im Vorverfahren erstattungsfähig sind. Hierzu bedarf es stets im Tenor eines gesonderten Ausspruchs nach § 162 Abs. 2 Satz 2 VwGO[16].

Fall 11:
Beschluß:
  I. Das Verfahren wird eingestellt[17].
  II. Der Beklagte trägt die Kosten des Verfahrens.

Hinweise:
Der Ausspruch zu I. hat nur deklaratorische Bedeutung und kann auch weggelassen werden (vgl. auch den Wortlaut des § 161 Abs. 1 VwGO). Die Kostenentscheidung beruht auf § 161 Abs. 2 VwGO[18]. Streitig ist hier vor allem, in welchem Verhältnis die Erfolgsaussichten der Klage vor Eintritt des erledigenden Ereignisses bzw. der Erledigungserklärung einerseits, das prozessuale Verhalten der Parteien (Wer hat sich freiwillig in die Rolle des Unterlegenen begeben?) andererseits stehen.
„Das Verfahren hat sich in der Hauptsache erledigt" hieße es nur, wenn die Hauptsacheerledigung tatsächlich erfolgt, aber streitig gewesen wäre.

Fall 12:
Hier ist ebenso zu tenorieren wie bei Fall 11[19].

Fall 13:
  I. Es wird festgestellt, daß der Bescheid der Beklagten vom 25. 8. 1989 rechtswidrig gewesen ist.
  Im übrigen wird die Klage abgewiesen.
  II. Die Kosten des Verfahrens werden gegeneinander aufgehoben.
  III. (Vorläufige Vollstreckbarkeit)

Hinweise:
Hat eine Klage mit Haupt- und Hilfsantrag nur im Hilfsantrag Erfolg, so muß im Tenor zu I. die Klage im übrigen abgewiesen werden. Hat demgegenüber der Hauptantrag Erfolg, erübrigt sich eine Klageabweisung im übrigen, da der Hilfsantrag gegenüber dem Hauptantrag ein Minus darstellt.

---

16 Zur Form der Entscheidung nach § 162 Abs. 2 Satz 2 VwGO s. Kopp, VwGO, § 162 Rn. 17 m. w. N.
17 In Nordrhein-Westfalen ist in diesen Fällen die Formulierung üblich: „Das in der Hauptsache übereinstimmend für erledigt erklärte Verfahren wird eingestellt."
18 Dazu Kopp, VwGO, § 161 Rn. 27 ff.; eingehend Stoeckle, Zur Problematik der Kostenentscheidung nach § 161 Abs. 2 VwGO, BayVBl. 1981, 203.
19 Das ergibt sich aus § 161 Abs. 3 VwGO, dazu Kopp, VwGO, § 161 Rn. 34 ff.

Fall 14:
  I. Das Urteil des Verwaltungsgerichts München vom 12. 10. 1989, der Bescheid des Landratsamts Dachau vom 25. 7. 1988 und der Widerspruchsbescheid der Regierung von Oberbayern vom 29. 9. 1988 werden aufgehoben.
  II. Der Beklagte wird verpflichtet, dem Kläger den beantragten Vorbescheid zu erteilen.
  III. Der Beklagte trägt die Kosten des Verfahrens in beiden Rechtszügen.
  IV. (Vorläufige Vollstreckbarkeit)
  V. Die Revision wird nicht zugelassen.

Hinweise:
Der Ausspruch in I. und II. könnte auch so formuliert werden: „Das Urteil des Verwaltungsgerichts München vom 12. 10. 1989 wird unter Aufhebung des Bescheides des Landratsamts Dachau vom 25. 7. 1988 und des Widerspruchsbescheids der Regierung von Oberbayern vom 29. 9. 1988 dahingehend abgeändert, daß der Beklagte verurteilt wird, dem Kläger den beantragten Vorbescheid zu erteilen." Dafür ließe sich auch der Wortlaut des § 129 VwGO anführen, wonach das Urteil des Verwaltungsgerichts nur insoweit *geändert* werden darf, als eine Änderung beantragt ist[20]. Dem üblichen Sprachgebrauch wird es in der Tat schwerfallen, eine Änderung eines Urteils, die in dessen Aufhebung besteht, gleichwohl als (bloße) Änderung zu bezeichnen.
Bei der Kostenentscheidung ist zu beachten, daß dadurch, daß das erstinstanzliche Urteil in vollem Umfange aufgehoben worden ist, auch eine erneute Entscheidung über die Kosten für beide Instanzen („in beiden Rechtszügen") erforderlich wird. Diesen klarstellenden Zusatz hält das OVG Lüneburg für entbehrlich.
Nicht vergessen werden darf schließlich, im Berufungsurteil auch über die Zulassung der Revision zu entscheiden (§ 132 Abs. 1 Satz 2 VwGO). Für die Klausurpraxis ist dabei zu berücksichtigen: Die Zulassung der Revision muß - wenn auch knapp - begründet werden. Da es sich nicht unbedingt empfiehlt, ausdrücklich von der Rechtsprechung des BVerwG abzuweichen, wird eine Revisionszulassung nach § 132 Abs. 2 Nr. 2 VwGO allenfalls selten in Betracht kommen. Eher denkbar ist, daß der zu bearbeitende Fall eine vom BVerwG revisionsgerichtlich noch nicht geklärte Rechtsfrage von grundsätzlicher Bedeutung enthält. Dann sollte man vor der Zulassung der Revision nicht zurückschrecken, aber daran denken, daß die erkannte grundsätzliche Rechtsfrage zum einen aus dem Bereich des revisiblen Rechts (§ 137 Abs. 1 VwGO) entstammen und zum anderen entscheidungserheblich sein muß.

Fall 15:
  I. Das Urteil des Verwaltungsgerichts München vom 12. 10. 1989 erhält folgende Fassung[21]:
     1. Der Bescheid des Landratsamts Dachau vom 25. 7. 1988 und der Widerspruchsbescheid der Regierung von Oberbayern vom 29. 9. 1988 werden insoweit aufgehoben, als dem Kläger die Erteilung eines Vorbescheids für die Errichtung zweier Einfamilienhäuser versagt worden ist.

---

20 Daran hält sich strikt die Praxis in Nordrhein-Westfalen, die das erstinstanzliche Urteil nur in den seltenen - Fällen des § 130 Abs. 1 VwGO aufhebt und im übrigen formuliert: „Das Urteil . . . wird geändert und wie folgt neugefaßt: . . .".
21 In Nordrhein-Westfalen würde man konsequent formulieren: „Das Urteil . . . wird teilweise geändert und wie folgt neugefaßt: . . ." Man kann auch die Änderung des Urteils auf den Ausspruch zur Sache beschränken und über die Kosten beider Rechtszüge unter (III.) entscheiden.

Der Beklagte wird verpflichtet, dem Kläger einen Vorbescheid für die Errichtung eines Einfamilienhauses zu erteilen.
Im übrigen wird die Klage abgewiesen.
2. Die Kosten des Verfahrens werden gegeneinander aufgehoben.
II. Im übrigen wird die Berufung zurückgewiesen.
III. Die Kosten des Berufungsverfahrens werden gegeneinander aufgehoben.
IV. (Vorläufige Vollstreckbarkeit)
V. Die Revision wird nicht zugelassen.

Fall 16:
I. Das Urteil des Verwaltungsgerichts München vom 12. 10. 1989 wird aufgehoben.
II. Die Sache wird zur anderweitigen Verhandlung und Entscheidung an das Verwaltungsgericht München zurückverwiesen.
III. Die Entscheidung über die Kosten bleibt der Schlußentscheidung vorbehalten.

Hinweise:
Die Entscheidung zu I. und II. beruht auf § 130 Abs. 1 Nr. 2 VwGO[22]. Von dieser Möglichkeit macht die Praxis allerdings kaum Gebrauch, was jedenfalls dann zu billigen sein wird, wenn die Entscheidung des Berufungsgerichts im Sinne des notwendig Beigeladenen ausfällt. Andernfalls würde ihm allerdings eine Tatsacheninstanz genommen.

Fall 17:
I. Die Berufung wird zurückgewiesen.
II. Der Kläger trägt die Kosten des Berufungsverfahrens.
III. (Vorläufige Vollstreckbarkeit)
IV. Die Revision wird nicht zugelassen.

Fall 18:
Beschluß:
I. Das Urteil des Verwaltungsgerichts München vom 12. 10. 1989 ist unwirksam geworden[23].
II. Der Kläger trägt die Kosten des Verfahrens in beiden Rechtszügen.

Hinweise:
Die Entscheidung zu I. beruht auf § 92 Abs. 2 VwGO; dem Ausspruch kommt nur deklaratorische Bedeutung zu[24]. Die Kostenfolge ergibt sich aus § 155 Abs. 2 VwGO.

Fall 19:
Beschluß:
I. Der Antragsgegner wird verpflichtet, die Antragstellerin vorläufig bis zur rechtskräftigen Entscheidung in der Hauptsache unter Berufung in das Beamtenverhältnis auf Widerruf zum Vorbereitungsdienst für das Lehramt an Volksschulen zuzulassen.
II. Der Antragsgegner trägt die Kosten des Verfahrens.

---

22 Dazu Kopp, VwGO, § 130 Rn. 6, § 65 Rn 28.
23 In Nordrhein-Westfalen fügt man deklaratorisch hinzu: „Das Verfahren wird eingestellt" – Das OVG Lüneburg tenoriert: „... wird für unwirksam erklärt".
24 Kopp, VwGO, § 92 Rn. 17 m. w. N.

Fall 20:
Beschluß:
I. Der Antrag wird abgelehnt.
II. Der Antragsgegner trägt die Kosten des Verfahrens.

Fall 21:
Beschluß:
I. Die aufschiebende Wirkung des Widerspruchs des Antragstellers gegen den Bescheid der Antragsgegnerin vom 15. 12. 1989 wird angeordnet.
II. Die Antragsgegnerin trägt die Kosten des Verfahrens.
Hinweise:
Ist der angefochtene Bescheid gemäß § 80 Abs. 2 Nr. 1 bis 3 VwGO kraft Gesetzes sofort vollziehbar, so ist in der gerichtlichen Entscheidung die aufschiebende Wirkung anzuordnen[25].

Fall 22:
Beschluß:
I. Die aufschiebende Wirkung des Widerspruchs des Antragstellers gegen den Bescheid des Landratsamts Garmisch-Partenkirchen vom 22. 12. 1989 wird wiederhergestellt.
II. Der Antragsgegner trägt die Kosten des Verfahrens.
Hinweis:
In den Fällen des § 80 Abs. 2 Nr. 4 VwGO ist die aufschiebende Wirkung *wiederherzustellen*[26].

Fall 23:
Beschluß:
I. Es wird festgestellt, daß der vom Antragsteller eingelegte Widerspruch gegen den Bescheid des Landratsamtes Garmisch-Partenkirchen aufschiebende Wirkung hat.
II. Der Antragsgegner trägt die Kosten des Verfahrens.
Hinweise:
Ob ein Feststellungsantrag im Rahmen des § 80 Abs. 5 VwGO statthaft ist oder in solchen Fällen vorläufiger Rechtsschutz nur im Rahmen des § 123 VwGO gewährt werden kann, ist im einzelnen problematisch[27].

Fall 24:
Beschluß:
I. Die Festsetzung B 15 g des Bebauungsplans Nr. 9 der Antragsgegnerin ist nichtig. Im übrigen wird der Antrag abgelehnt.
II. Von den Kosten des Verfahrens tragen die Antragsgegnerin 1/10, der Antragsteller 9/10.
III. (Vorläufige Vollstreckbarkeit)[28]

---

25 Dazu o. Rn. 287.
26 Dazu o. Rn. 283.
27 Dazu o. Rn. 289 f.
28 Nunmehr wohl im Hinblick auf die Nichtvorlagebeschwerde nach § 47 Abs. 7 VwGO erforderlich.

Sachregister

Die Ziffern beziehen sich grundsätzlich auf die Randnummern, soweit der Buchstabe A vorangestellt ist, auf den jeweiligen Fall im Anhang.

Abgabenrecht 46, 107, 216, 226
Abhilfe 21, 72, 92
Ablauffrist 136
Abordnung 185
Akteneinsicht 18, 26
allgemeine Feststellungsklage 130, 179 f., 186, 235 ff., 241, A 13
allgemeine Leistungsklage 64, 130, 186, 241
Allgemeinverfügung 15
Amtshaftung 169, 231 ff.
Anfechtungsklage 55, 64, 110 ff., 189 ff., A 1 ff.
Anhörung 7 ff.
Atomrecht 67
Aufbau 2, 165 ff.
Auflage, modifizierende 207 ff.
aufschiebende Wirkung
– Anordnung 287, A 21
– Ausschluß 255 ff.
– Bedeutung 249 ff.
– bei Verwaltungsakten mit Drittwirkung 251
– Voraussetzungen 252 ff.
– Wiederherstellung 31, 227 ff., 286, A 22
– Feststellung 290, A 23
Aussetzung 163
Ausschlußfrist, für Rücknahme und Widerruf 72, 85 ff.
Ausschuß 5

Baueinstellung 38, 267
Baugenehmigungsverfahren 27
baurechtlicher Nachbarschutz 196 ff.
Beamtenrecht 5, 38, 44, 76, 113, 130 f., 169, 178, 184 ff., 225
Bebauungsplan
– Genehmigung 77, 197, 187
– Normenkontrolle 190
Begründung 12, 19 f., 33 ff., 103, 143, 273 ff., 281 ff.

Beigeladener, Kosten A 9 f.
Bereicherungsrecht 74, 170
Berufung 212, A 14 ff.
Bescheidungsklage 217, 223
Beseitigungsanordnung 38, 146, 215
Beteiligung Dritter am Verwaltungsverfahren 27
Beurteilungsspielraum 50, 89, 218
Beweismittel, Verlust 19
Bezeichnung nach LBG 182
Bußgeldverfahren 133

dienstliche Beurteilung 185

Eigentum 198, 202
Einheitsklage 156 ff.
Einvernehmen 6, 9, 49, 181
Entscheidungsgründe 6
Ereignisfrist 136
Ermessen 11 f., 17 f., 21, 34, 36 ff., 41 ff., 49 ff., 73, 89 ff., 94, 101, 109, 143, 208 f., 215, 218, 220, 294, 297
– intendiertes 38

Fahrerlaubnis 146
faktische Vollziehung 289 f.
Feststellungsinteresse 56, 129, 228 ff.
Feuerwehrsirene 171
Folgenbeseitigungsanspruch 234, 288
Form des Widerspruchs 132 f.
Fortsetzungsfeststellungsklage 56, 57, 127 ff., 130, 180, 221 ff., A 13
Fortsetzungsfeststellungswiderspruch 129 f.
Fraktionsausschluß 175
Freiheitsentziehung 173

Geschäftsordnung, kommunale 188
Gewerbeuntersagung 213
Gutachten 6, 167

Hauptsacheerledigung 225 f.
Hauptsachevorwegnahme 299

142

Sachregister

Hausverbot 174
Heilung 5 f., 19 ff., 39, 58 ff., 282
Hilfsantrag A 13
Hilfsgutachten 6, 158, 167

Immissionsschutzrecht 67, 194
isolierte Anfechtung
– von Nebenbestimmungen 207 ff.
– von Verfahrenshandlungen 62 ff.
– eines Versagungsbescheides 206
– des Widerspruchsbescheides 41, 140, 156 ff.

Jedermann-Einwender 67

Kirchenglocken 171
Klageänderung 119
Klageart 178 ff.
Klagebefugnis 186, 189 ff., 222
Klageschrift 132
Kommunalaufsicht 108, 112, 144, 182
kommunalverfassungsrechtliche Streitigkeit 186
Konkurrentenklage 203 f., 225, 247
Kosten i. S. v. § 80 Abs. 2 Nr. 1 VwGO 257
Kostenentscheidung
– im Widerspruchsbescheid 61
– im verwaltungsgerichtlichen Verfahren A 1 ff.

Landesanwaltschaft A 3
Leistungsanordnung 196
Leistungsbescheid 74
Linienbestimmung 181

maßgeblicher Zeitpunkt 44, 125, 212 ff., 220
Nachbarbegriff 194
Nachschieben von Gründen 35, 40 ff., 103, 109
Nachteil 190
Nichtakt 236
Nichtigkeit 4, 77
Nichtigkeitsfeststellungsklage 189, 236
Niederschrift 133
Normenkontrolle 179 f., 188, 190, 193 f., 239, 299, A 24

Normerlaßklage 176
Notwegerecht 199
Nutzungsuntersagung 38, 267

obiter dictum 6
öffentliche Abgaben 256
öffentliche Einrichtung 174

Partei, politische 175
Passivlegitimation 164 f., 186, 276
Personalrat 5
planerische Gestaltungsfreiheit 50, 89, 218
Planfeststellung 201 f., 211, 225
Planungshoheit 6
polizeiliche Maßnahmen 172, 225, 258
Prognosespielraum 5
Prüfungsrecht 112

Rauchverbot 186
Rechenfehler 47
Rechtsbehelfsbelehrung 19, 137
Rechtsfragen, Offenlassen 6, 167, 244
Rechtskraft 96, 167
Rechtsprechungsänderung 97
Rechtsschutzbedürfnis 161, 190, 203, 206, 236, 242, 279 f.
Rechtsverhältnis 235
reformatio in peius 93, 145 f., 148 f., 160
Regelungsanordnung 296
Rehabilitationsinteresse 230
Revision 52
Rücknahme 68 ff.
Rücksichtnahmegebot 197
Rückwirkung 41
Ruhen des Verfahrens 163

Sachentscheidung der Widerspruchsbehörde bei verfristetem Widerspruch 142 ff.
Schema 2
Schulorganisation 182
Schutznorm 6, 27, 142 ff., 193, 195 ff., 204
Selbsteintritt 145 ff., 160, 165
Sicherungsanordnung 296

Sachregister

sofortige Vollziehung
- Anordnung 13, 17, 31 f., 261 ff., 291 ff.
- Aufhebung der Anordnung 283
- Aufhebung der Vollziehung 288, 290
Soll-Vorschrift 37
Sozialhilferecht 124, 299
Spruchreife 57, 217 ff., 223
Stellplatzablösungsvertrag 170
Straßenumbenennung 15
Streitgegenstand 41, 119, 146
Studienplatz 299
Subsidiarität der allgemeinen Feststellungsklage 237 ff.
Subvention 80 ff.

Tarifvertrag, Allgemeinverbindlicherklärung 187
Taxikonzession 299
Teilurteil 163
Tenor A 1 ff.

Umdeutung 41, 78, 103 ff.
Umsetzung 185
Unbeachtlichkeit 21, 49 ff., 58 ff., 66, 161
unbestimmter Rechtsbegriff 50
Untätigkeitsklage 29 f., 115 ff., A 11 f.
Unterlassungsanspruch, öffentlich-rechtlicher 171
Unterschrift 132
Urteil 6, 167

Verfahrensfehler 1 ff.
Verfassungsrechtsweg 176
Verfristung 23 ff., 65, 139 ff., 254
Verkehrszeichen 15, 187, 258
Verpflichtungsklage 57 f., 64, 110 ff., 162, 217 ff., A 6 ff., A 14 ff.
Versetzung
- Beamter 185
- Schule 182, 234, 247

Verwaltungsakt
- Begriff 179 ff.
- mit Dauerwirkung 79, 95, 213
- mit Drittwirkung 69, 92 ff., 114, 137, 144, 153 f., 192 ff., 214, 246, 251, 268 ff., 291 ff., A 21 f.
Verwaltungsrechtsweg 169 ff., 240
Verwaltungsverfahren 1 ff.
Verwaltungsvollstreckung 16
Verwirkung 135, 137
Volksfestzulassung 174
Vorbereitungsdienst 299
vorbeugender Rechtsschutz 135, 241 f.
vorläufiger Rechtsschutz 63, 227, 243 ff.
- nach § 80 Abs. 5 VwGO 248 ff., A 21 ff.
- nach § 123 VwGO 295 ff., A 19 f.

Waffenrecht 76
Wesensänderung 46
Widerruf 68 ff., 209
Widerspruchsbescheid
- isolierte Anfechtung 41, 140, 156 ff.
- Kostenentscheidung 61
- Rücknahme und Widerruf 75
Widerspruchsfrist 131, 134 ff.
Widerspruchsrücknahme 142
Widerspruchsverfahren 19 ff., 41, 110 ff., 237
Widerspruchsverzicht 142
Wiederaufgreifen 94 ff.
Wiedereinsetzung 25, 65, 139 ff.
Wiederholungsgefahr 229

Zustellung 134
Zuwendung, Begriff 82
Zwangsmittelandrohung 146
Zweitantrag 95
Zweitwiderspruchsbescheid 108